왜
내 월급은
항상
부족한 걸까

잇콘

왜 내 월급은 항상 부족한걸까

Fair Pay How To Get A Raise, Close The Wage Gap, And Build Stronger Businesses

초판1쇄 발행   2023년 3월 17일

지은이	데이비드 벅마스터
옮긴이	임경은
펴낸 곳	잇 콘
발행인	록 산
편 집	홍민지
디자인	정다운
마케팅	프랭크, 릴리제이, 감성 홍피디, 예디
경영지원	유정은
등 록	2019년 2월 7일 제25100-2019-000022호
주 소	경기도 용인시 기흥구 동백중앙로 191
팩 스	02-6919-1886

ISBN 979-11-90877-70-1   03320
값   18,000원

왜 내월급은 항상 부족한걸까

데이비드 벅마스터 지음
임경은 옮김

잇콘

공정 급여: 내 월급을 올리고, 사회 격차를 좁히고, 성공 기업을 구축하기

- 데이비드 벅마스터 -

딸 토바에게, 네가 자랐을 땐 이 책의 내용이 과거가 되어 있기를.

 **CONTENTS**

PART 1

회사가 알아야 할 사실들

1장. 급여 담당자도 모르는 진실 • 009

2장. 새로운 대안, 신의성실의 원칙 • 043

3장. 옛것의 귀환 • 072

4장. 회사가 급여 문제를 바라보는 방식 • 109

5장. 당신의 가치는 얼마? • 150

PART 2

직원이 알아야 할 사실들

6장. 급여 인상을 기대할 때 예상할 점 • 195

7장. 격차에 발 빠짐 주의 • 245

8장. 공정 급여의 방해 요인 • 286

9장. 공정 급여의 미래 • 332

감사의 글 • 357

PART 1

$

회사가
알아야 할
사실들

1장

급여 담당자도
모르는 진실

　어느 평일 저녁, 시애틀 남부에 있는 시어스Sears의 오래된 창고 밖에 시위대가 모였다. 컨테이너선이 유유히 다가오는 부두를 뒤로한 채, 지역 노조 위원들과 서비스업 종사자들이 함께 모여 몇 명은 마이크를 들고 "최저임금 15달러 쟁취Fight for $15!"라는 구호를 외쳤고, 나머지는 퇴근하는 직장인들의 관심을 끌려고 팻말을 흔들었다. 이 시위를 목격한 주변 인구가 족히 5,000명은 되었을 것이다. 낡은 시어스 창고는 더 이상 카탈로그 주문을 처리하는 곳이 아니었다. 이제는 스타벅스 본사가 되어 있었다.

　시위대는 바리스타뿐 아니라 모든 서비스업 종사자의 급여 인상을 촉구했다. 그들은 시급 15달러가 노동자들이 최소한의 품위를 유지할 수 있는 최저임금이라고 주장했다. 이는 2014년 당시 워싱턴주 최저임금인 시간당 9.32달러보다 60% 높다. 시애틀 시의회는 이듬해에야 최저임금을 11달러로 올렸고, 이때를 기점으로 꾸준히 임금 인상안이 통과됐다. 이렇게 인상된 시애틀의 최저임금은 2009년 7.25달러로 정해진 이래 한 번도 오른 적 없는 연방 최저임금을 웃돌며 미국에서 가장 높은 액수가 되었다. 그래도 노동자들이 기본적인 자립을 감당하기에는 여전히 부족했고, 임대료 부담은 나날이 커져만 갔다. 2018년 전국적으로 실시한 한 연구에 따르면 최저임금 근로자가 침실 한 개짜리 아파트를 장만할 형편이 되는 지역은 애리조나, 캘리포니아, 콜로라도, 오리건, 워싱턴 등 다섯 개 주의 스물두 개 카운티뿐인 것으로 나타났다. 각 주의 최저임금은 연방 최저임금보다 최소 40% 높았다. 그러나 시애틀의 중심지인 킹카운티는 여기에 해당하지 않았다.

인간다운 생활을 할 권리는 언제나 최저임금과 관련된 공론의 중심에 있는 문제였다. 최저임금을 문자 그대로 의미에 충실하게 해석하면, 최소 인원의 저숙련 노동자에게 최소 시간 단위에 대해 제공되는 최저 수준의 임금이라고 보면 된다. 최저임금 노동이라 하면 사람들은 대학교 여름 방학 때 탄산음료 기계 앞에서 잠시 저임금으로 일한 아련한 옛 추억을 떠올리는 경향이 있다. 이처럼 기업체에 '정식' 취업하기 전에 쌓는 기본적인 사회생활 경험쯤으로 생각한다. 우리는 최저임금 노동(대개 고객을 상대하는 서비스업이나 고된 육체노동이 따르는 직업)에 요구되는 저숙련 기술을 경시하고, 이들 직업을 생계 수단으로 삼기에는 자신과 상관없는 듯 내심 선을 긋는다.

미 노동통계국에 따르면, 최저임금 노동자는 그 수가 적지도 않고 인생 경험으로 잠시 거쳐가는 일자리도 아니다. 또한 그들은 우리가 흔히 경험에서 연상하는 이미지보다 연령대도 더 높았다. 미국에서 약 200만 명이 연방 최저임금에 못 미치는 급여를 받고 있다. 그 중 25세 이상이 절반을 넘고, 20세 이상은 약 80%에 달한다. 대부분이 외식업에 종사한다. 또 자녀를 둔 약 3분의 1은 보육 시설을 이용하기에 어려운 형편이나 불규칙한 교대 근무 탓에 출셋길을 가로막는 장벽을 극복하기가 점점 어려워지고 있다. 최저임금 인상을 비판하는 사람들은 200만 명을 백분율로 따지면 전체 노동 인구의 1%에 불과하므로 최저임금법이 중요하지 않다는 식으로 말한다. 그들이 최저임금법의 효과를 과소평가하는 것은 소득 분포를 살펴보지 않기 때문이다. 따라서 그 이면의 심각한 문제점을 인식하지 못한다. 시위가 일어날 당시 미국 노동 인구의 거의 절반이 15달러 미만의 시급을 받고 있었다.

스타벅스 본사는 시위 장소로 현명한 선택이었다. "인간의 정신을 일깨우고 풍요롭게 한다"라는 스타벅스의 모토에서 알 수 있듯, 스타벅스는 인간 중심의 경영 측면에서 다른 유통 및 외식업계보다 훨씬 앞서 있었고 지금도 마찬가지다. 스타벅스는 오래전부터 전 직원에게 건강보험과 스톡옵션을 제공한 데 이어, 몇 달 전에는 애리조나 주립대학과 협력해 직원들의 학위 취득을 독려하는 학비 지원 프로그램도 시작한다고 발표했다. 그러자 시사 월간지 「디 애틀랜틱The Atlantic」이 졸업장을 든 바리스타를 배경으로 "스타벅스가 중산층을 구할 수 있을까?"라는 제목의 머리기사를 내는 등 스타벅스의 혁신적인 프로그램을 추켜세우는 기사들이 여러 군데서 보도되었다. 당시 시위대는 몰랐지만, 스타벅스는 이미 역대급 규모로 직원에게 투자할 계획을 세운 터였다.

나도 이 프로젝트를 진행한 팀에 속해 있었다. 전국에 수십만 명이 넘는 동년배의 바리스타를 포함해 스타벅스 직원의 임금률을 책정하는 업무를 맡았다. 목표는 '파트너'라고 불리는 전 직원의 급여, 복리후생, 근무조건 등을 개선하는 것이었다. 초봉 인상, 휴식 중 간식 제공, 규칙적인 교대 근무, 경력 개발 기회 확대, 그리고 다들 오랫동안 손꼽아온 복장 규정 완화에 이르기까지, 모두 파트너 경험 투자 Partner Experience Investment라는 성대한 축하 행사를 통해 발표할 예정이었다. 우리 팀은 이 계획을 추진하며 뿌듯했지만, 시급을 15달러로 인상하는 방안은 들어 있지 않았다. 우리 팀은 물론 다른 도시도 15달러 최저임금제를 시행하는 곳은 없었으니, 아직 갈 길이 멀었던 셈이었다. 그때만 해도 최저임금 15달러를 외치는 시위 소식이 전국적으로 퍼지기 전이었고, 그나마도 소수 세력의 목소리로 여겼다. 이렇게 큰 폭으로 임금을 인상한 전례가 없었고, 15달러에 근접한 수준의 급여를 지급하는 다른 회사도 찾아볼 수 없었다.

내가 좀 더 낙관적이었던 시기에는 「디 애틀랜틱」의 예측과 비슷한 생각이었다. 그동안 모든 사람의 노력과 스타벅스의 점진적 처우 개선을 보건대, 공정과 선의가 지배하는 새로운 경제 시대가 열릴 줄 알았다. 시간이 지날수록 다른 기업의 각성을 촉발해, 경제 전반에 걸쳐 연쇄적으로 임금 인상과 복지 증진으로 이어지지 않을까 기대했다. 그렇다면 중위 소득자가 파산 걱정 없이 내 집을 마련하고, 가족을 부양하고, 아프면 병원도 마음껏 가고, 아이들을 대학에 보내며 안정된 생계를 꾸렸던 시대로 돌아갈 수 있을 것이다. 사회 불평등의 악순환이 끊어질 것이다. 훗날 모 대선 후보가 "미국을 다시 위대하게"라고 빨간 모자에 새기기 전부터 우리가 먼저 위대한 미국을 실현할 것으로 보였다.

그러나 나는 곧 현실을 자각했다. 물론 전국 대부분의 도심지처럼 집값, 보육비, 교통비 부담이 심하지 않은 여러 지역에서는 임금 인상이 변화를 가져올 것이다. 하지만 우리의 계획은 시위대의 요구와 동떨어져 있음은 물론, 내가 늘 마주치는 본사 내 매장의 바리스타들에게도 큰 반향을 일으키기에 역부족이었다.

그날 퇴근할 때가 되어서 시위대를 발견했다. 팻말을 헤치며 난리 통을 빠져나온 후, 평소와 다름없이 말 그대로든 비유법으로든 시위대의 반대편으로 향했다. 당시 회사 주차장이 완공되려면 4년을 기다려야 했기 때문에 멀찌감치 떨어진 노상 주차장을 이용했다. 그 길을 지날 때면 주거비 부담이 심각해지고 있다는 걸 조금은 체감할 수 있었다. 여기에는 도시 전체에 주인 없는 빌딩을 하나둘씩 사들인 아마존, 그리고 소득 수준과 따로 노는 부동산 가격이 한몫했다고 볼 수 있다. 이때는 창립자 제프 베이조스Jeff Bezos가 도심 한가운데 남근 숭배 사상이 훤히 드러나는 모양의 건물을 세우며 시애틀의 대표 거물로 거듭나기 몇 년 전이었다.

유난히 바빴던 시기의 어느 날 오후, 근처 시애틀 매리너스 홈구장에서 열린 야구 경기로 노상 주차장이 일찌감치 만차가 되었다. 그래서 오갈 데 없는 캠핑카 노숙자들과 나란히 길가에 주차했다. 80년 전이 부지는 허버트 후버Herbert Hoover 전 대통령의 이름을 따 풍자적으로 명명된 후버빌Hooverville이었다. 이곳은 대공황 때 전국에 수백 곳에 달했던 판자촌 중 하나로 빈민층의 임시 거주지였다. 지금 이곳에 사는 사람들의 형편도 썩 나아지지 않았다. 그동안 나는 그들이 왜 이런 상황에 처했는지 생각해 본 적이 별로 없었다. 무관심이 자랑은 아니지만 그런 풍경에 익숙했기 때문이다. 점심이면 연어 회가 나오는 시간에 맞춰 3층 구내식당으로 가면서도 머릿속으로는 일정을 짜고 있을 만큼 바빴다. 구내식당 주방장은 연어 회를 넉넉하게 내놓는 법이 없어서 12시 15분이면 동나기 일쑤였다.

나는 중간 관리자급의 분석가일 뿐이었지만, 내 몸값과 직업적 야망에 익숙해져 외부 세계에 관심이 없었다. 그러다 보니 내 주변에서 일하는 사람들에게 필요한 것, 그리고 내가 그들의 편이 되어줄 힘이 있다는 걸 인식하지 못했다. 그러던 어느 날 흥미로운 연구를 접하게 되었다. 개인이 소외 계층을 바라볼 때 뇌 반응은 그 사람의 부와 상관관계가 있다고 한다. 요약하면 부유한 사람일수록 주변인의 빈곤을 둔감하게 받아들이는 경향이 있다는 것이다. 중간 관리자로서 나는 시애틀 직장인의 중위 임금보다 거의 두 배, 바리스타 임금의 네 배 이상을 벌고 있었지만, 바로 옆에 있는 근로빈곤층은 언젠가부터 눈에 들어오지 않았다. 미국은 역사상 그 어느 때보다 풍요로워졌지만, 연어 요리는 구경도 못 하는 사람들이 점점 많아졌다. 하필이면 나도 직업상 이러한 문제를 일으킨 장본인 중 한 명이었다.

비록 윗선의 승인이 필요하긴 하지만 내가 서비스업 임금을 시간당 15달러로 인상할 권한이 있는 소수의 행인 중 한 명이라는 사실을 시위대는 알 턱이 없었다. 나는 전 세계 모든 경쟁 기업들이 자사 직원들에게 지급하는 임금의 추세와 금액을 낱낱이 파악하고 사내의 모든 직급에 적정 수준의 '시장 임금률Market Rate'을 권고하는 일을 맡았다. 나 같은 급여 전문가들은 통상 노동시장의 임금 동향을 추적하는 것이 임무라고 믿어왔다. 반면 우리가 노동시장의 흐름 자체에 영향을 미칠 수 있다는 점은 별로 신경 쓰지 않았다. 전지전능한 시장 논리를 따르는 것이 우리의 소임이었기 때문이다.

모든 대기업에는 이러한 업무를 담당하는 인사 부서가 있다. 딱히 카리스마 있는 명칭을 찾지 못한 관계로 여기서는 보상팀이라고 부르겠다. 스타벅스에서는 토탈 리워드Total Rewards라는 멋없는 팀명을 붙여놨다. 대외적으로 통용되는 명칭은 더 고리타분하게도 총보상팀Total Remuneration이라고 한다. 이 업무는 때로 남들에게 선보일 재미있는 장기로 써먹을 수 있다. 상대방의 직업에 대해 몇 가지 세부 사항만 알면 그 사람의 현재 소득(혹은 적정 소득)을 근소한 오차 범위 이내로 맞출 수 있다. 만약 틀리더라도 변명거리가 있다. 이 일에는 기술적 측면과 과학적 측면이 둘 다 있는데, 나는 과학에 치중한 반면 그쪽 회사의 급여 담당자는 기술에 가중치를 둔 것 같다고 얼버무리면 된다. 틀린 말은 아니지만, 나 같은 사람들이 급여 정보를 기밀로 유지하고 질문이나 책임을 회피하기 위한 편리한 변명일 뿐이다.

스타벅스를 떠난 후 나는 특정 기업에 소속되지는 않았지만, 여러 브랜드를 거느린 다국적 프랜차이즈 대기업에 컨설팅함으로써 간접적으로 바리스타의 임금률을 책정하는 일을 계속했다. 나의 새 직장은 염 브랜드Yum! Brands로 KFC, 피자헛, 타코벨을 소유하고 있으며 스타벅스 못지않게 많은 프랜차이즈(또는 라이선스) 파트너를 둔 브랜드다. 그 후 외식업계를 떠나 오리건주로 돌아와 현재까지 나이키에서 일하고 있다.

내가 일했던 기업들과 관련해 몇 가지 솔직하게 밝힐 점이 있다. 나는 어떤 기업도 대변할 생각이 없고 오로지 개인의 관점에서 책을 썼다. 나는 그들의 기밀 정보, 약점, 관행을 드러내지 않을 것이다. 그나마 나의 일상 업무를 밝힌 몇 안 되는 페이지에서도 내부 사항이나 사측과 (나를 제외한) 직원의 치부가 드러나지 않도록 세심히 신경 썼다. 특정 기업의 세부 정보를 시시콜콜 밝히는 것은 이 책의 취지와 맞지 않다. 그보다 모든 사람에게 공정한 급여를 제공하기 위해 시스템을 어떻게 바꿀 것인지 설명하고 개선을 촉구하는 것이 목적이다. 나는 대부분 직장인에게 급여를 지급하는 회사의 관점, 즉 전반적인 시스템 개선에 중점을 두었다. 어떤 방법으로든 전체 생태계를 개선한다면 모든 회사에 영향을 미칠 것이다. 앞으로 살펴보겠지만 이는 세계 최대 기업의 급여 체계가 자기들끼리만 데이터를 공유하고 서로 연결된 소수에 의해 결정되기 때문이다. 여러분은 우리 같은 급여 담당자들을 세계에서 가장 따분한 비밀결사라고 생각할지도 모르겠다. 급여는 잘 알려지지 않은 영역이고, 그 이유로 우리는 남보다 유리한 위치에 있다.

다시 시위 얘기로 돌아가서 또 하나 밝혀둘 점이 있다. 나는 시위자들에게 전문 지식을 제공해 도움을 준 적이 없다. 당시에 작업 중이던 급여 계획과 관련해 어떤 정보라도 노출했다면 나는 직장에서 쫓겨나고 가족과 함께 현대판 후버빌로 들어가는 신세를 면치 못했을 것이다. 내겐 적시에 정해진 수단을 통해 정해진 대상에 맞는 어법을 사용해 문제를 논의하도록 공식 승인된 기업 채널이 있었기에 그것을 지켜야 한다는 생각뿐이었다. 그전까지는 회사 기밀을 누출하지 않아야 할 의무가 있었다.

급여 인상을 바라보는 동상이몽

최저임금 15달러를 외치던 시위대의 건너편에서는 색다른 유형의 급여 실험이 진행 중이었다. 시애틀에 본사를 둔 신용카드 결제 대행사 그래비티 페이먼츠Gravity Payments의 CEO 댄 프라이스Dan Price는 새로운 최저임금을 발표했다. 시급 15달러가 아닌, 연봉 7만 달러였다. 정규직 기준으로 시간당 거의 34달러에 해당한다. 이 액수는 뜬금없이 정해진 게 아니라, 연구를 기반으로 도출했다. 연구에 따르면 사람들의 심리적 삶의 질은 소득과 비례해 향상하지만, 연봉이 생계비와 비상금까지 해결할 만한 수준인 7만5,000달러에 도달하면 삶의 질은 그 이상 올라가지 않는다고 한다. 예상대로 프라이스의 결단은 헤드라인을 장식했다. 그는 사내 최저임금을 대폭 인상했을 뿐 아니라 자신의 급여를 100만 달러에서 7만 달러로 삭감해 재원을 마련했다. 그래비티 페이먼츠의 이야기는 전 세계의 뉴스와 잡지에 보도되었다. 프라이스를 극찬한 커버스토리 중 하나는 경제지 「잉크Inc.」가 "미국 최고의 CEO 등장?Is This Best Boss in America?"이라는 제목으로 내보낸 기사였다. 그전까지 이름도 거의 알려지지 않았던 프라이스는 엄청난 기대를 한 몸에 받기 시작했다.

프라이스는 저서 『가치 있는 일Worth It』에서 어려운 가정 형편과 가족의 종교적 신념 등 자신의 어린 시절 경험에 영향을 받았다고 밝혔다. 그는 사업에서도 소신이 뚜렷했다. 제프 베이조스, 빌 게이츠Bill Gates 같은 유명 인사가 고고하게 건재를 과시하는 시애틀에서 그래비티 페이먼츠의 독자적인 경쟁 위치를 구축해야 했기 때문이다. 그래비티 페이먼츠가 경쟁해야 할 기술업계에서는 악랄하게 명성을 쌓는 것이 최고의 인재를 끌어들이고 살아남는 유일한 방법이다. 업계 관측통들은 인공지능이나 머신러닝 같은 틈새 분야에서도 이미 평균적인 기술자와 최고의 인재 간에 기량 차가 상당히 벌어졌다는 것을 알고 있다. 남보다 생산성이 열 배나 높은 소위 '10× 엔지니어'를 추구하는 분위기가 형성되면서, 특히 시애틀 기업은 기술 인재를 찾고 그만큼 급여를 지급하기 위한 출혈 경쟁에 뛰어들었다. 그 결과 기술업계의 급여 수준이 전체적으로 올랐고, 20대 엔지니어들이 연봉 100만 달러짜리 스카우트 제안도 거부하는 풍조가 생겨났다. 2000년대 초에는 경쟁이 치열해지자, 많은 기술 대기업이 대놓고 급여를 동결하기 위한 공동의 노력으로 '인재 뺏지 않기no-poach' 협정을 맺었다가 집단 소송에 휘말리게 되었다. 법정에서 공개된 바에 따르면, 애플의 아이콘 스티브 잡스Steve Jobs는 구글 공동 창업자 세르게이 브린Sergey Brin에게 "우리 직원 중 한 명이라도 데려간다면 선전 포고로 받아들이겠다"라는 경고성 이메일을 보내기도 했다. 구글 전 CEO 에릭 슈미트Eric Schmidt도 이메일을 통해 "구글은 업계 전반의 급여를 올려놓은 주범이라며 입길에 오르내리고 있다. 사람들은 우리가 백기를 들고 과거의 '불공정' 급여 관행으로 돌아가기만을 기다린다"라고 말했다. 비무장지대를 넘은 채용 담당자들은 불복종 죄로 해고되었다.

계획대로 그래비티 페이먼츠의 최저임금제는 유명한 마이크로소프트, 아마존 등과 비교해 우위를 찾고 있던 그들에게 전략적 차별화로 통했다. 그래비티 페이먼츠는 다른 유형의 기업이 되었다. 이 전략은 야후 재직 시절보다 80% 급여 삭감을 감수하고 건너온 태미 크롤Tammi Kroll COO(최고운영책임자)를 포함해 최고의 인재들을 영입할 만큼 충분한 효과를 발휘한 것으로 보였다. 그래비티 페이먼츠와 다른 기술 기업이 이미 법정 최저임금보다 훨씬 높은 임금을 지급하는 이유가 단지 업계와 업무의 특성상 그럴 수밖에 없다 쳐도 이는 중요하지 않았다. 또 장기적으로 프라이스의 잠재 소득이 대부분 연봉이 아닌 회사의 주식 지분 형태라는 사실도 마찬가지였다. 어쨌든 프라이스는 영웅이 되었다. 오늘날 그래비티 페이먼츠는 여전히 승승장구 중이다. 2020년 1월 프라이스는 트위터에서 자체 최저임금제를 시행한 이후 기업 이익이 200% 증가했다고 밝혔다.

그래비티 페이먼츠의 실험은 15달러 쟁취 시위에 참여한 서비스업 노동자들에게 영향을 미치지 않았다. 그러나 프라이스의 주장은 시위대의 메시지와 다르지 않다. 바로 자유시장에서 정상적이고 자연스러운 결과로 받아들여지는 현재의 급여 시스템은 노동자에게 정상적이지도 자연스럽지도 않을뿐더러, 이러한 시장 실패가 전체 경제를 위험에 빠뜨리고 있다는 것이다.

코로나19 팬데믹의 여파에서 확인했듯, 대부분 노동자는 분명 생계가 언제 끊길지 모를 불안감 속에 살고 있다. 팬데믹 직전에 경제가 호황이라는 헤드라인을 쏟아내던 언론의 이야기는 실제 민생과 달랐다. 팬데믹으로 폭락한 주식시장은 금세 반등했지만, 전체 미국인 중 50%가 주식이 없고 90%가 시가총액의 12%만 보유하고 있었다. 코미디언 러셀 브랜드Russell Brand는 "현 체제가 정상이라고 말하는 사람은 그 체제를 위해 일하는 사람이다"라고 말했다. 글쎄, 나는 현 체제를 위해 일하는 사람인 건 맞지만, 동시에 현 체제가 많은 사람에게 정상적으로 작동한다고 생각하지 않는다. 기술업 종사자 같은 일부 엘리트는 현 체제에서 돈을 잘 벌지만 (또 그중 소수는 천문학적인 돈을 벌지만) 여전히 불공정 급여 관행은 사라지지 않는다. 이는 기업이 임금의 시장 경쟁에 소극적이고, 동일 노동 동일 임금 원칙을 지키지 않고 있음에도 그들에 책임을 물을 길이 거의 없기 때문이다. 대부분 사람이 보기에 현 체제는 실패했다. 따라서 모든 사람에게 더 나은 수준의 급여를 제공해 다 같이 잘사는 방법을 모색하는 것이 이 책의 목적이다.

지레짐작이 초래하는 결과

15달러를 위한 투쟁이 전국적으로 확산되기 전까지는 최저임금이 갑자기 오르면 지역 경제가 어떻게 될지 보여주는 데이터가 거의 없었다. 대신 나를 포함해 대부분의 사람은 기존의 선입견에 따라 짐작만 할 뿐이었다. 즉, 최저임금이 오르면 실업률과 물가도 올라간다는 것이 지배적 견해였다. 우리가 경제학 원론 수업에서 듣던 대로, 최저임금 인상은 경제에 안 좋고 부당하며 역효과를 낳을 것이었다. 사실 우리는 최저임금이 필요하지도 않을지 모른다. 덴마크에는 최저임금제가 없는데 우리도 안 해도 되지 않을까? 하지만 문제는 우리 사회에 경제적 충격을 흡수할 사회 안전망이 강력하지 못하고, 고용주와 직원 간에 갑을관계를 조율할 단체 교섭 범위가 제한적이라는 것이다. 그러나 이 모든 내용은 시위 팻말에 담거나 모자 문구로 새기기엔 너무 길다.

돌이켜 보면 최저임금이 역사상 가장 큰 폭으로 올랐는데도 (팬데믹 이전 기준) 실업률은 하락했고, 물가도 요동치지 않았으며, 로봇이 신규 일자리를 잠식하지도 않았다는 것을 알 수 있다. 최저임금 인상의 진원지인 시애틀은 전국 평균보다 낮은 실업률을 기록한 데 이어, 여러 고용 지표에서도 미국 대부분 지역을 앞질렀다. 2017년 말에는 직전 10년간 미국에서 가장 빠르게 성장한 대도시로 선정되었다.

최저임금 인상만으로 이러한 결과가 나왔다고 보기는 어렵지만, 직원에 대한 과감한 투자가 경제 성장과 양립할 수 있다는 점은 확실해졌다. 수십 년 전 경제학자 존 케네스 갤브레이스^{John Kenneth Galbraith}
는 "한때 세기의 사회 갈등이라 불렸던 안보와 진보 사이의 갈등은
사실 존재하지 않는다"라고 말했다. 시애틀은 집값 상승과 주택난으
로 많은 사람이 타 지역이나 길거리로 내몰리는 등 커다란 경제적 난
관이 도사리고 있지만, 최저임금 인상으로 경제 성장과 고용 기회가
종말을 맞지는 않았다. 보수 성향의 싱크 탱크인 미국기업연구소^{Ameri-}
^{can Enterprise Institute}의 표현을 빌리면, 시애틀은 시장의 임금 결정에 인위
적으로 개입해 '경제적 자멸^{Economic Death Wish}'을 향해 치닫는 도시 중 하
나였다. 특히 최저임금 인상의 가장 큰 타격을 받을 것으로 예상되던
외식업과 서비스업은 2019년 고용 증가세가 그 어느 때보다 강했다.
갤브레이스의 말을 다시 인용하면 "미국과 다른 서방 국가의 생산량
이 역사상 가장 현저히 증가한 시기는 사람들이 경쟁 체계의 위험을
줄이는 데 관심을 두기 시작한 이후"였다.

요컨대 임금과 복리후생에 지출을 늘리면 사업에 손해라는 걱정
은 기우일 뿐, 기업이 최저임금을 받는 노동자에게 인심을 베풀 여지
가 있는 것은 분명하다. 이는 최저임금 인상이 고용을 감소시키는 가
상의 한계점이란 존재하지 않는다는 뜻이 아니라, 우리가 그 지점에
도달하지 않았다는 뜻이다. 물론 최저임금이 하룻밤 사이에 15달러
에서 100달러로 인상된다면 걷잡을 수 없는 문제가 생길 것이다. 그
러나 이처럼 극단적인 억측은 조금씩 개선해 나가기 위한 토론을 지
나치게 단순화하고 깔아뭉개고자 하는 사람들의 관점이다. 나는 경
제학자가 아니지만 요점을 전달하기 위해 잠깐 경제학자 흉내를 내

며 한마디하겠다. 급여 결정은 절대적인 옳고 그름의 이분법으로 나뉘는 성질이 아니다. 대신 급여 결정에 있어서 정답은 대개 '경우에 따라 다르다'와 '아무도 모른다' 사이의 어딘가쯤에 있다.

임금 인상이 특정 한계점을 넘어서든 밑돌든 둘 다 실업자가 늘어날 수 있다. 이를테면 법정 최저임금이 지나치게 오르면 기업은 임금 인상분만큼 제품이나 서비스 가격을 올리는 데도 한계에 이르러 직원을 감원할 것이다. 반대로 (담합이나 억제를 통해) 최저임금이 제자리걸음이어도 마찬가지다. 이는 근로자들이 이른 아침 고생스럽게 출근하는 보람이 없을 만큼 소득이 턱없이 부족해서 스스로 직장을 떠나는 경우다. 많은 사람은 최저임금이 15달러로 인상되면 이러한 '한계점을 넘으므로Over the Hump' 실업자를 양산하리라 예상했다. 하지만 시애틀은 고용률과 기업 실적 양쪽에서 호조를 보이며 여전히 한계점 아래에 머물러 있음을 입증했다. 이를 전국으로 확대해, 현행 7.25달러인 연방 최저임금을 인상하자는 주장에도 같은 논거를 적용할 수 있다. 각 주의 최저임금 인상 여부에 상관없이 미국 전역에 걸쳐 경제가 꾸준히 성장해 왔기 때문이다. 우리가 아는 한 가지는 저임금 노동자에게 적정한 수준의 최저임금이 지금보다 올라야 하는 건 확실하다는 것이다.

많은 사람이 최저임금이 인상되면 어떤 결과가 초래되는지 잘못 알고 있다. 하지만 이 오해의 근원은 무자비하고 못된 기업의 병폐도 효율성 만능주의도 아니다. 그보다 사람들이 이토록 지나치게 걱정하는 것은 크게 두 가지 이유가 합쳐졌기 때문이다. 첫째는 겪어보지 않은 일에 대한 두려움이다. 최저임금이 전국적으로 인상되면 어찌 될지 증거가 거의 또는 전혀 없기 때문이다. 둘째는 타성이다. 즉, 우리 급여 담당자들의 믿음은 대부분 직무의 가치와 그 직무 종사자들에 대한 몇 가지 공통된 가정에 기반을 두고 있다. 공정 급여를 위해서는 이러한 선입견을 다시 생각해 봐야 한다. 오직 수요와 공급이 임금을 결정한다는 믿음부터 깨뜨려야 한다.

수요와 공급, 그 외 많은 요인

임금과 관련해 가장 흔한 가설은 모든 임금률이 자유시장에서 수요와 공급에 따라 정해진다는 것이다. 이는 노동시장과 블루베리 시장의 수급 방식을 비슷하게 보는 사고방식이다. 여름 제철 과일인 블루베리는 겨울이면 지구 반대편에서 수입해야 하므로 값이 오른다. 따라서 블루베리는 수요와 공급이 가격 상승을 유발하는 예를 설명하기에 유용하다. 그러나 기술과 노동력은 직종 간에 쉽게 이전될 수 없으므로 블루베리의 논리를 노동시장에 적용하기엔 무리다. 다시 말해 노동력은 블루베리처럼 운송될 수 없고, 서로 교환할 수 없으며, 매년 여름마다 삭감이 용인되지도 않는다. 따라서 노동시장에는 기본적인 수요와 공급 모델이 먹히지 않는다.

이론적으로 따지면 직무 기술이 명확하고 익히기 어렵고 다른 사람에게 가치를 창출할 수 있으면 수요와 공급의 법칙에 따라 임금이 결정되어야 한다. 의사는 누가 봐도 필수 불가결한 직업이며, 이 일에 필요한 기술과 자질을 갈고닦기 위해 긴 세월을 보낸다. 수요와 공급의 법칙에 따르면 의사가 높은 급여를 받는 게 납득이 간다. 그러나 의사 인력이 부족해질 것으로 보이고 인구 고령화와 건실한 경제 가운데서도 의사의 급여는 최근 몇 년 동안 거의 오르지 않았다. 반면 투자 은행가와 경영 컨설턴트 같은 고임금 직군의 임금은 계속 오르고 있어 이것이 수요 공급 이론에 부합하는지는 아리송하다. 그렇다면 수요와 공급은 임금이 인상되는 이유 중 일부에 불과한 것으로 보인다. 또 어떤 요인이 있는지 알아보기 위해 서로 다른 두 유형의 직업인 민간 항공기 조종사와 호텔 청소부의 임금이 작동하는 원리를 살펴보겠다.

팬데믹으로 항공기 운항이 중단되기 전에는 민간 항공기 조종사를 구하기가 어려웠다. 조종사 자격을 취득하려면 10년 이상의 시간과 수십만 달러가 넘는 비용 등 상당한 투자가 필요하다. 이러한 진입 장벽이 있기에 조종사의 공급량은 많지 않아야 하고, 임금은 항공 여행 수요가 증가할수록 올라야 한다. 그야말로 기술이 명확하고 익히기 어렵고 다른 사람에게 가치를 창출하는 직업의 전형이다. 하지만 그게 전부는 아니다.

얼마 전까지만 해도 지역 저가 항공사들은 신입 부조종사에게 최저임금에 가까운 급여를 지급했다. 이처럼 급여가 적었던 이유는 조종사 인력 공급이 급증했다든지, 기술의 숙련도나 자격 요건의 진입 장벽이 낮아졌다든지, 항공 여행 수요가 감소해서가 아니었다. 주된 원인은 9·11테러 이후 항공업계가 어려움을 겪던 시기에 조종사들의 교섭력이 떨어졌기 때문이다. 당시에는 신규 조종사뿐 아니라 숙련된 기존 조종사의 임금도 깎였다. 조종사가 되기 위해 투자한 시간과 돈에 비해 고액 연봉을 받을 가능성도 희박해지자 조종사 지망생들은 다른 직업을 선택했다. 세월이 흘러 당시 세대의 조종사들이 법정 정년에 도달하게 되었으나 신규 조종사는 부족한 실정이다. 그 결과 조종 기술에 대한 수요와 공급이 극도로 불균형해져, 베테랑 조종사는 최대 30만 달러의 연봉을 부르기도 한다. 이는 소득 상위 2% 안에 들 정도로 고액이지만 임금이 깎이기 전인 1990년대와 비교하면 비슷한 수준이다. 그러므로 지난 30년간 조종사 임금은 별로 오르지 않은 셈이다. 높은 수요, 낮은 공급, 고숙련 기술, 높은 진입 장벽 등 이론적 요인만 따지면 그동안 조종사는 꾸준히 높은 급여를 받았어야 정상이다. 그렇다면 역시 다른 요인, 즉 여기서는 피고용자의 교섭력이 수요와 공급 법칙이라는 표준 모델에 오작동을 일으킨 셈이다.

조종사 인력난에 대한 해결책으로 필수 훈련 과정을 간소화하자고 제안할 사람은 거의 없다. 아무리 자유지상주의를 열렬히 지지하는 항공사라도 안전 교육을 제대로 받지 않은 조종사를 채용하고 싶지는 않을 것이다. 이는 자유시장의 자연스러운 수요와 공급 논리 외에도 규제, 경제적 충격, 사용자의 선택, 교섭력과 같은 다른 요인이 임금에 영향을 미친다는 것을 보여준다. 따라서 우리는 누가 얼마큼의 급여를 받는지 생각할 때 시야를 더욱 넓힐 필요가 있다.

이제 호텔 청소부의 임금 문제로 넘어가자. 이 직업은 진입 장벽이 낮고, 심장 수술이나 비행기 착륙과 달리 성패가 뚜렷이 갈리거나 위험하지 않다(그래도 경영 컨설턴트보다는 훨씬 뚜렷한 성과를 낸다). 직무 기술은 명확하고 다른 사람들에게 가치가 있다. 하지만 누구나 금방 익힐 수 있는 일이고, 노동자가 임금 결정에 영향을 끼치지 못할 만큼 개인 능력에 편차가 거의 없다. 또 기본 기술은 쉽게 익힐 수 있지만 지속적으로 특출나게 잘하기는 어렵다. 최근 셰일 유전이 발견되어 많은 노동력이 필요해진 노스다코타주와 텍사스주 같은 신흥 도시에서만 그나마 노동자들이 어느 정도 임금 결정권을 행사하는 편이다. 그러나 그들의 시장 임금도 호텔 청소부처럼 시간이 지나 노동 공급이 부족하고 수요가 넘쳐도, 시위대가 주장하던 15달러 근처에는 미치지 못한다. 물론 호텔 청소부의 급여가 의사만큼 높아야 한다고 기대할 사람은 거의 없을 것이다. 하지만 기본적인 수요와 공급 법칙에서 설명하는 균형 가격보다 더 낮은 임금이 형성되는 것은 그 외의 다른 요소도 계속 작용한다는 의미다.

　　대부분 호텔 청소는 하청 방식으로 운영된다. 즉, 청소 서비스를 제공받는 호텔 측은 청소 직원의 업무 성과가 어떠하든 그들의 임금을 정할 권한이 없다. 그리고 청소부의 급여가 얼마인지 (덧붙여 그들의 이름과 처우도) 알지 못한다. 청소 업무가 호텔의 소관 밖에 있는 데다가, 노동자의 직무 능력은 비슷비슷하다. 그러다 보니 호텔 측은 청소부를 양질의 일자리를 책임져야 할 대상이 아닌, 쉽게 구입할 수 있는 사무용품처럼 취급한다. 따라서 청소부들을 실제로 고용하거나 계약하는 하청업체(최근의 앱 기반 플랫폼 포함)는 인건비를 낮추고 최종 사용자에게 파견 노동자의 정체를 드러내지 않으려는 게 당연하다.

여기서 임금 인상을 가로막는 것은 정부의 시장 개입이나 피고용자의 열세한 교섭력이 아니라 사기업이 시장을 기반으로 형성한 고용 구조다. 하청 노동자들은 고용 회사의 가시권 밖에 있어서 임금 인상 기회를 얻기 어렵다. 눈에서 멀어지면 마음도 멀어지듯, 회사는 자기네 소속이 아닌 하청 노동자들을 챙겨주지 않는다. 그리고 하청 노동자들은 회사의 성장과 복리후생의 덕을 볼 수 없다. 과거 경비원으로 시작해 회사 중역까지 올랐다는 성공 신화가 요즘 불가능해진 것은 경비원을 하청으로 뽑기 때문이다. 많은 이들이 찬양하던 '일의 미래Future of Work'라는 계획하에 새로운 분리 고용 형태로 서둘러 전환한 결과, 급여 시스템이 얼마나 악화되었는지는 8장에서 살펴볼 것이다. 또 7장에서는 이러한 실수가 이미 상당한 임금 격차를 경험하고 있는 소외 집단에 어떤 문제를 일으키는지를 다룰 것이다.

수요와 공급 법칙 같은 단순한 모델이나 각자가 지지하는 정치적 관점에서만 급여에 접근하면 문제가 생긴다. 수요와 공급의 역할을 과소평가하자는 게 아니라, 다른 간섭 요인도 고려해야 한다는 의미다. 근로자들이 스스로 기술에 대한 수요와 공급의 결정권을 더 수월하게 행사할 방법이 없지는 않다. 다만 그러려면 그들이 자기 기술을 연마하고 지키거나 신기술을 재교육받을 수 있도록, 급여 담당자들이 시장 개입과 고용 보호의 필요성을 적극적으로 인식해야 한다.

무엇보다도 근로자들이 기술과 기회를 개발하거나 더 많은 급여를 찾아 다른 고용주로 원활히 이직할 수 있는 시스템을 마련하려는 기업계와 의회의 노력이 필요하다. 이것이 공정 급여를 위한 노력의 의미다.

공정 급여의 의미

공정 급여를 논하기에 앞서 '공정'과 '급여'의 의미부터 정의해야겠다. 급여는 여러 가지 방법으로 정의할 수 있지만, 공정은 정치성이 다분한 단어로 그 의미는 개인의 세계관에 영향을 받는다.

나는 두 가지 이유로 급여와 부의 개념을 구별하려 한다. 첫째, 부의 축적은 기업의 의사 결정보다 세금, 토지, 차별 등에 대한 장기적, 제도적 정책과 더 관련이 깊기 때문이다. 둘째, 나는 기업에서 급여를 결정하는 보상팀을 직접 이끌어본 만큼, 급여가 더 자신 있는 분야이기 때문이다. 이 책에서는 '급여Pay'와 '임금Wage'을 혼용할 것이다. 여기에는 기본급, 상여금, 복리후생, 주식 보상 등의 형태로 직원이 벌어들인 금액이 들어가나 임대 수익, 투자 수익 같은 불로소득은 포함되지 않는다. 소유와 경영을 겸하는 창업 기업가들이 자신에게 책정하는 보상도 이 책의 관심사가 아니다. 다만 그들이 직원 급여를 결정하기 전에 이 책을 읽고 직원들에게 공정한 급여를 보장해 주기를 바랄 뿐이다.

부의 불평등은 이 책의 중심 주제가 아니지만, 부의 불평등이 임금 불평등보다 훨씬 암울한 상황인 만큼 간단히 짚고 넘어갈 가치는 있다. 연방준비제도이사회에 따르면 미국인의 상위 10%가 국가 총자산의 70%를 소유하고, 1989년에 기록한 61%보다 증가한 것으로 나타났다. 하위 50% 가구의 총 가계 자산은 1989년 4%에서 2018년 1%로 감소해 순자산이 거의 전무한 실정이다. 전 세계인의 입방아에 오르내리는 최대 부국 미국은 비유하자면 외딴 도시에 살며 출세한 먼 사촌과 비슷하다. 그는 평소 연락도 없다가 오랜만에 가족 모임에 나타나서는 뷔페의 맨 앞줄에 서서 음식을 포장 용기에 싹 쓸어 담는다. 그동안 우리 같은 대부분 사람은 조그마한 샐러드 접시를 들고 뒷줄에서 초조하게 기다린다. 공정한 급여를 지급할 수 있다면 사람들이 재산을 모으는 구조적 방책이 변할 테고, 시간이 지날수록 빈부 격차도 줄어들 것이다.

기업의 불공정한 급여 지급 관행은 불평등 문제에서 중요하면서도 그동안 간과되어 온 퍼즐 조각 중 하나이므로 눈여겨볼 가치가 있다. 연구에 따르면 소득 불평등의 3분의 2는 기업 간 급여 격차에서, 3분의 1은 기업 내 격차에서 비롯된다고 한다. 또 다른 연구에서는 불평등이 국가 간에는 감소하되 국가 내에서는 증가하는 추세라고 한다. 이러한 결과를 종합하면 불평등을 낳는 두 가지 동인의 교집합이 나타난다. 즉, 한 국가에서 기업이 직원에게 지급하는 급여에 격차가 있음을 알 수 있다. 누가 얼마큼의 급여를 왜 받는지에 대한 기업의 결정을 이해할 수 있다면 사실상 임금 불평등의 주된 원인을 집어낼 수 있다. 기업이 공개적으로 급여에 대해 내세우는 약속에는 공통된 사고방식이 있지만, 공통된 결과로 이어지지는 않았다. 한편에는 직원에게 넉넉하고 공정한 급여를 지급하기로 결정한 눈치 빠른 회사들이 있다. 비록 모든 직원이 필수 생계비를 벌기에 부족함이 없고 편견 없이 급여를 받을 만큼 변화하기에는 더딘 속도지만 말이다. 또 다른 한편에는 변화를 꺼리는 회사들이 많다. 그들은 미래의 경력과 형편을 걱정하고 비관하는 직원들을 계속 방치하면 자신들도 뒤처지리라는 것을 아직 깨닫지 못했다.

대기업을 원망하기는 쉽다. 하지만 기업이야말로 공정 급여를 실현하기에 가장 적임인 조직체다. 특히 대기업은 표준화된 직무 설정과 급여 지급 관행을 통해 사실상 기업들 사이에서 급여 체계의 인프라 역할을 한다. 이들의 직무와 관행이 합쳐져 시장 급여 조사에 반영되고, 경제 전반에 걸쳐 공정하다고 간주되는 기본 표준이자 모든 기업이 준수하는 급여 기준점으로 쓰이고 있다. 이 책에서는 이러한 조사의 수많은 허점을 거론할 것이다. 그리고 대기업에 의해 생성된 권력 불균형은 공정 급여를 향한 빠른 전환을 가로막는 걸림돌이다. 이러한 기준점조차 없으면 공정 급여로 향하는 여정은 훨씬 더딜 것이다. 급여를 개별 기업의 고립된 결정에 맡길 수밖에 없다면, 결과적으로 직원들은 자신의 급여에 대해 잘 모를 뿐 아니라 새 출발을 할 때도 공정 급여를 보장받기 어려워진다. 최소한 기업들끼리만이라도 급여 체계가 투명해야 경쟁이 유발될 테고, 이 이유로 한 기업 내에서도 급여 투명성 수준을 근본적으로 높여 직원들이 급여 정보를 쉽게 확인할 수 있게 해야 한다. 또한 대기업은 성별과 인종에 따라 불평등하게 나타나는 급여 문제를 고찰하고 해결하는 데 필요한 데이터의 원천이 되기도 한다.

기업의 급여 체계에 집중하는 관점은 프랑스 경제학자 토마 피케티Thomas Piketty의 전 세계적인 베스트셀러『21세기 자본』이 토대를 쌓았다. 피케티와 그의 연구팀은 피케티의 표현으로 '슈퍼 경영자'라는 집단이 부상하면서 특히 미국에서 임금 불평등을 상당히 부추겼다는 것을 발견했다. 이 발견은 1979년과 2005년 사이에 국민 소득 중 가분의 60%가 임원, 경영자, 감독자, 금융 업계로 흘러갔다는 미국의 이전 연구와 궤를 같이한다. 기업 소유주와 창업 기업가도 이러한 결과에 한몫했지만, 공정 급여의 목적을 위해서는 슈퍼 경영자를 논의에서 빠뜨려서는 안 된다. 궁극적으로 우리는 기업 경영을 이끄는 리더들이 모든 직위의 구성원에게 급여 지급 방법에 어떤 결정을 내려야 하는지, 그 결정이 장기적으로 더 강력한 비즈니스를 구축하는 데 어떻게 도움이 되는지 답을 찾고 있기 때문이다. 그렇다고 불평등의 원흉으로 슈퍼 경영자들만 탓할 수도 없다. 내 경험에 따르면 그들도 공정한 급여 체계를 설계하는 방법을 잘 알지 못한다. 또한 우리는 임금 불평등을 완전히 타파하는 게 능사라고 생각하지도 않는다. 어떤 사람이 남다른 기술과 노력 등 정당하고 바람직한 이유로 더 많은 급여를 받을 수 있다는 점은 대부분 수긍하기 마련이다. 따라서 더 정확한 목표는 급여 산정 과정에 신뢰를 구축하고 더 많은 사람의 주머니에 더 많은 돈을 안겨줌으로써 불공정하고 불평등한 급여로 인한 사회 전체의 불안을 해소하는 것이다.

회사가 급여를 바라보는 관점을 살펴보기에 앞서, 논란의 여지가 있지만 잠시 이민을 언급하겠다. 이민자는 골치 아픈 존재로 취급받기는 해도 회사의 급여 전략 결정에 전혀 영향을 미치지 않는다. 대개 영주권을 얻기 전 임시 보호 신분에 있는 노동자는 하청업체에 취업한다. 그러므로 회사의 급여 정책에서 완전히 벗어나 있고, 자체 보상팀에서 관리하지도 않는다. 이민이 자국민의 임금을 떨어뜨린다는 주장도 있지만 근거가 제각각이며, 대체로 연구 대상 국가의 지리적 조건에 크게 좌우된다. 또한 「포춘」 500대 기업의 45%는 미국으로 이주한 1세대 또는 그 가족이 설립했으며, 특허 건수의 28%는 이민자 출신이 보유하고 있다. 이를 토대로 공정 급여를 위해서는 이민자를 배척할 게 아니라 환영해야 한다는 것을 알 수 있다. 이민은 더 경쟁력 있고 혁신적인 기업이 탄생하는 데 도움이 되며, 결과적으로 공정 급여에도 기여할 것이다.

또한 기술과 자동화가 직장 생활의 중요한 부분을 차지하리라고 예상하지만 기계가 모든 직업을 앗아갈 것 같지는 않다. 기계가 일자리를 위협한다는 이야기는 '6,000년 인류 역사상 가장 흔한 직업'이었던 농부를 대체한 트랙터부터 은행의 ATM(현금자동입출금기)에 이르기까지 이미 과거에도 나돌았다. ATM이 처음 등장했을 때 은행 창구 직원은 곧 해고될 것이라는 게 세간의 통념이었다. 하지만 시중 은행은 새로운 사업 분야와 예금 서비스 방식을 발굴해 고용을 늘렸다. 살아남은 일자리와 새로 생긴 일자리의 가치를 따져봤을 때 일자리의 질이 확연히 낮아지긴 했지만, 어쨌든 총 가용 일자리는 자동화 도입 이후로도 아직 줄어들지 않았다. 몇몇 직업은 당연히 사라지겠지만 새로운 직업도 생겨날 것으로 예상된다. 독일, 일본, 특히 한국 등은 노동자 대비 로봇 비중이 미국보다 훨씬 높지만, 실업률은 미국과 비슷한 수준이고 소득 불평등도는 오히려 낮다. 문제는 로봇과 인간 중 양자택일이 아니다. 대신 새로 창출되는 일자리(대부분 서비스업이나 돌봄 직종)의 가치에 로봇이 득이 될지 실이 될지를 고민하고, 사람들이 새로운 유형의 직업으로 무난히 전환해 생계를 유지할 수 있게 도울 방법을 찾아야 한다. 코넬대의 루이스 하이먼^{Louis Hyman} 교수는『임시직의 시대^{Temp}』에서 "요점은 우리가 로봇보다 더 뛰어난 로봇이 되는 게 아니다. 대신 앞 세대와 비교해 더 인간적인 직업, 즉 창의성, 돌봄, 호기심을 발휘할 일자리를 늘려야 할 것"이라고 말했다.

이 책은 경제 도서는 아니지만, 공정 급여를 다룬 풍부한 경제 연구와 기업계의 통찰력을 결합하기 위해 최선을 다했다. 어떤 주장을 입증하려고 필립스 곡선이나 지니 계수 같은 모델을 동원하는 건 자제할 생각이다. 그런 작업은 다른 사람들이 더 잘하고 이미 했기 때문이다. 게다가 다음 연봉 협상 때 상사에게 명목 임금 상승률의 변화 추이를 차트로 보여주며 설득하고픈 독자들은 별로 없을 듯하다. 대신 직원과 급여 담당자 간의 마찰을 줄이려는 과정에서 우리가 직장에서 일상적으로 겪는 경험을 바탕으로 쉬운 언어를 사용해 서술할 것이다.

이번에는 불공정 급여의 의미가 무엇인지 정의할 차례다. 무엇이 공정하고 불공정한지 결정하는 것은 논란의 여지가 있고, 대개 개인이 처한 상황에 따라 달리 정의된다. 예컨대 억만장자인 (또는 억만장자를 꿈꾸는) 기업가는 승자가 전리품을 챙기는 것이 공정하다고 말할 것이다. 그들에게는 패자가 승자를 무너뜨리는 공정이란 있을 수 없는 개념이다. 또 반대편에는 노동자와 자연을 착취하거나 법망을 빠져나가지 않고서야, 한 개인이 10억 달러를 버는 일은 불가능하다고 믿는 사람들이 있다. 전자처럼 생각하는 사람에게는 앞으로 공정한 세상이 오지 말아야 한다. 그들은 공정이라는 개념이 커트 보니것Kurt Vonnegut의 단편 소설 『해리슨 버저론Harrison Bergeron』에서 그리는 획일적 평등과 같다고 믿기 때문이다(그리고 항상 이 소설을 근거로 들먹인다). 이 소설 속의 미래는 뛰어난 지능을 의료용 전기 충격기로 하향평준화하고, 발레리나의 높은 점프력은 탄약 주머니로 짓누르며, 미모는 가면으로 감추는 등 개인의 선천적 장점에 핸디캡을 부여한다. 이야기의 서두는 "2081년, 마침내 모든 사람이 평등해졌다"로 시작한다. 반면에 후자처럼 생각하는 사람에게 공정이란 결코 현실에서 볼 수 없는 유토피아와 같다.

얼마큼의 급여가 공정하고 불공정한지 목표가 끊임없이 왔다 갔다 하고, 앞으로 펼쳐질 미래가 유토피아가 될지 디스토피아가 될지도 불확실하다. 그러니 앞의 두 방식으로 논쟁을 분석하기보다는 경영적 사고방식으로 공정의 의미를 생각하는 것이 좋겠다. 공정 급여라 할 때 모든 당사자 사이의 공통된 인식은 정직한 절차에 따라 누구에게나 최소한의 생계비에 약간의 품위 유지비가 포함된 충분한 급여를 지급한다는 굳건한 합의가 깔려 있어야 한다는 것이다. 2019년 세계경제포럼World Economic Forum 백서에는 "최고의 성과를 내는 기업은 노동자와 그 가족에게 기본적 생계와 최소한의 품위 유지에 부족함이 없게끔 양질의 일자리, 공정한 생활 임금, 적절한 복리후생을 차별 없이 제공한다"라고 기술되어 있다. 많은 전리품을 획득한 승자들의 모임인 다보스포럼에서 '공정' 같은 민감한 단어를 피하지 않는다면, 우리는 더더욱 피하지 말아야 한다. 관념적으로 공정에 찬성하기는 쉽다. 실천이 훨씬 어려운 게 문제다.

우리는 서로 급여에 대해 터놓고 이야기하도록 독려해야 한다. 앞서 보았듯 이 논의의 출발점은 강자의 관점에서 비롯되어서는 안 된다. 공정 급여와 관련해 그럴싸한 표현은 여러 가지가 있지만, 공정 급여가 현실이 될 수 있다는 믿음은 부족하다. 이를테면 '급여 투명성Pay Transparency'이나 '임금 평등Pay Equality' 같은 문구가 자주 들리긴 해도, 그것이 무슨 의미인지 잘 모르거나 자기 회사나 급여에는 적용되지 않는 딴 세상 이야기라고 믿는 사람이 많다. 우리 같은 급여 담당자들은 급여가 완전히 투명하게 공개되면 자신의 가치에 동료들이 의문을 품을까 걱정한다. 예컨대 우리는 지난주 전략 회의 도중에 인스타그램으로 딴짓하던 모습을 동료들에게 들키기도 하지 않는가. 혹은 우리 급여가 남들보다 적다면, 동료들이 그 사실을 알게 되고도 급여 격차가 해소될 때까지 항의하는 의미로 같이 태업하고 응원해주지 않을 때 서운해할지도 모른다. 반대로 우리 중 비교적 높은 급여를 받는 사람들도 자신의 자리와 급여를 호시탐탐 노리는 구직자들의 공격을 방어하는 동시에, 능력으로 몸값을 증명해야 하는 신세가 되어 노심초사할 것이다. 따라서 우리는 모든 사람에게 공정 급여를 보장해 주자는 의지를 다지는 대신, 이 주제를 아예 외면한다. 마음 한구석은 불안해도, 어쩔 수 없이 주어진 (또는 알고 싶어 하는) 단편적 정보에 기대어 급여를 결정한다.

급여에 의문을 제기하는 것을 금기시하는 분위기 탓에 기업은 손해를 입고 사람들은 죽음으로 내몰린다. 여기서 죽음은 말 그대로의 뜻이지 과장법이 아니다. 스탠퍼드대 교수 제프리 페퍼Jeffrey Pfeffer가 주도한 연구에 따르면 매년 미국에서 불안정한 직장 생활로 사망하는 인구가 약 12만 명에 달한다고 한다. 이는 연간 교통사고 사망자 수의 네 배에 달하는 수치다. 그리고 직장인들의 불안은 급여, 복리후생 등과 무관치 않다. 또 다른 연구에 따르면 시간당 최저임금이 1달러 인상될 때마다 고졸 이하 학력자의 자살률이 낮아진다고 한다. 미국 남부 주들은 인위적인 소득 재분배 목적으로 최저임금 법률을 제정하는 경우가 비교적 적어, 임금이 대체로 낮은 편이다. 영국의 자선단체 이퀄리티 트러스트Equality Trust의 연구에 따르면 이러한 소득 불평등의 결과로 남부 주에서 살인 발생률이 다른 지역에 비해 3분의 2 정도 높다고 한다. 이 연구를 통해 급여 액수 자체도 물론 중요하지만, 노동자 간 급여 분포가 살인 발생률의 차이에 더 큰 영향을 미치는 것을 알 수 있다. 앞으로 각 기업의 인사 부서가 ROI(투자자본수익률)에 '구해낸 목숨'을 포함해 회사 내부의 성과 지표로 계산할 날이 과연 오게 될까?

결국 우리 보상팀이 급여를 정하는 결과가 소득 불평등으로 인한 사람들의 불안을 억제하지 못하거나 나아가 부채질하는 만큼, 우리는 세상에 커다란 폐해를 일으킬 수도 막을 수도 있다. 태어나서부터 소위 '절망사Deaths of Despair'에 이르기까지 우리 삶의 전 단계에 소득 불평등이 미치는 영향은 워낙 일상화되어서, 이 문제를 어떻게 풀어야 할지 고민하는 데도 무감각해졌다. 대부분 우리는 급여 문제를 어디서부터 손대야 할지 막막하게 여긴다. 수요와 공급 법칙 같은 단순한 모델은 단순한 해결책을 제시하므로 불공정 급여라는 복잡한 문제를 해결하기엔 역부족이다. 경제적 불안, 임금 정체, 소득 불평등같이 불공정 급여가 가져올 후속 효과에서 사람들을 마법처럼 구해줄 방법은 없다. 도시의 일부를 경제 기회 특구Economic Opportunity Zones로 설정해 규제를 철폐하고 해당 지역을 활성화하자는 발상은 개인의 정치적 견해와 금융권 종사 여부에 따라 경제 부흥의 촉매제로 보일 수도 있고, 혹은 디스토피아에 빠뜨릴 늪지대로 보일 수도 있지만 어쨌든 불공정 급여의 해결책은 되지 못한다. 또 빈부 격차를 메우기 위해 사람들에게 일정 소득을 제공하는 보편적 기본 소득(UBI)은 규모에 따라 효과가 있을 수도 없을 수도 있지만 빈부 격차의 근본 원인인 불공정 급여를 뿌리 뽑지는 못할 것이다. 기본 운영 체제에 결함이 있으면 앱이 제대로 돌아가지 않듯, 정책 프로그램도 마찬가지다. 분명 우리는 급여에 대해 생각하고 말하는 방식을 새롭게 바꿀 필요가 있다. 가장 직접적인 해결책이 곧 최선의 해결책이다. 즉, 더 많은 사람이 더 많은 돈을 벌게 해줘야 한다.

우리는 공정 급여를 위해 쓸 수 있는 도구를 일일이 찾아보고 시험해야 한다. 나는 현재의 급여 체계가 구제 불능까지는 아니라고 믿는다. 전 세계의 기업 리더와 노동자가 공정 급여의 역할을 더 중요하게 생각하면서 한 줄기 희망의 빛이 보였기 때문이다. 어쩌면 우리가 앞을 향해 나아가지 못하는 이유는 현실의 인식, 창의성, 그리고 까다로운 일을 해결하려는 정치인들의 의지가 부족한 탓일 것이다. 아니면 기득권층의 악의적인 주장이 방해 요인일 수도 있다. 이 모든 것도 사실일 수 있지만, 더 큰 이유는 변화의 실권을 쥔 급여 담당자들의 대다수가 구내식당에 연어가 남아 있을지에 더 마음이 쏠린 나머지 우리가 자초한 문제를 타개할 생각을 못하기 때문이다.

우리는 고용주가 평가하고 지급하는 대로 급여를 받는 데 익숙해져서 소득 불평등이 악화하고 있다는 언론 보도에도 무뎌졌다. 이러한 부담은 개인을 힘들게 할 뿐 아니라, 결국 기업에도 손해를 끼친다. 나아가 다른 사람들이 겪는 불의에 눈감지 않고 함께 목소리를 내려는 사람들의 용기도 위축되게 한다. 그러는 사이 많은 사람은 이 나락의 소용돌이가 우리의 뉴노멀(새로운 기준)일지 모른다는 암울하고 절대론적인 견해를 서서히 받아들이게 되었다.

2008년 금융 위기 이후 미국에서 창출된 일자리 중 4분의 3이 중산층 소득보다 적은 급여를 받고 있다. 분명히 말하자면 이는 우리가 선택한 결과다. 노동통계국이 2028년까지 가장 많아질 것으로 예상한 상위 25개 직업은 2018년 기준 중위 임금이 시간당 16달러였으며, 이 중 최소 15개 직업은 대학 학위가 필요하지 않다. 이 직업들은 로봇 조종사 같은 유형이 아니다. 바로 식당 종업원, 개인 간병인 등이 상위 10위권을 차지했다. 우리는 비영리단체 유나이티드웨이United Way가 명명한 '일을 하지만 자산과 소득이 제한적인 노동자Asset Limited, Income Constrained, and Employed'의 약어, 즉 소위 ALICE 시대로 진입했다. 이러한 직종은 더 이상 기회나 진보의 지표가 아니라 사람들의 '결핍'을 보여주는 신호다. 이는 지속 가능하지 않다.

급여 담당자들은 급여를 우리가 바꿀 수 있는 일이 아니라 그저 주어진 일이라 생각한다. 대신 임원들이 회의실에 앉아 어떻게 직원들을 빈곤에 빠뜨릴지 궁리한다고 믿는다. 스타벅스 임원들이 퓨짓만Puget Sound이 내려다보이는 집무실에서 비공개 우유 대체물로 만든 라테를 홀짝이며 계략을 꾸미는 모습은 상상만 해도 우리 귀를 솔깃하게 한다. 하지만 '우리를 압박하는 사람'은 실재하지 않는다. 사악한 계략은 더더욱 존재하지 않는다. 다만 기업 임원들이 공정 급여를 관심 목록 1순위로 두지 않을 뿐이다. 근본적으로 조직구조상 한참 아래에 있는 실무자가 급여를 결정하다 보니 급여 체계가 일관성이 없다. 다시 말해 '실세'는 슈퍼 악당이라기보다는, 매년 생일이면 꼬박꼬박 용돈을 보내주지만 내 친구의 이름은 하나도 모르는 부재중인 아빠와 비슷하다.

급여를 결정하는 가장 강력한 힘은 고의가 아닌 타성인 만큼, 우리 모두 이 논쟁에 일조한 셈이다. 시간이 지남에 따라 직원들의 급여에 영향을 미치는 사람은 중간 관리자급의 급여 담당자들이다. 엑셀로 묵묵히 급여표를 작성하고, 급여에 불만을 느끼는 직원들의 분노에 찬 이메일에 답장하고, 다른 회사들의 급여는 어떤지 검색하는 게 그들의 업무다. 어느 기업을 가든 사무실 풍경은 비슷하다. 수집하는 제삼자 데이터도 회사마다 똑같고, 직원의 삶의 질 개선보다 회계 부서의 편의를 더 챙기는 업무 방식도 마찬가지다. 특별한 책략이 오가는 것도 아니고 생각보다 평범한 광경이지만, 동시에 이 이유로 생각보다 빨리 공정 급여를 달성할 수 있다는 커다란 희망을 엿본다.

기업 경영자들이 발 벗고 나서서 공정 급여에 대한 비전을 세워야 한다. 그리고 급여를 단순히 비용, 또는 완곡히 말해 재정적 후퇴로 볼 게 아니라 기업 건전성의 지표로 여기고 공정하게 임금을 인상할 방법을 이야기해야 한다. 또한 근로자들은 급여가 결정되는 방식을 이해하고 더욱 정보에 입각한 예리한 주장을 펼쳐 고용주에게 처우 개선을 요구해야 한다. 공정 급여는 상향식과 하향식의 '양방향'을 통해 추구해야 한다. 급여는 까다롭고 개인적인 문제이긴 하지만, 로켓 과학이나 연금술처럼 복잡하지는 않다. 누가 얼마큼의 급여를 왜 받는지에 대한 우리의 가장 근본적인 고정관념을 깨고 사고방식을 새롭게 바꿔야 한다. 이 책은 모든 급여 문제의 해결책을 제시하지는 않지만 지금보다 더 자율적이고 투명한 대화의 장을 마련하는 역할을 할 것이다. 문제를 해결할 방법이 완전하지 않다고 해서 첫 단추를 잘못 끼우리란 법은 없다. 가장 중요한 점으로, 이 책이 불공정 급여는 곧 사람들의 생계 문제로 직결되는 동시에 세대에 걸쳐 영향을 미친다는 사실을 일깨우는 역할을 했으면 좋겠다. 미래 세대가 재정적으로 안정된 가정에서 자라야 경제 전체에도 이로운 만큼, 이러한 환경을 조성하는 일은 고수익이 보장된 투자와도 같다.

우리는 공정 급여로 나아가기 위한 시작점부터 삐끗할지도 모른다. 회사는 잘못된 결정을 내리고, 내규를 개정하면서 진통을 겪을 것이다. 부하 직원은 억지스러운 요구를 할 테고, 상사는 임금 인상 요청에 "안 된다"라거나 시기상조라고 일축할 것이다. 그래도 우리는 방향을 잃은 급여 시스템에 더 많은 마찰을 일으키기를 두려워하지 말고 꿋꿋이 새로운 생각을 실험해야 한다. 우리가 변화하지 않으면 자유시장은 저절로 실패에 빠질 것이다. 그러면 개인적으로나 사회 전체적으로나 불공정 급여를 해결할 행위 능력을 상실하게 될 것이다. 현재의 급여 시스템을 조명하고 공정한 변화에 더욱 중점을 두고 급여에 접근하면, 전 세계 근로자의 임금 수준 향상을 곧 전 세계인이 누리는 공정의 척도로 보게 될 날이 올 것이다.

급여 문제를 다룬 기존의 책은 대부분 저자가 학자나 정책 입안자들이었다. 그들은 거시적 관점에서 역사, 계획, 정책의 변화에 중점을 둔 경우가 많다. 물론 그런 책도 중요한 의미가 있기에 나도 많이 참고했다. 하지만 급여의 미래는 대부분 나처럼 일상에서 공정하거나 불공정한 급여 결정을 내리는 사람들, 그리고 자신의 경력 전반에 걸쳐 공정 급여를 수호하는 방법을 알게 될 여러분 같은 사람들이 좌우할 것이라고 믿는다. 이 책을 읽는 독자 여러분이 자신의 경력 관리에 관심 있든, 회사에 급여 투명성을 촉구하고자 하든, 정부 차원의 대책을 요구하든, 이 책을 덮을 때쯤이면 협상 테이블에서 좀 더 현명한 관점과 당당한 태도로 급여 인상을 요구할 수 있게 되기를 바란다.

2장

새로운 대안,
신의성실의 원칙

 몇 년 전 어느 토요일 오후, 나는 아내와 휴스턴의 우주 체험 캠프에 참석한 딸을 데리러 갔다. 우리는 캠프가 끝나는 시간까지 기다릴 겸 존슨 우주 센터Johnson Space Center를 둘러보았다. 우리는 나사(NASA)의 가장 위대한 업적 중 하나인 새턴V 로켓을 보고 경탄했다. 새턴V는 미국 최초의 우주 정거장인 스카이랩Skylab의 발사를 돕고 인간을 달에 태워 보낸 역사상 가장 무거운 로켓이었다. 안내문을 읽으면서 아이폰보다 떨어지는 컴퓨팅 기술로 어떻게 새로운 우주 탐사 시대를 열었는지 감탄하던 중, 갑자기 주머니에서 휴대전화 진동을 느꼈다. 우주로 가 있던 내 마음은 동료가 보낸 문자를 훑어보는 사이 금세 지구로 복귀했다. 이쯤 해서 아재 개그를 한마디하지 않을 수 없다. 휴스턴, 우리에게 문제가 생겼다Houston, we had a problem.

 우리 팀이 호출된 이유는 경탄을 자아내는 것과는 거리가 먼, 세속적인 사안이었다. 동남아시아 지사에서 근무하는 한 임원이 주식을 매각하려 했으나 복잡한 서류 작업 때문에 난관에 봉착했다. 그날은 토요일이었기 때문에 이 다급한 임무를 해결하기 위해 자문하거나, 승인하거나, 신통한 묘책을 내놓을 권위자들이 자리에 없었다. 대부분은 가족과 함께 개인적인 시간을 보내고 있었다. 회사가 문을 닫았으니 어쨌든 현실적으로 월요일까지는 주식 거래를 마무리할 수 없었다. 안타깝게도 그 임원은 이륙할 준비가 되어 있었다(우주 말장난은 곧 그만할 것이다). 즉, 시장이 다시 개장하기 전에 발사 전 최종 점검을 위해 (다시 약속하지만 농담은 곧 끝난다) 모든 주식을 전부 처분해야 했다. 전화 한 통에 수많은 직원이 주말을 망쳤다. 한 임원에게는 작은 한 걸음이지만, 우리에게는 엄청난 도약이었다(농담 끝).

직위나 소득에 관계 없이 누군가가 급여로 인해 부당한 대우를 받는다고 느낀다면 그의 말을 경청하고 대책을 세워야 한다. 경영진도 임금 성차별의 희생자가 될 수 있고, 중간 관리자 중에도 시장 가치보다 훨씬 적은 급여를 받는 사람이 있을 것이다. 그리고 저임금(저숙련이란 뜻은 아니다) 근로자는 추가로 직업 훈련을 받을지, 전기료라도 꼬박꼬박 낼 수 있게 하던 일을 계속할지 선택의 기로에 설 만큼 상당히 힘들게 생활하고 있을지도 모른다. 급여 시스템이 깜깜이로 운영되다 보니, 대부분 사람은 자기 회사가 급여를 공정하게 결정하는지 신뢰하지 못한다. 급여가 생존의 기본 수단인 이상, 끼니를 프랑스 요리로 연명하든 컵라면으로 연명하든 사람들이 급여에 첫째로 기대하는 바는 공정성이다. 급여와 관련해 공감을 기대하는 것은 모든 사람의 공통된 심리다. 공감은 지위나 직책을 불문하고 인간의 본능적인 반응이기 때문이다.

공정 급여 문제는 은행에 모아둔 재산이 있고, 자신의 몸값에 결정권이 있으며, 경력에 더 넓은 선택지가 주어진 임원들보다 저임금 근로자에게 훨씬 이해득실이 크다. 임원의 급여 문제는 아무리 사소하고 애매한 사안이라도, 회사의 입장에서 보면 평직원들이 주말 계획을 기꺼이 반납해서라도 해결해야 마땅하다고 생각하는 것도 이해가 간다. 결국 우리 급여 명세서에 결재하는 최종 결정권자는 고위 간부들이다. 하지만 저임금 직원의 경우에는 같은 상황이라도 시급하게 처리해 주는 경우가 드물다. 임원들은 특별한 개인적 사정이 있는 경우로 여겨지는 반면, 저임금 직원들은 개인적 사정은 차치하고 조직의 일원으로서만 간주된다. 우리는 일부 사람들이 낮은 급여를 받는 이유가 세상이 돌아가는 방식과 시장 논리로 정해지는 직업의 가치 때문이라고 생각한다. 또는 초봉을 낮게 잡아야 물가 안정에 도움이 되기 때문에 사회 전체에 이롭다고 믿는다.

전통적으로 기업은 세 가지 차원에서 급여를 조정한다. 첫째는 시장에서 형성된 적정 급여의 수준, 둘째는 직원이 느끼는 자기 급여에 대한 만족도, 셋째는 급여 수준이 회사의 전략, 사명, 가치에 부합하는지 여부다. 그중 시장과 전략 요인은 이 책 전체에 걸쳐 다루겠지만 직원들의 급여 만족도는 데이터를 통해 살펴보기로 하자. 결과는 긍정적이지 않다. 보상 관련 조사 업체인 페이스케일PayScale은 직장인의 64%가 '자신이 노동시장 시세보다 낮은 급여를 받는다'고 생각한다는 사실을 발견했다. 페이스케일이 직장인들에게 '자신이 공정 급여를 받고 있다'고 생각하는지 설문조사를 했을 때, 소득이나 경력 수준에 상관없이 응답자 중 21%만이 그렇다고 밝혔다. 그러나 기업들을 상대로 질문했을 때는 자사 직원의 43%가 그렇게 생각할 것 같다고 답했다.

공정 급여에 대한 노사 간의 인식 차이는 중대한 문제다. 이는 고용주의 급여 결정 방식이 공감을 사지 못한다는 뜻이기 때문이다. 절대적 액수 측면에서 직원 다섯 명 중 한 명만이 자신이 공정 급여를 받고 있다고 생각하는 데다가, 회사 입장에서도 자사 직원 다섯 명 중 두 명만이 급여 지급 방식에 만족하리라 짐작한다는 것은 훨씬 더 심각한 문제다. 고객 다섯 명 중 네 명이 사기당했다고 느끼는 데도 아무렇지 않게 여기는 회사가 있다고 상상해 보라.

물론 이 회사가 무슨 잘못을 저지른 건 아니더라도, 거래 내용을 정확히 설명하지 않으면 고객은 불만을 느낀다. 이 회사가 얼마나 오래 버틸 수 있을까? 또 같은 조사에서 공정 급여를 받지 못한다고 생각한다는 응답자의 60%가 이직 의사가 있다고 답했다. 이는 기업 입장에서 인재를 놓치고 시간을 낭비하게 하므로 막대하지만 간과되기 쉬운 비용을 초래한다.

공정 급여로 가는 길은 한꺼번에 두 가지 문제를 해결해야 한다. 하나는 사람들이 받는 급여의 절대적 금액, 또 하나는 급여가 결정되는 과정이다. 연구 결과를 보면 누가 얼마큼의 급여를 왜 받는지, 그리고 급여 문제 중 무엇을 처리하고 무엇을 방치할지 결정하는 절차에 뭔가 문제가 있음이 분명하다. 급여를 산정한 결과를 놓고 소통하는 방식도 잘못되었다. 불공정 급여와 이에 대한 사람들의 부정적 인식은 모든 사람의 이익을 생각해서라도 극복해야 할 문제다. 무엇이 잘못되었는지 알아보기 위해 회사들이 급여 전략을 짜는 방식과 그 근원을 살펴보겠다.

전 세계의 기준점 역할을 하는 미국

급여에 대한 불신은 비단 미국만의 문제가 아니다. 전 세계에서 헤드라인으로 보도하는 임금 정체와 소득 불평등의 근원이 바로 불공정 급여다. 이에 대응해 각국은 임금 관련 법률을 새롭게 제정하거나 정비하고 있다. 국제노동기구ILO에 따르면 2019년 기준으로 소득 상위 10%가 전 세계 임금의 거의 절반을 버는 반면, 하위 50%는 6.4%만 벌고 있다. 불공정 급여는 전 세계적인 문제지만, 이 책에서는 주로 미국의 정책과 관행에 초점을 맞출 것이다. 직관에 반하는 듯하지만, 그래야 전 세계 공통의 해결책을 찾아낼 가능성이 가장 높기 때문이다. 이 근거로는 다음 세 가지가 있다.

시장 데이터

보상 컨설팅 업체 중 가장 대표적인 대기업은 모두 미국에 있다. 나는 이 장의 첫 번째 초고를 쓰면서 '3대 대기업'인 에이온Aon, 머서Mercer, 윌리스 타워스 왓슨Willis Towers Watson을 거론했다. 그러다 두 번째 초안을 쓸 때쯤 에이온이 윌리스 타워스 왓슨을 합병한다고 발표했다. 그래서 이제는 전 세계에서 급여 데이터를 수집하고 급여 결정 방법을 대부분 좌우하는 기업은 단 두 곳만 남을 것이다. 또한 에이온의 계열사이자 기술업계에서 급여의 황금률을 결정하는 컨설팅 회사 래드퍼드Radford, 금융업계에서 급여 컨설팅을 이끄는 매클라건McLagan이 있다. 인사 부서를 따로 두고 있는 어지간한 대기업은 대부분 이들 전문 업체를 찾아 조언을 구하고 있다. 이 컨설팅 업체들은 각각 전 세계적으로 현지 맞춤형 서비스를 제공하는 지사를 두고 있지만, 급여 조사 양식에 사용되는 미국식 기본 뼈대는 모든 국가에 적용된다. 특히 임원 보상을 전문으로 하는 다른 컨설팅 업체도 많지만, 곧 둘로 좁혀질 이들 3대 기업이 단연 독보적이다.

전문 교육

급여 전문가를 양성하기 위한 훈련 기관인 월드앳워크WorldatWork도 미국에 본사가 있다. 회원 자격과 수업은 전 세계를 대상으로 하지만 공인급여전문가CCP, Certified Compensation Professional 프로그램의 인증 과정은 개인주의와 성과급 중심의 미국식 시장 관행과 문화를 바탕으로 한다.

내부 효율성

세계 10대 상장 기업을 모두 포함해 세계 최대 기업 상위권은 미국 기업이 장악하고 있다. 그들은 경영 방침의 명료화와 내부 기술 시스템의 원활한 작동을 위해 본사에서 통일된 보상 철학을 정하고 이를 전 세계 지사로 전파하는 경향이 있다. 다시 말해 미국에서 설정한 급여 결정 모델이 나머지 세계에도 막대한 영향력을 미친다.

전 세계의 급여 체계와 데이터 수집 도구의 기본 뼈대를 미국 기업들이 쭉 좌우해 왔다는 점을 고려할 때 미국 모델의 영향력이 한동안 꺾일 것 같지는 않다. 이렇게 미국식 모델에 집중된 추세 때문에 시장이 현지 요구에 적응할 수 있는 능력은 제한되지만, 이 점이 오히려 우리의 목적에는 유리하게 작용할 수 있다. 불공정 급여는 전 세계의 공통 문제이기에 미국식 모델 자체를 개선하면 미국 이외의 지역에도 반향을 일으킬 것이다. 그렇다면 나라마다 다른 방식으로 변화를 꾀하는 대신, 문제를 뿌리부터 해결함으로써 변화를 일으킬 수 있다. 먼저 사람들의 급여가 오르지 못하게 하는 모델을 더 잘 이해할 필요가 있다.

급여가 좀처럼 오르지 않는 이유

나를 포함한 많은 관찰자가 보기에 최저임금 15달러 쟁취 시위도, 한 기업의 최저 연봉 7만 달러 실험도 상식 밖으로 보이기는 마찬가지였다. 보수 언론 폭스사에서는 댄 프라이스를 영웅은커녕 "미치광이의 끝판왕Lunatic of All Lunatics"이라 일컬었으며, 정치인들도 당파를 불문하고 한동안 비슷한 생각이었을 것이다. 기업계에서는 이러한 파격적인 임금 인상을 모두 사회주의적 환상이자, 납득할 수도 감당할 가치도 없는 비용으로 치부했다. 마치 대기 중이던 로봇이 신호를 받고 기다렸다는 듯이 인간의 일자리를 잠식하고 대량 실업이 발생할 것으로 여겼다. 직원에게 연봉 7만 달러를 지급하겠다는 그래비티 페이먼츠의 선언은 기술 기업 사이에서 흔한 또 하나의 허세처럼 보였을 뿐, 본받을 만한 행동은 아니라고 치부하는 게 당연했다. 그러나 시간당 15달러의 최저임금은 그 잠재적인 규모와 여파로 보아 특히 요식업 같은 저수익 업종의 기업들에게는 위협적으로 느껴질 만큼 충격적인 액수였다. 이 발상이 실현되면 자본주의의 불길은 영원히 꺼지고, 모든 사람은 곧 판잣집에 거주하며 정부로부터 배급품을 지급받는 신세로 전락할 것 같았다.

대기업에서 임금을 인상한다면 인건비가 얼마나 늘어날지 추산하는 일에 이골이 난 내가 보기엔 왜 그토록 많은 사람이 종말에 대비해 지하 벙커에 숨듯 이 문제를 외면했는지 이해가 간다. 기업이 큰 폭의 급여 인상을 납득하지 못하는 이유를 이해하기 위해, 직원에게 임금을 더 많이 주지 않는 그들의 전략적, 현실적 이유를 검토해보겠다.

공개된 정보와 몇 가지 기본 가정을 통해 15달러 최저임금제가 한 기업에 초래하는 비용을 계산할 수 있다. 예컨대 스타벅스 바리스타가 평균적으로 주당 25시간 근무한다고 가정하겠다. 그러면 바리스타가 총 몇 명인지 세어봐야 한다. 각 매장에서 전체 교대 근무를 소화하려면 바리스타 15명이 필요하다고 가정하자. 미국 내 매장 수는 2019년에 스타벅스의 투자자 문서를 검색한 결과 약 8,500개라는 사실을 알아냈다. 스타벅스가 각 바리스타에게 시급을 딱 1달러씩 인상해 준다면 비용은 다음과 같다.

1달러 × 주당 25시간 × 연간 52주 × 바리스타 15명 × 8,500개 매 장 = 1억6,500만 달러

이 수치에는 약 30% 가산되어야 할 고용세와 복리후생비가 포함되지 않았다. 모든 바리스타에게 시간당 임금 1달러를 인상하면 비용이 2억 달러라고 치자. 이때 시간당 1달러만 올려서는 실제 최저임금이 15달러가 되기까지 한참 멀었기 때문에 우리의 추정치는 작게 잡은 값이라는 점을 기억하자. 우리 목표에 근접하기 위해 모든 바리스타 시급을 2달러씩 올려야 한다면 비용은 5억 달러에 달할 것이다. 모든 바리스타의 시급이 10달러라면, 15달러로 올릴 때 10억 달러가 들 것이므로 비용 부담이 만만찮다. 아까 우리는 보상팀의 속마음이 어떤지, 왜 15달러의 최저임금을 부정적으로 생각하는지를 수박 겉 핥기식으로나마 알아보았다.

모든 노동자의 시급이 최소 15달러가 된다면 그다음으로는 상위 직급의 관리자 급여를 어떻게 결정하느냐는 문제가 기다린다. 관리자들은 그 직급에 상응하는 대우를 원하기 마련이고 부하 직원과의 급여 격차가 유지되어야 한다고 생각한다. 이는 회사 전체에 걸쳐 직급이 올라갈수록 반복될 것이다. 이러한 단계식 급여 인상을 회사에서는 어떻게 감당할까? 또한 급여가 대폭 인상되면 앞으로 몇 년간 급여에 대한 직원의 기대치가 완전히 달라지지 않을까?

보상팀에서는 이러한 딜레마를 '임금 압착Pay Compression'이라고 부른다. 즉, 회사는 급여를 점진적으로 인상하되 각 직급 사이에 어느 정도 격차도 유지하기를 바란다. 그래야 승진한 직원이 인상된 호봉만큼 새로운 직급에 걸맞은 책임감으로 일할 동기부여가 되기 때문이다. 그러나 임금 압착으로 직급 간 급여 격차가 줄어들면 회사는 전 직급에 걸쳐 임금을 인상하기보다는 이러한 연쇄 작용을 차단하기 위해 직급들을 묶어버리는 경향이 있다.

다음으로 지리적 측면을 살펴보자. 시애틀에서 시급을 15달러로 지급하면 맨해튼에서는 더 많이 지급해야 할까? 터스컬루사는 어떨까? 우리 급여 담당자들은 이 질문의 답을 잘 알고 있다. 급여 담당자들은 전국 각지에서 사람들이 급여를 얼마나 지급받아야 하는지 파악하기 위해 '노동 비용 격차Cost-of-Labor Differential'라는 난해한 데이터를 사용한다. 이 데이터는 공식 급여 조사에서 드러나는 각 도시의 직무별 단가 차이를 나타낸다. 한 직무의 전국 인건비 평균을 100%로 잡고 지수화하면 같은 직무에 대한 노동 비용이 맨해튼에서는 120%, 터스컬루사에서는 85%로 나타날 것이다. 이 수치는 각 도시의 실제 임금률을 이용해 계산되는데, 컨설팅 업체 같은 제삼자가 제공하는 데이터를 통해 알 수 있기 때문에 직원들은 이 차이를 직접 확인할 수 없다.

노동의 대가를 식비나 임대료 변동 같은 생계비와 결부해서 생각하는 사람이 많다. 생계비는 의미도 쉽고 온라인으로 금방 검색되나, 놀랍게도 대부분 회사에서는 급여를 책정할 때 생계비를 고려하지 않는다. 급여 담당자의 일과 중 하나는 직원들에게서 자기 생계비가 얼마라는 둥 푸념을 듣는 것이다. 보통 그들은 급여 책정 방식이 부당하다는 점을 알리기 위해 자세한 가계 예산까지 첨부한다. 하지만 직원이 생계비 부족을 급여 인상의 근거로 대봤자, 모든 회사는 한 귀로 듣고 한 귀로 흘린다. 대신 이 책에서는 여러분이 더 설득력 있게 주장을 펼칠 수 있는 근거를 제시할 것이다. 급여의 지리적 차이는 중요하며, 이를 바라보는 회사의 생각은 여러분 생각과 다르다.

마지막으로 회사에서 더 높은 임금을 지급하지 않는 이유로 전략적 측면도 있다. 스타벅스가 임금을 크게 인상하기로 결정했다면 이론적으로 다른 회사도 똑같이 할 것이다. 스타벅스 보상팀이 윗선을 설득해 임금 인상에 앞장서는 그 어려운 일을 해낸다면 경쟁자들도 따라 하도록 비교적 쉽게 유인하는 효과가 있을 것이다. 대부분 회사는 직원 급여를 시장 임금률의 중윗값으로 목표를 잡고 있다. 따라서 스타벅스가 급여 기준선을 높이면 다른 회사들도 이에 발맞춰야 하므로 인재를 유치할 때 각 회사의 우위가 사라진다. 그러면 임금을 인상한 효과가 무위로 돌아가고, 업계 전체의 수익성도 떨어진다.

따라서 임금 인상에 반대하는 전략적 논거는 임금 인상이 장기적으로 지속 가능한 이점을 제공하는 것이 아니라 업계 전체의 수익성을 잠식한다는 것이다. 앞서 살펴봤듯 시간당 최저임금 15달러로 가는 첫 단추로 2억 달러를 인건비에 투입하면 연간 비용이 5억 달러 이상으로 늘어날 것이다. 대신 이 비용을 본사의 주차장 확장에 쓰면 더 편할 것이다. 주차장 확장 비용은 주주들의 불만이 덜하다. 투자자들이 관찰하는 지표이자 매장의 커피 매출과 관련된 일반적인 운영 경비에 포함되지 않는 일회성 비용이기 때문이다. 심지어 조세법도 이러한 선택을 부추긴다. 주차장 확장 비용은 회계 용어로 감가상각 자본 비용으로 간주된다. 즉, 주차장은 정상적인 소모 과정에서 과세표준이 줄어들기 때문에 매년 세금 혜택 면에서 회사에 유리하다. 현재로서는 직원 급여보다 주차장에 투자하는 것이 더 합리적이라고 보는 게 일반적이다.

이 외에도 회사가 급여 인상에 반대하는 근거는 얼마든지 찾을 수 있다. 대상을 잘못짚은 온정주의부터 냉정한 비용 절감 우선주의, 그리고 일선에서 급여를 결정하는 실무자들의 무관심도 한몫했다. 그러나 15달러 쟁취 시위를 바라보는 기업인들의 시선에서 가장 지배적인 정서는 단지 임금을 인상할 마음의 준비가 안 되었다는 것이었다. 게다가 최저임금 15달러가 가치 있는 발상이라거나 지속 가능하리라고 생각하는 사람도 거의 없었다. 그때까지만 해도 시장조사 데이터에 의존해, 때가 되면 임금을 인상하는 게 관행이었다. 최저임금 인상은 대개 적극적인 정치인들과 마지못해 끌려 나온 기업인들이 노조가 궐기하기 전에 미리 타협해서 결정하는 점진적 과정이었다. 대부분 사람은 이러한 관행이 앞으로도 쭉 지속되거나, 적어도 입법부가 개입해야 임금이 인상된다고 생각했다.

2019년이 되자 최저임금 15달러 쟁취론이 논쟁에서 승리하면서 급여의 새로운 기준이 설정되었다. 시애틀에서 15달러 쟁취 시위가 처음 벌어지고 이듬해에 20개 이상의 주에서 새로운 최저임금법이 통과되었다. 이제 시급 15달러를 지급하거나 15달러를 목표로 점진적으로 임금을 인상하는 것이 미국 전역에서 표준이 되었다. 내가 유통업계에서 급여 결정권자로 직접 일해본 경험에 따르면, 2014년 이후 기업들이 투자한 인건비 중 대부분은 최저임금 인상이 적용되는 노동자들에게 집중되었다. 그리고 현재 그들의 임금은 이러한 입법 조치가 없었을 경우의 예상치보다 훨씬 높다. 최저임금 15달러를 위한 투쟁 같은 공개 규탄 시위는 실업률 감소 추세와 맞물려 임금 인상을 주도했다. 2013~2018년에 최저임금이 인상된 주에서는 다른 주보다 임금 인상 속도가 50% 더 빨랐다. 자유시장의 섭리인 보이지 않는 손도, 모 대통령의 소셜미디어 게시물도 이 흐름을 막지 못했다.

임금 인상을 뉴노멀로 받아들인 일부 기업은 새로운 최저임금 기준인 15달러를 초과해 임금을 올리는 등 독자적 행보에 박차를 가했다. 최후까지 버티는 기업으로 비치기를 원하는 회사는 거의 없었고, 급여와 복리후생 개선은 기업 이미지 홍보에 요긴한 도구로 활용되었다. 그간 노동자 친화적인 행보와는 거리가 멀었던 월마트와 맥도날드조차 최근 몇 년 동안 타깃, 갭, 이케아 등과 더불어 임금을 인상하는 과감한 결단을 내렸다. 다른 많은 기업도 그저 뒤처지지 않기 위해서라도 묵묵히 동참하고 있다.

이러한 변화는 환영할 일이지만, 급여 시스템에 신뢰를 구축하기에는 갈 길이 멀다는 것을 인식해야 한다. 그렇다면 공정 급여를 위한 모든 사람의 노력을 촉진할 방법은 무엇일까?

신의성실의 급여 원칙

회사에 책임 있는 급여 지급을 촉구하기 위해서는 '신의성실의 급여 원칙Pay Sincerity'이 도움이 될 것이다. 누가 얼마큼의 급여를 왜 받는지에 대한 우리의 기대치를 높일 수 있는 기업의 경영 방식이자 직원의 경력 관리 방법이다. 직원의 노고를 인정하는 급여를 지급한다는 것은 그 사람에게 오롯이 투자하겠다는 의지를 실천하는 것이다. 또한 공정한 보상의 필요성을 인정하는 접근 방식이기도 하다. 근로자들이 단지 생계비 수준에 그치는 급여를 지급받는 것으로는 인간다운 생활을 할 권리를 보장받는다고 볼 수 없다.

급여 결정이 개인의 잠재력과 가능성까지 좌우할 수 있는 만큼, 급여 지급에 신의성실의 원칙을 적용한다는 것은 어떤 기만이나 꿍꿍이 없이 급여를 성심성의껏 결정하고 지급하는 것을 의미한다. 여기에는 쌍방의 노력이 필요하다. 즉, 공정 급여를 결정할 권한과 의무가 기존에는 오직 상향식이었다면, 하향식도 포함해 그간 급여 결정에서 배제된 직원들이 자기 목소리를 내게 해야 한다. 신의성실의 원칙은 기업이 추구할 가치가 있는 덕목이자, 책임감의 척도다.

신의성실의 급여 원칙이란 기업이 공정하고 투명한 급여를 지급하고자 부단히 노력함으로써 직원들이 최소한의 품위를 유지할 수 있는 생활 수준을 누리기에 부족함이 없고 자신의 기여도와 잠재력에 따라 완전히 보상받게 하는 경영 방식이다.

신의성실의 급여 원칙을 온전히 실천하는 기업은 단순히 브랜드 구축이나 요식행위를 충족하기 위한 일회성 행사로만 취급하지 않는다. 그보다 급여와 관련된 필수 정보를 기꺼이 구성원들과 공유할 환경을 구축하고 유지하겠다는 일련의 능동적 의사 결정을 내린다. 이는 장기적으로 급여 체계를 개선하고 신뢰를 구축하기 위해 꾸준하고 성실히 투자하는 것이다. 직원들이 부당한 급여를 받고 있다거나 최소한 급여 결정 과정에 명확한 소통이 부족하다고 주장한다면, 회사는 인사상 불이익을 주지 않으면서 그들과 대화하고 필요한 경우 대책을 세울 기회로 받아들여야 한다.

신의성실의 급여 원칙은 급여 투명성보다 의미하는 범위가 넓다. 급여 투명성은 급여 범위나 전체적인 실적 등 비공개 기본 정보를 대개 담당자의 손에서 상당 부분 걸러낸 후 일방적으로 공개한다. 물론 급여 투명성도 중요하지만 회사에 개선 책임을 묻는다는 의미는 포함되어 있지 않다. 급여 정보를 일단 공개하고 나면, 회사는 거기서 발견한 문제를 해결할 방법을 찾아야 한다. 나아가 직원들이 정보를 쉽게 확인할 수 있게 되면 더 나은 직장과 직무를 선택함으로써 자연스럽게 더 좋은 의사 결정을 내릴 것이다.

이렇게 단순하면 얼마나 좋겠냐마는, 우리는 여전히 기댈 만한 길잡이가 필요하다. 그래야 정보가 주어졌을 때 그 정보에 담긴 의미를 제대로 해석하고, 급여 시스템 자체가 공정하게 작동하지 않을 때 대처하거나 개선할 방법을 탐색할 수 있다.

왜 하필 '신의성실'일까? 어차피 사람들은 성실을 다해도 일을 그

르치는데 말이다. 오스카 와일드 Oscar Wild는 "약간의 성실함은 위험하며, 과도한 성실함은 치명적일 만큼 위험하다"라고 말했다. 소설 『해리슨 버저론』 같은 냉소주의에 빠진 사람들이라면 마음속의 유토피아를 추구하려고 감수하는 모험이 득보다 실을 초래한다고 주장할 것이다. 그리고 많은 회사가 이와 같은 사고방식으로 경영하기 때문에 대화보다 통제를 선호하고, 약점이 잡힐까 봐 급여 정보를 공유하기를 꺼린다. 그리고 차츰 개선해 나가는 과정에서 발생할 수 있는 반발, 소송, 그 외 난처한 상황이 두려워서 대신 저항을 최소화할 방법을 선택한다. 최악의 경우, 회사는 특히 성별과 인종 간 급여 격차에 대한 진지한 자체 평가를 하지 않을 것이다. 그 결과로 법적인 문제점이 드러날 수 있고, 그 후로도 아무 조치도 취하지 않았다고 책임을 물어야 할지 모르기 때문이다. 하지만 급여는 직장에서 가장 개선의 여지가 뚜렷한 영역이다. 우리는 더 이상 '묻지도 따지지도 말라'라는 태도를 받아들여서는 안 된다.

토론 포럼 「인텔리전스 스퀘어드 Intelligence Squared」의 진행자인 존 도노반 John Donvan 역시 내가 말하고자 하는 바의 핵심을 짚은 단어로 '진심 Sincerity'을 언급했다. 2020년 1월 토론에 출연한 노벨경제학상 수상 경력의 경제학자 조지프 스티글리츠 Joseph Stiglitz는 주주 가치만을 위한 기업 경영은 사회적 복지를 증진하지 않는다며 "이제는 기업인들도 이에 동의하기 시작했다"라고 주장했다.

스티글리츠가 말한 기업인들이란 대기업 이익 단체인 비즈니스 라운드테이블 Business Roundtable을 가리킨 것이었다. 당시 그들은 주주뿐만 아니라 사회 전체의 이익을 고려해 회사를 경영하겠다는 공동 성명을 발표한 터였다. 그러자 도노반은 스티글리츠의 주장에 이의를 제기했다. 도노반의 직설 화법은 이와 같은 기업들의 빈말을 들었을 때 우리 대부분이 생각하는 속마음을 입 밖으로 꺼낸 것이었다. "진심 어린 약속이라기보다는 보여주기에 가깝다고 생각하지 않으십니까?"

기업에서 직원에게 급여를 더 많이 지급하겠다고 약속해도, 대부분 사람은 오른 급여가 내 손에 들어오기 전까지는 약속을 믿지 못한다. 그렇다면 기업 환경에서 신의성실의 원칙은 어떻게 구현할 수 있을까?

나는 신의성실의 원칙이란 결과로 보여주는 책임이라고 생각한다. 신의성실의 원칙은 치부를 덮기 위한 공중 엄호도 아니고, 반대로 '사실 그대로 전달하기'도 아니다. 보는 관점에 따라 이 둘은 거기서 거기다. 대신 가식 없이 정직하게 행동하고 일이 잘못되었을 때 책임지는 것을 의미한다. 또한 자신이 틀렸을 때 방향을 수정할 수 있는 겸손함과 탄탄한 기반을 갖추었다는 뜻도 담겨 있다. 모든 사람에게 고유한 역할이 있고, 각자 다른 방식으로 책임을 져야 한다. 급여 정보에 해박한 급여 담당자들은 다른 직원들이 자기 급여를 평가하고 경력을 발전시키는 방법을 깨닫도록 도울 의무가 있다. 또 옳은 길을 선택해 열심히 일해도 먹고살기 어려운 사람들을 위해 그들을 옹호하고 목소리를 함께 내야 한다. 변화의 실권을 쥐고 있는 임원들은 이러한 외침을 경청하고 우리 모두 공정 급여를 향해 나아갈 수 있게 과감한 결정을 내려야 한다. 비록 당장은 비용이 들고, 용기가 필요하며, 굴욕을 당할지라도 포기해선 안 된다.

존 맥노튼John McNaughton 전 미국 국방부 차관보가 베트남 전쟁과 관련해 작성한 기밀 해제 문서에 따르면, 미국의 참전 목적은 체면 유지가 70%, 중국 세력과 공산주의의 확산 억제가 20%, 베트남 국민의 '더 자유롭고 윤택한 삶'을 위한 지원이 10%라고 밝혔다. 이 비율을 대부분 기업이 급여 정보를 공유하는 방식에 적용해도 좋을 것 같다. 즉, 체면 유지가 70%, 소송이나 노조 궐기의 억제가 20%, 직원의 생활 수준 향상이 10% 정도 될 것이다. 한 가지 확실한 건 기업이 모든 사람에게 공정 급여의 기회를 보장하려면 갈 길이 멀다는 것이다. 기업은 당장 급여 운영 방식을 정직하게 평가하고, 그 결과 드러나게 될 치부도 기꺼이 감수해야 한다. 나는 앞으로 신의성실의 급여 원칙을 실천하는 기업이 곧 시장에서도 선두를 달릴 것이라고 확신한다. 대부분 성공한 기업이 제품이나 공급망 전략을 중심으로 전략적 해자를 구축하듯, 신의성실의 급여 원칙을 핵심 사명으로 삼는 기업은 직원에게서 쌓아 올린 깊은 신뢰를 바탕으로 어떤 일시적 실수쯤은 극복할 수 있는 탄탄한 기업이 될 것이다.

우리가 지금 내리는 결정이 우리가 일하고 싶은 기업 환경을 조성한다. 매일 작업 목록이나 메일 보관함을 관리하는 일보다 급여 문제가 더 중대하다. 단지 체면을 차리려는 동기에서 시작했더라도 그 결정이 지니는 의미는 오랫동안 지속된다. 공정 급여는 기업 슬로건으로 달성되는 것이 아니다. 우리는 완전히 새로운 방식을 적용하고 회사에 책임 의식을 촉구할 필요가 있다.

연체된 전기료

급여에 관해서 두 가지 상충하는 공론이 있지만, 둘 다 급여 담당자의 입에서 나온 내용은 아니다. 먼저 한쪽은 코로나19 팬데믹 이전 기준으로, 수십 년간의 임금 정체 끝에 모든 사람, 특히 취약 계층의 임금이 역사상 그 어느 때보다 급속도로 올랐다고 말한다. 그리고 임금 격차에 대한 보도는 과장되었을 뿐, 실제 격차는 얼마 되지 않으며 그나마도 전적으로 개인의 직업 선택에 따른 결과라고 주장한다. 다른 쪽은 임금이 정체되었다는 데는 동의하지만 더 심각한 문제는 가진 자와 못 가진 자의 격차가 더욱 벌어졌다는 점이라고 강조한다. 이렇게 양측을 대변하는 몇몇 집단은 각각 자기네가 얻은 데이터를 내세워 긴장감을 조성할 뿐, 무엇이 옳고 우리가 어떻게 변화해야 하는지 답을 제시하지 못한다.

나는 전 세계의 실제 급여 데이터와 관행 정보를 얻을 수 있고 더욱 공정한 급여에 직접적인 영향을 미칠 수 있는 한 사람으로서 우리가 어쩌다 여기까지 왔는지 궁금해졌다. 보상 관리의 측면에서 근본적으로 바뀐 것은 없다. 두 가지 공론 중 어느 쪽도 회사가 급여 결정에 사용하는 의사 결정 프레임워크를 흔들기에는 역부족이다.

회사는 급여에 관해 직원과 완전히 다른 질문을 제기하므로 그들의 가장 절실한 요구 사항에 만족스러운 답변을 내놓는 경우가 거의 없다. 만약 여러분이 나 같은 급여 담당자와 데이트를 하다가 디저트 먹으러 어디로 갈지 물었다고 치자. 상대방이 유제품 가격 상승으로 신메뉴 투자가 감소한 결과, 이 동네 아이스크림이 전부 평준화되었으므로 그냥 가까운 가게에 가자고 대답한다면 어떨까. 여러분은 색다른 경험을 원했지만, 우리는 여러분의 혈압만 오르게 했다.

이러한 신경전은 2019년 보상 분야는 아니지만 각자 자기 분야를 대표하는 두 전문가 간의 언쟁에서 여실히 드러났다. 그 주인공은 캘리포니아주 오렌지카운티 하원인 케이티 포터Katie Porter와 거대 금융기업 JP모건체이스(이하 JP모건)의 CEO 제이미 다이먼Jamie Dimon이다. 포터 의원은 『현대 소비자 보호법Modern Consumer Law』이라는 교재를 저술한 법학 교수이기도 하다. 그는 의회 청문회에서 다이먼에게 지역구 유권자 중 JP모건의 한 은행 지점에서 풀타임으로 일하며 자녀 한 명을 둔 어느 싱글맘의 사례를 설명했다. 이 여성의 월 생활비는 검소하다고 표현할 수준에도 미치지 못했다. 그는 침실 한 개짜리 아파트에서 딸과 한 방에서 자고, 10년 된 차를 몰았다. 꼭 필요한 식비 외에 개인적 소비, 의료, 여행 등은 꿈도 꿀 수 없었다. 매달 필수 생활비를 정산하고 나면 월말 잔액은 500달러 이상 적자였다. 세계에서 손꼽히는 금융 마법사 중 한 명인 다이먼에게 포터는 이 여성이 부족한 생활비를 충당하려면 어떤 마법을 걸어야 하냐고 추궁했다.

모든 후속 질문에 다이먼은 자신은 이런 실태를 몰랐고 앞으로 생각해 보겠다는 대답만 반복했다. 나는 그 대답이 거짓말이라고 생각하지 않는다. 자기 회사에서 가장 낮은 임금을 받는 직원들의 소득 수준이 어떤지 잘 알거나 알려고 하는 경영자는 거의 없다. 언론 보도, 투자자 관계, 급여 전문가를 모두 참작해야 하는 사령관으로서 다이먼은 나중에 기자들과의 콘퍼런스 콜에서 JP모건이 하급 직원들의 처우를 매우 잘 관리하고 있다는 뜻을 내비쳤다. 그는 직원 초봉이 연 3만5,000달러(시간당 약 17달러)이고 의료보험과 퇴직수당도 제공한다고 밝혔다. 이에 덧붙여 금융계 급여 수준은 비교적 양호한 편이니 다른 업종의 임금을 한번 살펴보라는 일침으로 답변을 마무리했다.

여기에 놀라운 점이 있다면, 포터와 다이먼 둘 다 틀린 말을 하지 않았다. 단지 문제에 접근하는 관점이 달랐을 뿐이다. 포터는 싱글맘이 가치를 인정받는 쪽을 원했고, 다이먼은 은행이 가치를 창출하는 쪽을 원했다. 공정 급여의 기준은 어느 쪽 관점을 택하느냐에 따라 달라진다. 포터가 평범한 사람들이 성공하기가 점점 어려워지는 현실을 지적한 점은 옳았다. 풀타임으로 일하고 인생에서 옳은 경로를 선택해 계층 사다리에서 약간 더 올라갈 수는 있겠지만, 먹고살기 위해서는 여전히 가족과 정부의 지원이나 어떤 형태의 운도 작용해야 한다. 몇몇 강좌를 더 수강하고(하지만 그럴 형편이 안 되고 그 시간에 아이를 돌봐줄 곳도 없다), 새로운 기술을 배우고(하지만 그 기술이 무엇인지 관리자가 명시해 준 바 없다), 조금만 더 버티면(하지만 이제 청구서가 만기된다) 대기업 채용 공고가 떴을 때 이직을 결심한다(하지만 그 자리는 관리자의 지인에게 돌아간다). 그들은 자신이 예측 가능하고 의미 있는 경력 개발을 추구한다고 생각했다가 문득 낚인 기분이 든다. 경력 개발의 난관을 힘겹게 뚫어낸 사람들이라도 여전히 불안정한 삶을 사는 자신을 발견할 것이다.

다이먼이 옳았던 점은 JP모건의 급여 수준이 그 지역의 최저임금 근처에도 가지 않았다는 것이다. 미국 인구조사국이 실시한 지역사회조사American Community Survey에 따르면, 캘리포니아주 어빈에서 연봉 3만5,000달러 수준이면 앞서 언급한 싱글맘 가구는 지역 인구 중 약 20%보다는 나은 위치에 있다. 의료보험과 퇴직수당도 감안하면 JP모건이 하급 직원에게 경쟁력 있는 수준 이상의 급여를 제공한다는 말은 대부분 기업의 기준으로 봤을 때 틀린 말이 아니었다. 그는 밖으로 눈을 돌리면 훨씬 탐욕스러운 기업들이 있으며, 그에 비하면 JP모건은 "꽤 양호하다"라고 말했다. 그러나 바깥의 기준선 자체가 워낙 낮기 때문에, 이는 자기 회사에서 판매하는 페인트가 납 함량이 가장 적다고 자랑하는 것과 같다.

다이먼은 나중에 콘퍼런스 콜에서 "우리는 사람들에게 더 많은 생활임금을 주어야 한다"라면서도 "만약 연방 최저임금이 인상된다면 경제에 지나친 타격이 가지 않도록 주 정부 차원의 자치 입법이 필요하다"라고 덧붙여 슬쩍 한 발짝 물러섰다. 이어서 그는 JP모건이 경쟁 기업과 군비 경쟁하듯 치열한 관계에 있지 않다고 말했다. 즉, 법적으로 의무화되지 않는 이상 자사가 일방적으로 더 높은 임금을 지급할 생각은 없다는 의미다. 기업은 서로 급여를 놓고 경쟁할 전략적 이유가 없음을 기억하기 바란다.

엄밀히 말해 다이먼은 틀린 말을 하지도, 기업의 통상적인 급여 지급 관행에서 벗어나지도 않았다. 그렇다고 그의 말은 용기를 보여주는 징표도 아니었다. 행간의 의미는 그의 전임자 존 피어폰트 모건John Pierpont Morgan이 한 말 "인간이 하는 행동에는 항상 두 가지 이유가 있다. '바람직한Good 이유'와 '실제Real 이유'다"와 다르지 않았다. 이 말을 급여에 적용하면 '실제 이유'는 더 나은 운영 방법이 없는지 우리 스스로 생각해 본 적이 없기 때문일 것이다.

한마디로 정리하면, 공정 급여는 전기료 납부 같은 유지 관리 활동이다. 제때 납부하지 않아 전기 공급이 끊기면 사람들은 그제야 알아차린다. 공정 급여를 지키는 것은 시선을 사로잡을 만한 작업이 아니다. 꾸준히 신경 써야 하고 때로는 모든 판을 새로 짜야 한다. 로드 와그너Rodd Wagner는 저서 『위젯:직원을 진정한 인간으로 대우하는 열두 가지 새로운 관리 법칙Widgets:The 12 New Rules for Managing Your Employees as if They're Real People』에서 급여에 대해 "일단 엉망이 될 때까지 방치해 이슈an Issue가 되게 하라. 그러면 대개 '첫째' 이슈'the' Issue로 주목받을 것이다"라고 말한다. 문제는 많은 기업이 여전히 공정 급여를 충동구매나 나아가 사치재처럼 특별하게 취급하고 있다는 것이다. 그래서 다른 공과금부터 해결하고 (가끔은 쇼핑도 하면서) 그다음 여유가 생겨야 처리할 수 있다고 생각한다.

직원에게 충분한 임금을 지급하지 않는 회사는 그 대가가 어떻게든 회사에 비용으로 돌아온다. 급여 경쟁력이 없어 신뢰도를 잃은 회사에서는 사람들이 일하고 싶지 않을 것이다. 내부 관행이 좋지 않은 회사는 직원과의 갈등과 고객 불만 해결에 시간을 보내느라 핵심 사업이 위축될 것이다. 그리고 모든 기업이 직원에게 낮은 급여를 지급하고 있다면, 결국 저임금 노동이 깊게 뿌리 내린 전체 산업의 비즈니스 모델을 뒤엎어 바로잡을 수단은 법을 제정하는 수밖에 없을 것이다. 다시 말해 전기료를 제대로 납부하지 않으면 영원히 단전될 위험이 있다.

거역할 수 없는 변화의 흐름

기업이 급여를 공정하게 지급하리라 기대한다면 순진한 발상이라거나, 급여 체계를 개선하고 지속 가능하게 유지하기엔 시스템이 너무 부패하고 타성에 젖었다는 사람이 많다. 그들의 견해도 이해할 만하지만, 나는 이에 동의하지 않는다. 공정 급여로 당장 전환하는 일이 가능할 뿐 아니라 조만간 현실이 되리라고 본다. 나도 현장에서 겪어봤지만, 급여 결정을 폐쇄된 시스템에서 소수의 의사 결정권자에게 맡기는 게 최선이라는 생각은 구성원들 사이에 신뢰는커녕 피로감만 불러일으켰다. 이제 신의성실의 급여 원칙으로 새로운 시대를 열어야 한다. 공정하고 투명한 급여가 곧 기본 기대치가 될 테니, 기업은 이 흐름을 따라야 한다.

앞으로 기업은 경쟁 우위를 위해서라도 공정 급여를 중시하게 될 것이다. 신의성실의 급여 원칙은 비용 절감은 물론 평판과 조정이 걸린 문제다. 이 세 가지는 서로를 보강하는 필수 요소다. 훌륭한 기업은 처음부터 목표를 세우고, 그 목표에 따라 예산을 배분한다. 그리고 이렇게 배분된 예산을 명확한 조정을 통해 조금씩 수정하며 원하는 변화를 달성하기 위해 나아간다. 비용 효율성을 따지는 관리자도 이러한 절차를 통해 더 많은 이윤을 창출함으로써 늘어난 인건비를 흡수할 수 있다. 경영대학원에서는 더 효과적이고 빠르고 저렴하게 사업을 운영할수록 실용적인 비즈니스 모델이라고 가르치지만, 회사를 성공적으로 운영하려면 이 세 가지 특성 중 하나는 포기해야 한다. 한편 기존의 급여 모델은 오로지 비용 절감에 초점을 맞춤으로써 전적으로 경영대학원의 방식을 따르는 쪽을 택했다. 경영대학원은 서로 상충해 두 가지만 택할 수 있는 효과Better, 속도Faster, 비용 절감Cheaper의 3요소뿐 아니라 평판Character, 조정Coordination, 비용 관리Cost Control라는 공정 급여의 3요소를 가르쳐야 한다. 현명한 기업은 후자의 3요소를 모두 채택한다.

기업이 매년 지출하는 비용 중 급여가 가장 비중이 크다 보니, 경영진은 급여 체계를 개선하려는 의지가 소극적이고 처음부터 끝까지 비용 타령만 한다. 이러한 비용 논리는 반쯤 불완전하고 반쯤 과장되었다. 급여를 비용으로만 간주하면 직위 고하를 막론하고 공정 급여가 가져올 긍정적 효과를 놓치는 셈이다. 사람들은 지출할 돈이 늘어나면 그 돈을 지출해 추가 수요를 창출한다. 직장에 만족하는 직원이 고객에게 양질의 서비스를 제공하면, 고객도 더 나은 서비스를 기대하며 계속 찾아올 것이다. 만족도 높은 직원은 회사를 떠나지 않는다. 그러면 회사 입장에서도 장기적으로 생산성이 높아지고 직원 이직률은 낮아지므로 비용을 줄일 수 있다.

내 경험에 따르면 임금 인상이 제품 가격 인상으로 이어져 경제에 직접적인 해를 끼친다는 주장은 잘못된 공포와 오해를 조장한다. 컨설팅 업체 매킨지도 한 회사가 이윤을 확대하려는 과정에서 선택할 수 있는 매출과 순이익을 따져봤을 때 유사한 결과를 발견했다. 매출이 안정적이라는 전제하에 회사가 제품 가격을 1% 인상하면 통상 영업 이익도 8% 증가한다. 반면에 인건비 등 가변 비용을 1% 삭감하면 절반 수준인 4% 증가하는 것으로 나타났다.

가격 인상의 효과는 소비자에게 조금씩 균등하게 분산되지만 임금 인상의 효과는 집중적으로 나타난다. 회사가 하위 절반 직원의 급여를 20% 인상할 때 전체 효과를 생각해 보자. 이는 어느 국가에서 보더라도 상당한 인상 폭이다. 그리고 회사 전체 인건비 중에서 하위 절반이 가져가는 비중은 20%라고 가정하겠다. 이럴 경우 가중치를 감안한 회사의 총 인건비 증가율은 회계 부서를 분노하게 할 만큼 무시무시한 20%가 아니라 4%에 불과하다.

핵심은 제품 가격이나 임금은 무한정 인상될 수 있다는 것이 아니다. 제품 가격과 임금은 시장 균형 가격에서 이탈할 수 있고, 대부분 제품 가격은 약간 변동한다고 해서 고객의 구매 결정에 큰 영향은 미치지 않는다. 특히 임금 인상은 한 회사가 시작하면 다른 회사도 따라 하고, 그 결과 전체 브랜드의 모든 제품 가격이 올라 제품 가격을 저렴하게 유지하려는 유인이 줄어들 것이라는 점을 고려하면 더욱 그렇다. 2015년 퍼듀대의 한 연구에 따르면 맥도날드가 비용 절감을 위한 어떤 상쇄 조치도 취하지 않았다고 가정할 때, 최저임금을 시간당 15달러로 인상하면 빅맥 가격은 25센트 안쪽으로 오를 수 있

	계산	결과
총 인건비 예산(A)		$10,000,000
급여 인상 대상자의 비율 (B)		20%
급여 인상 대상자의 인건비(C)	(A) * (B)	2,000,000
급여 인상률(D)		20%
급여 인상의 총 비용(E)	(C) * (D)	400,000
총 인건비 증가율(F)	(E) / (A)	4%

다(그리고 노동 시간을 단축해 비용을 절감할 가능성은 기대하기 힘들다). 이 정도 오른 가격으로 빅맥 매출량이 급감할 가능성은 낮아 보인다. 게다가 소비자가 빅맥 대신 몸에 좋은 식품으로 갈아탄다면 생태계와 우리 건강에 추가되는 이점도 고려해야 한다.

기업이 재무 사정을 우선시한다는 근거는 요즘 대차대조표의 현실을 보면 맞지 않는다. 2019년 기준 미국 기업은 현금 보유고가 거의 2조 달러에 달했고, 2020년 팬데믹 이전에는 이 현금을 어디다 쓸지 모르겠다고 공개적으로 말하기도 했다. 이 현금의 3분의 1이 소수의 기술 기업에 속한다는 점은 참고해야 하겠다. 그러나 모든 기업, 아니 적어도 모든 상장 기업은 복잡한 법률 때문에 정기적인 사업 확장이나 급여 인상에 투자하느니 해외에 자금을 예치하는 편이 현명하다고 여긴다. 그들은 금융 투자로 돈을 불린 후, 자사주를 매입하거나 잉여분을 배당금의 형태로 주주에게 돌려준다. 영국 연구기관 캐피털 이코노믹스Capital Economics의 수석 이코노미스트인 닐 시어링Neil

Shearing은 이러한 기록적인 현금 보유고와 기업이 이를 소비하는 과정에서 상충하는 선택지를 두고 내리는 결정에 대해 반농담조로, 기업은 직원 급여를 올려줄 수 있지만 "대신 주가는 폭락할 것"이라는 의견을 밝혔다. 기업이 이러한 결정을 내리는 이유는 현재 기업의 핵심 사업 모델은 문제없이 작동하고 있고 (2019년 영업 이익 2조 3,000억 달러 기록) 급여에 투자하지 않기로 한 것은 능동적인 선택임을 보려주려는 것이다. 대기업이 앞장서서 직원들에게 투자하기로 결정하면 시장의 표준 임금률이 재편될 테고, 재정적 여력이 부족한 중소기업은 이에 영향받아 제품 가격을 올릴 것이다. 이런 이유로 대기업이 더욱 공정하고 공평한 급여를 향한 첫걸음을 내딛도록 하는 것이 중요하다.

공정 급여로 나아가는 길은 시간이 지남에 따라 꾸준히 더 나은 선택을 하도록 서로 책임지는 데서 비롯된다. 급여 관행을 바꾸려면 시간이 걸리고 기업의 협력이 필요하다. 헤지펀드의 거물인 래리 핑크Larry Fink 블랙록 CEO는 동료 CEO에게 보내는 연례 서한에 "수년간 정체된 임금에 좌절한 사람들이 갈수록 엄청난 불안과 두려움에 시달리고 있다"라고 적었다. 이어서 그는 "자신이 속한 국가, 지역, 공동체는 물론, 특히 전 세계의 미래 번영이 걸린 인류 공통의 핵심 문제 해결에 헌신할 것"을 촉구했다. 이 서한에 심드렁한 표정을 지으며, 허리케인 속에서 우산으로 버티듯 고집을 꺾지 않을 사람도 있을 것이다. 먼저 문제 인식이 필수이며(핑크가 속한 헤지펀드 업계가 직접적으로 해결해 주리라는 기대까지는 어렵지만 말이다), 영향력 있는 위치의 리더가 발 벗고 나서면 이는 환영할 일이다. 아무리 뿌리 깊은 관행이라도, 모든 세대가 힘을 합쳐 과거의 관행에서 벗어나야 한다.

새턴V 로켓을 제작하는 것처럼 우리는 앞에 놓인 도전의 규모에 비해 아무리 빈약해 보여도 이미 가지고 있는 자원으로 커다란 문제를 해결할 수 있다. 어떤 기업을 세우고 어떤 환경에서 직원들이 근무하게 할지는 우리의 선택에 달려 있다. 우리는 늘 잘할 수는 없지만, 잘못을 고칠 시간은 앞당길 수 있다.

3장

옛것의 귀환

공정 급여는 기업을 더 강하게 한다. 직원이 생계비 걱정을 덜 하고 직장에 대한 신뢰가 높을수록 고객에게도 더 친절히 응대하고 업무 능력도 향상된다. 고객도 더 나은 대우를 받으면 더 적극적으로 지갑을 연다. 그리고 고객이 더 많은 돈을 쓸수록, 기업은 늘어난 영업 이익을 공정 급여를 실현하기 위해 재투자할 수 있다. 직관적으로도 알 수 있는 단순한 논리지만, 우리는 그동안 길을 잃고 헤매왔다. 다시 올바른 방향으로 가기 위해, 먼저 1940년대 임원 급여를 시작으로 급여의 변천사를 추적해 보자.

기업인, 그리고 그들과 직원 간의 관계를 긍정적으로 보는 사람이라면, 신의성실의 급여 원칙이 기업인들에게 과거의 실수를 만회하고 위에서부터 분위기를 쇄신할 기회라고 생각할 것이다. 반대로 부정적으로 보는 사람이라면 윗자리에 있는 사람들을 바라보며 윗물이 흐리면 아랫물도 흐리다고 개탄할 것이다. 어느 쪽에서 생각하든,

회사의 급여 전략이 상의하달식으로 정해진다는 것은 보편적인 사실이다. 회사 계층 구조상 윗선에서 하급 직원으로 내려갈수록 급여와 복리후생이 줄어들고 직원의 요구에 부응하려는 의지도 덩달아 약해지는 경우가 많다. 따라서 급여 체계가 지금과 같은 방식으로 작동하는 이유를 파악하려면 회사의 계층 구조 중 꼭대기부터 살펴봐야 한다.

1940년대 후반, 미국 기업 경영자들은 남모르는 부끄러움을 느꼈다. 윌리엄 바셋^{William Basset}도 그중 한 명이었다. 가정용 청소용품에서 산업용 화학물질에 이르기까지 다양한 업종의 기업에서 이사를 역임한 바셋은 자신이 거쳐간 기업의 사장 중 한 명이 불공정하다 싶을 만큼 너무 적은 급여를 받았다고 믿었다. 그는 임원의 낮은 급여가 회사의 나머지 직원에게까지 급여 상한선을 인위적으로 낮추고 있는지도 모른다고 생각했다. 1942년 「월스트리트 저널」은 '신빈곤층: 급여 상한선에 막힌 금융인 스미스 씨와 동료 임원들의 사연^{The New Poor: A Salary Ceiling Story of Mr. Smith and His Fellow Bank Directors}'이라는 제목으로, 나날이 깊어지는 경영진의 근심을 요약한 일련의 기사를 연재했다. 어쩌면 더 많은 임원이 공정한 시장가치보다 낮은 급여를 받고 있을지도 모를 일이었고, 그게 사실이라면 뭔가 대책이 필요했다.

바셋은 자신의 직감을 확인할 연구를 의뢰하고자 매킨지의 아치 패튼^{Arch Patton}이라는 컨설턴트에게 연락했다. 이후 패튼은 바셋의 의심이 사실임을 입증하는 결론을 내렸다. 실제로 임원들의 급여 인상이 둔화되었고 그들이 노동의 결실을 더 많이 받을 자격이 있음을 보여주는 데이터가 생겼다. 패튼은 "당시 임원 보상 관행을 둘러싼 비밀의 장벽에 이 연구 결과가 미친 영향은 가히 지각변동이라 할 만했다"라며 자신의 연구를 자화자찬했다. 그는 나중에 『남성, 돈, 동기 부여Men, Money, and Motivation』라는 저서를 발표했는데, 당시 공정 급여에 관한 논의에 여성이 포함되는 일은 상상도 할 수 없었던 시대정신을 반영한 제목이었다(당연히 이 책에는 백인 남성만 언급되었다). 패튼의 연구는 본인의 표현으로 임원 보상의 "결정적인 전환점the Turning Point"이 되어, 나중에 임원 급여가 폭발적으로 인상되는 기반을 마련하게 되었다.

아치 패튼은 오늘날의 급여 조사 방식을 개척한 인물이다. 요즘은 급여 조사(각 회사가 경쟁사들의 실제 급여 정보를 수집하기 위해 제삼자에게 유료로 조사를 의뢰하는 방식)가 보상 업무에서 흔하고 필수적인 관행이다. 이 조사는 보상과 관련된 모든 의사 결정의 기초가 되는 동시에, 마케팅 관리에서 합법적 대마초 취급업에 이르기까지 모든 유형의 업종에 존재한다. 통상 급여 조사는 기업들의 직원 명부 데이터를 가져온 다음 이를 집계해 의뢰 회사에 보고한다. 조사 대상 데이터는 직무 기술, 위치, 회사 규모와 같은 특성별로 구성되지만, 법률상 어떤 회사에서 누가 얼마나 버는지는 직접적이고 명확하게 밝히지 못하게끔 되어 있다. 상장 기업의 경우에는 적용 규칙이 약간 다른데, 최고 경영자의 급여만큼은 완전히 식별 가능한 데이터 형태로 공개되어야 해서 절대 숨길 수 없다. 대신 난해한 법률 용어와 '이중 트리거 가속화Double-Trigger Acceleration'같이 그들만의 세계에서 구사하는 언어를 수십 페이지에 걸쳐 읽을 인내심이 있어야 찾을 수 있긴 하지만 말이다. 어쨌든 패튼이 조사에서 발견한 것은 최소한의 수준이나마 급여 투명성이 보장된다면 급여가 극적으로 인상될 수 있겠다는 가능성이었다.

패튼의 첫 번째 연구 결과는 「하버드 비즈니스 리뷰」 1951년 3월호에 게재되었다. 여기서 패튼은 "임원들의 급여 인상폭은 시간제 및 감독직 직원과 비교해 훨씬 못 미쳤다"라고 기술했다. 1939~1950년에 저임금 시간제 직원의 급여는 두 배로 올랐다. 이에 비해 중간 관리자 급여는 45% 오른 반면, 임원 급여는 35% 인상에 그쳤다. 세금과 물가 상승률을 조정하고 나면 임원들의 가처분 소득은 오히려 동 기간 59% 감소했다. 그전까지는 성공한 남성Big Guy(당시 성공한 인물은 전부 남자였다)의 어려운 처지에 대해 아무도 신경 쓴 적이 없었다. 이제 그들의 속사정이 밝혀졌다.

패튼은 자신의 분석에 빌프레도 파레토Vilfredo Pareto라는 이탈리아 경제학자가 고안한 수학적 개념을 차용했다. 파레토는 대개 80%의 어떤 결과가 20%의 원인으로 발생한다는 파레토 법칙으로 유명하다. 이 법칙은 소프트웨어 버그 찾기에서 판로 개척, 인재 관리, 성과 평가에 이르기까지 여러 사업 기능의 전반에 걸쳐 활용되고 있다. 아이러니하게도 원래 80/20 법칙은 부의 불평등 척도를 보여주는 것이었다. 파레토는 이탈리아 토지의 80%를 소득 상위 20%의 계층이 소유하고 있다는 사실을 밝혀냈다. 패튼은 거꾸로 80/20 법칙을 상위 20%(또는 2%)에 적용해 그들의 곤경에 우려를 표했다. 그는 조직의 급여가 계층 구조의 위로 올라갈수록 증가해야 함을 보여주었다. 쉽게 말해, 어떤 직위의 급여는 바로 그 아래 직급의 급여 최고액에 얼마큼 더하는 식으로 "결과를 합산해서 이를 좌표 평면에 그리면 선형이 될 것"을 의미했다. 패튼의 견해는 이 직선을 벗어나는 편차에 따라, 지나치게 많거나 적은 급여를 받는 사람과 직업들을 판별할 수 있다는 것이었다. 오늘날 유사한 접근 방식을 사용하는 일부 기업은 회귀 방정식을 통해 임원 급여를 설정한다.

이 접근 방식에는 대부분 급여 담당자라면 너무나 잘 아는 중요한 핵심이 들어 있다. 전하고자 하는 (또는 그렇게 요청받은) 메시지와 데이터가 일치하지 않으면 열심히 실눈을 뜨고 데이터를 살핀 후 메시지에 부합하게끔 만들면 된다는 것이다. 벤저민 디즈레일리Benjamin Disraeli 전 영국 수상은 "거짓말, 새빨간 거짓말, 통계"를 이용하면 논거의 설득력을 높일 수 있다는 풍자적 명언을 남겼다. 이 말은 다른 분야와 마찬가지로 급여에도 적용된다. 따라서 여러분이 공정 급여를 추구하는 과정에서 시장 데이터에 건전한 의문을 품는 습관을 들이는 방법은 차후에 설명하도록 하겠다.

아니나 다를까, 어떤 컨설턴트가 의뢰 고객에게 돈을 더 많이 벌 수 있는 방법을 가르쳐주면 그 바닥에서 소문이 금방 퍼진다. 다른 기업 경영자도 아치 패튼에게 급여 문제를 연구하도록 요청했다. 당시 팬암 항공Pan American World Airways의 후안 트립Juan Trippe CEO는 패튼에게 자사의 경영진을 위한 스톡옵션 제도를 연구해 달라고 부탁했다. 팬암이 수상한 보상 실험의 역사에 가담한 것은 이번이 처음이 아니었다. 1938년에 팬암은 스톡옵션의 가격을 자체 조정한 최초의 기업이라는 혐의가 있었다. 경영진에게 스톡옵션이 처음 부여되었을 때보다 더 낮은 가격으로 주식을 매입할 수 있게 한 것이다. 이는 무조건 이익을 보장함으로써 스톡옵션의 근본 취지를 무색하게 하는 관행으로, 요즘에는 질타의 대상이 되기에 십상이다. 스톡옵션의 가격 재조정을 새 바지 구매에 비유해 보자. 손님이 가게에서 바지를 샀는데 다음 주에 그 가게에서 같은 바지를 할인 판매한다. 그러면 손님은 가게를 찾아가 자신이 구입한 가격도 깎아줄 것은 물론, 이에 대한 보상으로 바지 다섯 벌을 더 달라고 요청한다. 『황금 여권Golden Passport』의 저자인 더프 맥도널드Duff McDonald는 패튼의 팬암 항공 연구를 설명하는 대목에서 임원 보상을 정당화하는 작업이 이런 식으로 무한동력장치Perpetual Motion Machine가 되었다고 기술한다. 경영진은 컨설턴트를 고용하고 컨설턴트는 경영진에게 더 많은 돈을 안겨주기를(그만큼 대가를 받으며) 반복했다. 이제는 임원들이 급여를 적게 받고 있다는 증거를 찾으려면 눈 씻고 찾아봐야 할 지경이지만, 그렇다고 이 순환 구조가 사라진 것은 아니다.

특히 19세기 후반 도금 시대Gilded Age에서 20세기 초 대공황으로 넘어가는 굴곡진 경제 변동을 겪었던 사람들에게는 1940년대에 임원 급여의 감소세가 꿈의 시나리오로 보였을 것이다. 노동자 급여는 오르고 임원 급여는 줄었다. 제2차 세계 대전 이후 한창 경기 침체에 시달리던 국민들은 이것이 공정이라 여겼다. 오늘날 소득 불평등이 다시 도금 시대에 맞먹고 경제 위기는 점점 종잡을 수 없게 되는 가운데, 많은 사람이 이러한 공정의 세상이 다시 오기를 바라고 있다. 당파를 막론하고 미국인 중 거의 3분의 2가 평균 노동자와 비교해 CEO 급여에 상한선을 두어야 한다고 생각한다. 이제 다시 시계를 되돌려 노동자들의 임금이 임원들보다 큰 폭으로 오르게 된 당대의 상황을 살펴보자. 그리고 우리가 정말 역사가 똑같이 되풀이되기를 바라는지 생각해 보자.

1940년대는 역사상 유일무이한 보상 관행이 존재한 시기였다. 세계적으로 상호 연결된 요즘 경제에서 적어도 그 당시 보상 관행을 그대로 재현하기는 힘들지 않을까 싶다. 이 시대는 정부가 최상위층과 최하위층 간의 임금 격차를 해소하기 위해 대대적 조치를 취하고 그 효과가 드러난 대압착Great Compression 시대라고 한다. 이 시기의 대부분 압착 정책은 전쟁에 총력을 기울이기 위한 강도 높은 한시적 행정 명령을 통해서 이루어졌다. 전시 체제에서 연방 정부는 국민의 애국심을 고취할 발판이 필요했기에, 자유시장 경제를 잠시 중단하고 대신 인류에게 닥친 실존적 위기에 더욱 집중했다. 미국 최초의 최저임금 및 초과 근무 법률과 같은 뉴딜 법안이 1938년에 통과했고, 이를 기점으로 시작된 변화의 일부는 전쟁 후에도 존속하게 되었다. 그러나 이 법률이 모든 노동자에게 적용된 것은 아니다.

전쟁이 격화되던 1942년 루스벨트Franklin Roosevelt 대통령은 "미국의 군사력과 경제 지탱에 걸림돌인 인플레이션을 통제하고 전쟁을 더욱 효과적으로 수행하기 위해" 행정 명령 9250호에 서명했다. 이때 신설된 전국전시노동위원회National War Labor Board에 급여 인상을 승인할 권한이 주어졌다. 이 명령은 '모든 산업의 모든 노동자'를 대상으로 했으며, 급여 인상을 "임금의 불균형이나 불평등을 조정하고, 노동자의 열악한 생활 수준을 개선하며, 총체적인 형평성을 회복"하는 목적으로만 묶어두었다. 연봉이 5,000달러(2020년 물가 기준 약 8만 달러) 이상인 계층은 직무에 중대한 변화가 없는 한 급여 인상이 금지되었다. 그 결과 급여 인상은 대부분 최저임금 노동자에게만 적용되었다. 그 외에까지 인상하기에는 너무 곤란했기 때문이다(비애국적이라는 낙인은 덤이다). 이렇게 해서 임원 급여에 사실상 상한선이 생겼다.

이 행정 명령에는 증여와 상여금을 포함해 '어떤 형태나 수단을 막론하고' 급여의 모든 구성 요소가 포함되었지만, 복리후생은 명시적으로 대상에서 제외되었다. 미국 기업은 직원 급여를 인상할 만한 다른 옵션이 없었기 때문에 직원에게 의료보험 혜택을 추가로 제공하기 시작했다. 오늘날까지도 미국에서는 의료보험 혜택을 고용주에게 맡겨왔다. 현재 고용주가 제공하는 의료보험에 가입한 사람들, 즉 대부분 미국인의 경우 매년 인상되는 급여의 상당 부분은 자신의 수중으로 들어가는 게 아니라 나날이 오르는 의료보험료 속에 숨어 있다.

이러한 역사적 배경이 오늘날 혁신, 기업가 정신, 정상적 임금 인상의 가능성을 억누르는 경제적 골칫거리로 이어졌다는 사실을 인식하지 않고는 임금 정체를 논해도 결론이 나지 않는다. 직원이 의료보험 자격을 상실하거나 주치의를 바꿔야 할까 봐 이직이나 창업을 주저하는 현상을 경제학에서는 '이직 족쇄Job Lock'라고 한다. 이러한 상황에서는 임금 인상과 경제 성장이 주춤하고 모든 사람의 생활 수준이 악화한다.

정부가 임원 급여에 제한을 걸었다고 해서 임원들이 가만히 받아들이라는 법은 없었지만, 인플레이션으로 매년 구매력이 감소하는 것은 어찌할 도리가 없었다. 대신 임원들은 여전히 자신들의 힘으로 어떻게든 해볼 여지가 있는, 급여 계산법의 다른 측면으로 초점을 옮겼다. 기존 급여 패키지에서 세금의 영향을 줄여보고자 한 것이다. 그 후 아치 패튼의 말마따나, 제2차 세계 대전 이후에 "임원의 소득에서 세금을 줄이는 방향으로 고안된 보상 수단이 확산"되었다. 오늘날 미국의 최고 한계 세율이 37%임에 비해 당시에는 90%가 넘었다. 임원들은 어떻게든 세금을 덜 내려고 노력했고, 그 과정에서 급여 체계가 더욱 복잡해졌다. 오늘날 상장 기업이 연간 공개하는 재무제표를 보면 재무 실적과 사업 리스크 항목 등은 몇 페이지만 다루면서, 임원 보상 패키지 유형을 설명하는 내용은 20페이지를 훌쩍 넘기기도 한다. 직원에 비해 임원에게 유난히 후한 불균형적인 보상 제도가 더욱 심화되지 않도록 진지하게 노력하려면, 회사에서 제공하는 보상 유형을 다시 간소화하고 세금 회피책으로 악용되는 조세 제도의 사각지대를 줄이기 위해 더 적극적인 입법이 필요할 것이다. 고위급 임원의 보상 총액에 초점을 맞추는 것만으로는 아치 패튼이 성공 기반을 다져놓은 오늘날의 컨설팅 산업을 당할 재간이 없다.

• • •

1946년 트루먼^{Harry Truman} 대통령은 루스벨트 전임 대통령의 행정 명령을 종료했으나, 정부의 임금 시장 개입은 한국에서 또 다른 전쟁이 발발한 1950년대에도 계속되었다. 1950년 9월 6일 트루먼 대통령은 임금안정위원회Wage Stabilization Board라는 정부 기구를 신설할 새로운 행정 명령에 서명해, 모든 시간제 (즉, 저임금) 직원의 임금 결정에 개입할 권한을 부여했다. 위원회는 국민 대표 세 명, 노동자 대표 세 명, 기업인 대표 세 명 등 총 9인의 위원으로 구성되었다. 의장은 국민 대표 중 대통령이 지명하는 위원이 맡았다.

오늘날 많은 국가에서 유사한 제도를 갖추고 있는데, 그중에는 전쟁기에 노사정의 협력으로 탄생한 산물도 있다. 이러한 제도를 통해 국민, 정부, 기업이 전체 급여 생태계에 신뢰를 구축하기 위한 각계의 대표로서 책임을 분담할 수 있다. 예를 들어 오늘날 독일 기업들은 '공동 결정Codetermination'이라는 제도에 따라 두 개의 이사회로 구성된다. 하나는 미국으로 치면 전통적인 독립적 이사회에 해당하는 경영 이사회이고, 또 하나는 구성원의 절반을 직원 투표로 선출하는 감독 이사회다. 이 구조는 제2차 세계 대전 이후 붕괴한 시장경제를 재건하고 신뢰를 회복하기 위한 타협의 산물이었다. 세계 대전 중 히틀러Adolf Hitler 정부는 노조 활동을 금지했고, 이후 많은 독일 대기업의 경영자와 소유주는 나치당을 돕다가 뉘른베르크에서 전범 재판을 받았다. 오늘날 독일 기업의 보상팀은 중요한 결정에서 이사회의 승인을 받아야 하며 그들과 긍정적인 협력 관계를 유지해야 한다. 미국판 공동 결정을 실험했던 임금안정위원회는 잠시 제한적 역할만 하다가, 아치 패튼의 연구가 당시 신흥 산업으로 부상하던 보상 컨설팅 업계에 반향을 일으키기 시작한 1953년 해체되었다.

회사의 주인은 누구?

대압착 시대는 1960년대까지 지속되다가, 전쟁이 발발해서도 아니고 기업 자체의 목적을 놓고 이념적 갈등이 등장하면서 종식되었다. 적어도 1910년대 이후 기업의 공식적 우선순위는 직원이나 고객보다 주주의 이익을 우선시해야 한다는 것이었는데, 이를 주주 우선주의Shareholder Primacy라고 한다. 경영자가 자기보존 본능에 따라 회사의 주인인 주주들에게 최선의 이익을 챙겨주고 나서야, 그다음으로 직원 등 이해 관계자, 고객, 환경의 이익을 생각하는 청지기 역할을 수행할 수 있다는 얘기다. 주주 우선주의의 핵심은 모든 결정에서 주주가 우선시되어야 한다는 것이다. 직원들은 우선순위에서 (기껏해야) 이차적으로 밀렸으므로 임금 인상은 정부가 강제하든지 주주들이 자발적으로 승인하든지 여부에 달려 있었다.

이 계층 구조는 1919년 '도지Dodge 형제 대 포드 자동차' 사건 판결로 법적 타당성을 부여받았다. 헨리 포드Henry Ford는 포드 자동차 공장 노동자의 일당을 5달러로 두 배 올려 악명을 얻었다. 소위 '효율 임금Efficiency Wages'이라 불린 이 아이디어는 직원에게 의도적으로 시장 임금률보다 높은 급여를 지급하겠다는 것이었다. 그러면 자신의 공장에서 일하려는 구직자가 늘어날 테고, 그 결과로 직원 만족도가 올라가 노동 생산성까지 높일 수 있다는 목적이었다. 포드의 비전이 그저 장밋빛이기만 한 건 아니었지만 (그는 직원들의 사생활을 감시할 목적으로 무려 200명의 사설탐정을 고용해 직원들의 절약, 청결, 금주, 가훈, 그 외

전반적인 도덕성을 살폈다) 그는 직원의 만족도가 곧 회사의 이윤으로 직결된다고 믿었기 때문에 주주의 이익보다 직원의 이익을 더 우선시했다. 그러나 일이 뜻대로 잘 풀리지 않았다. 주주들이 직원의 임금 인상에 자금을 투자하는 기업은 아무 데도 없다며, 잉여금을 배당금으로 자신들에게 나눠주어야 한다고 포드사를 상대로 고소했기 때문이다. 법원은 더 높은 임금을 지급할 포드사의 권리를 인정하면서도 도지 형제에게 배당금을 지급하도록 판결했고, 형제는 그 돈으로 경쟁 자동차 회사를 설립했다.

1950년대까지는 주주의 이익이 유일한 최우선 사항이라는 주주 우선주의 개념을 부정하는 판례가 여러 차례 나왔다. 그 후 몇 년간 법원 판결이 주주 우선주의를 점점 덜 엄격하게 적용하면서, 기업 경영자들은 운영비 지출에 더욱 합법적인 재량이 생겼다. 1968년 주목할 만한 사건으로, 시카고 컵스 구단주와 이사회가 홈구장인 리글리 필드에 조명 설치를 거부했다는 이유로 소송을 당한 적이 있었다. 주주들은 구단 측이 야간 경기를 열지 않아 수익을 창출할 기회를 잃고 있다고 주장한 반면, 구단 경영진은 야구가 주간 스포츠라고 주장했다. 법원은 기업이 사기나 불법을 저질렀다고 밝혀지지 않은 이상, 경영자가 경영 판단 규칙Business Judgment Rule(합리적 경영 판단으로 야기된 손실에 면책을 주장할 수 있는 규칙-옮긴이)에 따라 사업을 운영할 수 있는 광범위한 재량권이 있다며 구단 측의 손을 들어 주었다. 시카고 컵스는 계속 야간 경기를 열지 않다가, 1988년 리그 사무국으로부터 리글리 필드에서는 플레이오프 경기를 개최할 수 없다는 경고를 들은 후에야 조명을 설치했다.

　그 시대의 경영학계 지식인층은 경영 판단 규칙 접근법을 반겼고, 경영자가 자신이 경영해야 할 회사를 전사적 관점에서 보고 결정할 재량이 필요하다는 데 동의했다. 지난 세기 경영학계에서 가장 영향력 있는 사상가였던 피터 드러커Peter Drucker는 한 발짝 더 나아갔다. 1954년에 출간한 『경영의 실제』에서 기업의 최우선 순위는 주주에게 봉사하는 것이 아니라며 "기업의 유일하고 분명한 목적은 고객을 창출하는 것"이라고 주장했다.

　드러커는 기업이 고객을 우선시하려면 기업 경영자들이 고객에게 서비스를 제공하고 고객의 신뢰를 확보하려는 내재적 동기가 있어야 한다고 생각했다. 그가 보기에 고객의 이해관계에 급여는 큰 관련이 없었다. 고객 창출과 주주를 위한 봉사는 자연스럽게 연결되어야 했다. 고객이 회사의 동기를 의심하게 만드는 성과급제는 불필요한 이해 충돌로 간주되었다. 하지만 지금은 상황이 역전되어, 경영진 급여의 대부분이 전적으로 인센티브를 기반으로 한다(기본급이 전체 급여 패키지의 15%도 안 되는 경우도 적지 않다).

　그러나 주주 이익을 극대화한다는 이유로 경영자가 감수하는 위험에 따라 더 크게 보상하는 성과급제 개념은 한동안 일반적이거나 권장되는 분위기가 아니었다. 1951년의 한 경영학 교과서에서는 "임원 급여의 상당 부분을 인센티브로 구성하는 것은 대체로 현명하지 않다"라고 했다. 그러다 일상 경비 지출에 경영 판단 규칙을 합법적으로 적용할 수 있게 된 후, 경영자들은 안심하고 임원 보상을 인상할 수 있게 되었다. 한편 직원에게 더 많은 급여를 지급하는 '방법'에 대한 철학적 근거는 일찍이 드러커의 조언 때문이 아니라 10년 후 '성과급 지급' 모델의 대중화로 등장하게 된다.

촌철살인의 한마디: 능력주의

지난 수십 년 동안 급여의 철학적 토대는 성과에 따라 급여를 지급한다는 발상에 기반을 두고 있었다. 어떤 사람이 타고난 기술을 지니고 있거나 남보다 뛰어난 실적을 올리면 더 큰 보상이 주어진다. 이것이 우리가 생각하는 정상적인 직장, 즉 '능력주의Meritocracy'가 작동하는 방식이다. 능력주의라는 단어는 드러커와 동시대 지식인들이 기업 자체의 목적을 재고찰하던 시기에 처음 등장했다. 1958년 영국 정치인 마이클 영Michael Young은 『능력주의』라는 책을 저술해, 동명의 신조어를 탄생시킨 동시에 본의 아니게 기업계를 영원히 바꿔놓을 토대를 마련했다. 여기서 '본의 아니게'라고 표현한 이유는 영은 능력주의 사회를 풍자 의도로 장난스럽게 예측했을 뿐, 정말 현실이 될 줄은 몰랐기 때문이다.

영은 2034년 미래 세계를 배경으로 『능력주의』를 집필하며 디스토피아를 풍자했다. 여기서 엘리트 계층은 남다른 노력과 타고난 지능(정확한 공식은 지능+노력=능력) 덕분에 더 큰 보상을 받을 자격이 있다고 간주된다. 이 책에서 묘사하는 미래 사회에서 하위 계층이 신분

상승의 기회에서 배제되는 이유는 공식의 절반에 불과한 노력 때문이 아니라 여러 테스트에 따라 이미 정해진 지능 때문이다. 책이 출간되고 60년이 지난 후에도 대부분 사람은 영의 농담을 이해하지 못했다. 영도 그 점을 인식하고 개정판 서문에서 자신의 독자 중 일부는 "책을 읽어보지도 않고 (중략) 이 책이 풍자적이라는 사실을 잊거나 인식하지도 못했다"라고 썼다.

평가에 주관성이 개입될 수밖에 없는 능력에만 의거해서 급여를 매기는 것은 이제 기업들 사이에서 신성불가침처럼 뿌리를 내렸다. 하지만 이는 '얼핏' 진실하고 공정하게 보일지라도 해결책은 되지 못한다. 그보다 '능력주의 사회란 얼마나 안타깝고 부질없는지'를 보여주는 경고에 더 가깝다. 이제 거의 모든 회사에서 연봉 인상 절차에 사용하는 공통 언어는 '성과급 승급^{Merit Increase}'이다(일부 국가에서는 '정기 승급^{Increment}'이라고 하는 것이 더 일반적이다). 내 생각에는 이 단어가 반복적인 생산 업무를 제외한 직원의 성과를 공평하게 평가하는 어려움을 더 정확히 드러내는 표현인 것 같다.

능력이라는 용어를 받아들인 곳은 기업뿐만이 아니다. 1964년 임금 성차별을 근절하기 위해 제정된 미국 동일 임금법^{Equal Pay Act}에서도 성과 기반 프로그램으로 인한 임금 격차가 허용되어 법 적용 대상에서 제외한다. 이는 기업에 엄청난 이점으로 작용한다. 직원들이 불공정 급여로 인식해도, 회사 측은 객관적이라고 여기는 성과제를 평계로 내세울 수 있기 때문이다. 마이클 영은 이미 예상했겠지만, 이제는 급여를 성과에 정확하고 공평하게 연관 짓는 것이 과연 가능할지 의문을 제기하는 연구 결과가 줄줄이 발표되고 있다. 이론적으로 성과급제는 그럴싸하고 현명하게 보이지만 제대로 기능하게 하려면 철저히 계획을 세우고 꾸준히 점검해야 한다. 성과급이 공정하게 작동하려면 인재 유치부터 채용에 이르기까지 직원의 전체 재직 기간에 걸쳐 객관적이고 공평한 절차와 평가법이 필요하다. 그러나 이를 제대로 수행하는 기업은 거의 찾아보기 힘들다.

1970년대에는 능력을 평가해서 급여를 지급하는 방식이 대세였다. 능력주의는 기업의 관행으로 자리 잡았을 뿐 아니라 도덕적 의무로 여겨졌다. 그런 상황에서 성과급 제도의 확산에 간접적으로 중요한 영향을 끼친 인물을 꼽는다면 단연 경제학자 밀턴 프리드먼Milton Friedman이다. 현대 불평등을 다룬 책을 보면 프리드먼이 예외 없이 등장하며, 이 책에서도 그의 이름을 빠뜨릴 수 없다. 프리드먼은 1970년 「뉴욕 타임스 매거진」에 "기업의 사회적 책임은 이윤을 늘리는 것"이라는 제목의 논평을 기고해, 주주 우선주의라는 복음을 되살리는 데 불을 지폈다. 그는 20세기 초 포드사 주주들과 도지 형제가 그랬듯, 기업 리더들이 사회적 목적을 추구하는 추세를 우려했다. 이 기고문이 훗날 수십 년 동안 전 세계 기업계에 얼마나 큰 영향력을 미쳤는지는 두말하면 잔소리다. 프리드먼이 생각하는 사회적 목적이란 그의 표현으로 소위 '캐치프레이즈catchwords'라는 것들로, 차별 철폐나 오염 방지처럼 성과에 따른 보상과는 거리가 먼 개념들이었다. 어떤 전략이든 주주들에게 가장 직접적인 이익을 안겨주지 못하면 주주 기만이나 마찬가지였고, 이는 경영 판단 규칙이라는 절대 불가침의 기준이었다. 이 규칙에 저항하는 자는 "자신도 모르게 정부의 끄나풀 노릇을 하며 (중략) 자유 사회의 토대를 훼손하고 순전하고 완전한 사회주의를 전파하고 있다"라고 했다. 프리드먼은 직설적이어서 내 생각에 깜짝 파티를 여는 이벤트에는 영 소질이 없었을 것 같다.

프리드먼의 논리에 따르면 사업에서 발생하는 모든 이익은 주주에게 돌아가야 마땅하며, 이는 물론 틀린 말은 아니었다. 그는 기업 이윤을 환원해 사회문제 해결에 쓰이게 하는 것은 "그로 인해 일부 직원의 임금이 줄어드는 이상, 그 직원들의 돈을 쓰는 것"과 같다고 했다. 이론적으로 이는 저임금 노동자에게 시급을 올려주든, 임원의 자녀에게 업무용 비행기를 이용할 특전을 주든, 모든 인건비 지출은 우선순위를 선택하는 일련의 과정을 거쳐 평가해야 한다는 것을 의미한다. 인건비를 가장 가치 있게 지출하려면 필요성과 성과를 통해 정당화되어야 했다. 여기에는 개인의 성과는 물론 향후 주가에 반영될 잠재적 성과도 포함되었다.

프리드먼의 이론은 일부 학계에서 반향을 일으켰을지 몰라도 누가 얼마만큼의 급여를 왜 받는지를 결정하는 방법에 실제로 적용하기에는 적합하지 않다. 실제 급여는 동등한 출발선에서 평가되고 결정되지 않는다. 내 경험에 따르면 급여 결정은 조직 계층 구조의 하부로 갈수록 점점 야박해진다. 이 때문에 기업인 중에는 아무리 이윤 추구가 기업에 필수임은 인정해도 프리드먼의 세계관에 전적으로는 동의하지 않을 만큼 지각 있는 인물이 항상 있었다. 제너럴 일렉트릭의 전 CEO 잭 웰치Jack Welch는 주주 우선주의를 "세상에서 가장 멍청한 발상"이라고 평했고, 유니레버의 전 CEO 폴 폴먼Paul Polman은 "맹신Cult"이라고 불렀다. 더 많은 사람에게 더 많은 보상을 안겨주는 일은 절대 공평무사한 수학적 계산 작업이 될 수 없다. 그보다 조직의 위와 아래에는 서로 다른 규칙이 적용된다. 구성원에게 다르게 적용되는 급여 결정은 권력의 유무는 물론 회사의 절차적 효율성, 사업상 우선순위, 불이익 없이 급여를 이야기할 수 있는 열린 문화에 달려 있다.

프리드먼은 엄밀히 말해 자유지상주의의 악몽을 제안한 것이 아니었다. 정확히 말하자면 그는 경영자들이 "사회의 기본 규칙을 준수하면서 최대한 많은 돈을 벌어야 할 책임이 있다"라고 말했다. 하지만 나는 동의하지 않는다. 우리 주변 사람들의 행복을 생각하는 본질적 관심과 책임감이 결여된 사회에 기본 규칙이란 게 존재하기나 할지 이해할 수 없다. 프리드먼의 생각에는 누구나 최선의 자기 이익을 위해 행동하고 스스로 잘못을 바로잡을 능력이 있으므로, 우리는 항상 합리적으로 행동할 것이라는 가정이 뒷받침되어 있다. 그는 "경쟁 시장에서 사기업의 가장 큰 덕목은 사람들이 자신의 행동에 책임을 질 수밖에 없고 이기적 목적이든 아니든 다른 사람을 착취하기 어려운 환경을 조성한다는 것"이라고 말했다. 따라서 프리드먼의 아이디어가 옳게 작동하려면 이 세계가 본질적으로 정의롭거나, 아니면 최소한 착취가 존재하더라도 저절로 수정될 수 있다는 기본 전제가 깔려야 한다. 즉, 프리드먼은 우리가 사는 세상이 권력 비대칭 구조이므로 끊임없이 구조적 장벽을 제거하고 소외를 방지할 노력이 필요하다는 사실을 인정하지 않았다.

프리드먼이 보기에 임금을 인상하기 위한 정부 개입은 특히 눈엣 가시였다. 그는 이러한 정부 정책을 지지하는 기업인들을 "근시안적 이고 생각이 짧은 사람"이라고 폄하했다. 정부의 조치에 박수를 보낸 기업 리더들은 하급 직원에게 유리한 임금 개입 조치가 타당하다고 여겼지만, 프리드먼은 이를 가리켜 기업이 "사회적 책임을 빙자한 행 동"이라고 비난했다. 이윤 추구가 목적인 기업이라면 서로 임금 인상 에 대한 과열 경쟁을 피하고, 대신 자사와 경쟁사 모두를 위한 사회 의 기본 규칙만 설정하는 최소한의 정부 개입을 원한다는 것이었다. 당시 정황을 보자면, 1946년 프리드먼은 시카고대에 재직 중이었다. 그는 임금 인상을 제한하는 행정 명령을 발동한 루스벨트와 트루먼 대통령의 정권기에 자신의 사상을 형성했다. 당연히 프리드먼은 전 쟁 이후까지 이어질 정부의 임금 통제를 우려했지만, 그의 예측과 달 리 그 후로도 시장은 무너지지 않았다. 프리드먼의 사상은 그가 닉슨 Richard Nixon 대통령의 고문이 되고 1973년 닉슨 정부가 잠시 임금을 동 결했을 때까지도 변함없었다.

프리드먼의 시대가 지나고 아직도 임금 인상에 정부가 개입하는 것이 경제에 해롭다는 괜한 걱정을 떨치지 못한 비관론자들이 많다. 각 세대는 이러한 정부와 기업 간의 긴장에 직면해 있고, 이러한 긴 장을 조정하기도 쉽지 않다. 나 같은 밀레니얼 세대는 초인종부터 이 혼까지 온갖 것을 없애버렸다는 비난을 듣곤 하지만(밀레니얼 세대는 초인종 소리에 문을 열고 상대를 맞이하기보다 인터폰 카메라나 문자 같은 비대면 응답에 익숙하고, 비혼족이 많다 보니 이혼도 덩달아 줄고 있다는 우스갯소리-옮긴이), 우리는 기업 리더들에게 좀 더 책임감 있는 태도를 요구할 뿐 우리의 제거 대상 목록에 자유시장을 포함하고 있지는 않다. 우리보다 젊은 세대는 종종 우리 세대에서 이룩한 성취를 계속 자기네의 공으로 인정받으려 한다며 무시당하기 일쑤지만, 이것이 바로 우리가 성공을 위한 유일한 선택으로 보고 들어온 능력주의 시스템이다. 대신 우리 모두 순수한 능력주의 이념이 사회적 맥락이라는 현실과 분리될 수 없다는 점을 자각했다면 어땠을까? 물론 훌륭한 업무 성과에는 보상이 따라야 마땅하지만, 정확한 성과 보상을 가능케 하려면 조심스러운 접근법이 (때로는 개입도) 필요하다.

그들만의 승승장구

이제 주주들이 스포트라이트를 한 몸에 받는 세상이 되었다고 해서 경영자들이 무대의 구석에도 설 자리가 없어진 것은 아니다. 회사의 이익을 주주의 이익에 우선적으로 연결함으로써 회사는 임원 급여 프로그램을 주주의 이익에 맞춰 체계적으로 조정하기 시작했다. 보상팀에서는 이 개념을 '가시선Line of Sight'이라고 부른다. 여기서 중요한 점은 주주에게 이득을 안겨주고, 조직의 목표를 주주 우선주의에 맞추기 위해서는 경영상의 모든 의사 결정이 주가 부양에 집중되어야 한다는 것이다.

대놓고 주주를 우선시하는 사고의 전환은 거의 즉시 임금에 영향을 미쳤다. 프리드먼의 기고문이 발표된 지 3년 후인 1973년, 노동 생산성과 임금 인상의 상관관계가 처음으로 분리되기 시작했다. 기업은 더 많은 수익을 냈지만, 직원의 임금 인상 폭은 지지부진했다. 1948년부터 1973년까지 생산성은 96% 향상했고, 임금은 91% 올랐다. 이는 오랜 경제학 가설대로 직원들이 회사에 기여한 정도에 비례해 급여가 올랐다는 의미다. 그러나 이후 1973년부터 2014년까지 노동 생산성은 72% 향상했고, 실질 임금은 겨우 9% 올랐다.

이러한 결과는 다양하게 해석할 수 있다. 세계화로 과거보다 자동화가 상당히 진행된 경제를 원인으로 꼽을 수도 있고, 개인의 가치관에 따라 생산성과 임금을 정의하는 방식이 다르기 때문일 수도 있다. 그러나 대부분 사람이 경험상 체감하는 실상은 이제 자신들이 구매하는 텔레비전의 원가는 점점 저렴해지고 고용주가 보조하는 의료보험은 동일한 (또는 더 나쁜) 서비스에 본인 부담이 늘어난 반면, 자녀를 대학에 보내거나 여유로운 휴가를 보내거나 은퇴에 대비해 저축하는 등 사회적 지위 향상을 위한 재정적 토대를 다지기는 더 어려워졌다는 것이다. 통계는 다듬기 나름이지만, 여러분도 현재 시스템이 뭔가 잘못되었으며, 자신의 직장에서 더 생산적으로 일해도 그에 따른 보상을 받지 못한다고 느낄 가능성이 크다. 능력주의가 우리에게 주어진 모델이고 생산성이 우리를 평가할 척도라고 가정할 때, 이 둘 사이에 유의미한 상관관계가 더 이상 존재하지 않는다면 어떻게 급여가 오를 수 있겠는가? 내가 알기로는 어떤 기업의 보상팀도 급여 체계를 짤 때 생산성이 얼마나 향상했는지를 계산에 넣고 있지 않다.

기업들의 새로운 경영 시스템이 명시적으로 주주 이익을 목적으로 표방한 이상, 이 변화에 맞춰 입법 및 조세 기반도 주가에 상응하는 보상을 기대하는 경영진과 주주에게 유리하게 전환되어야 했다. 1970년 주주 우선주의 모델이 설정된 후 새로운 시대를 살게 된 우리는 이제 1982년, 1990년, 1993년이라는 세 특정 시점에 이루어진 변화를 중점적으로 살펴볼 필요가 있다.

1982년 이전에는 회사의 자체 주식을 구매할 수 있는 '자사주 매입(또는 주식 환매)'이 거의 없었다. 이러한 행위는 주가 조작으로 간주되었기 때문에 은밀한 규칙에 따라 자행되었다. 기업이 이윤을 사업(또는 직원)에 재투자하는 대신 자사주를 매입하는 방법은 4장에서 더 자세히 다루겠지만, 여기서는 이러한 관행이 주주 우선주의의 연장선이라는 점만 일단 알아두자. 회사는 발행 주식의 일부를 매입함으로써 시장에 자사주가 저평가되었다는 신호를 보낸다. 회사는 미래의 성장 전망에 대해 일반 투자자보다 더 많은 정보를 가지고 있으므로 자사주 매입은 자사주에 대한 수요를 창출하고 주가를 끌어올릴 수 있는 방법이다. 급여를 주로 주식으로 지급받고 EPS(주당 순이익) 같은 지표로 성과가 평가되는 경영진으로서는 주가를 올리고 발행 주식 수를 줄이기 위해 할 수 있는 모든 방법을 동원할 직접적인 유인이 있다. 자사주 매입은 이 두 가지를 모두 달성할 수 있다. 이론적으로 이는 회사 퇴직연금에 가입 중인 대부분 직원을 포함해 자사주를 보유한 모든 사람에게 효과적이며, 특히 임원들에게는 더할 나위 없이 좋다.

타이밍 측면에서 자사주 매입이 그 목적에 부합한다는 것이 증명되었다. 경영진은 자사주 매입을 이따금 활용해서 평균 시장가격보다 낮은 주가로 자사주를 매입할 타이밍을 조준할 수 있었다. 회사 지침이 주주의 이익을 우선시하고 특히 이 관행이 성공적으로 운영된다면, 자사주 매입을 비합리적이라 볼 이유가 없다. 그러나 1982년까지만 해도 자사주 매입 메커니즘은 쉽지 않았다. 그러다가 레이건Ronald Reagan 정부, 그리고 1930년대 SEC(증권거래위원회) 설립 이래 월스트리트 출신으로는 최초로 위원장이 된 존 샤드John Shad는 기업이 자사주 매입을 더 많이 활용할 수 있도록 규제를 완화했다. 증권거래법 10b-18 규정에 따르면 기업이 사기 혐의에 해당하지 않으면서 주식을 환매할 수 있는 '피난처Safe Harbor' 조항이 들어가 있다. 이렇게 더욱 확실한 법적 조항이 생기고 사기 혐의에서 벗어날 길이 뚫리니 자사주 매입이 본격적으로 활성화되었다. 2019년 자사주 매입 규모는 연간 총 1조 달러가 넘었다. 기업들은 잉여금으로 매입 자금을 조달할 뿐만 아니라 오로지 주식 매입 목적으로 대출을 받기까지 했다.

자사주 매입에 반대하는 근거는 크게 두 가지다. 첫째, 자사주 매입은 경영진이 자본이득세율을 낮추는 일종의 돈세탁 방법으로 간주된다. 임원 급여 패키지의 대부분은 주식 형태이므로 과세율이 낮은 주식 가격을 올리는 편이 기본급 인상보다 세금 측면에서 유리하다. 둘째, 자사주 매입은 현금을 무책임하게 지출하는 방법으로, 그 돈을 주주에게 돌려주기보다 사업 자체나 직원에게 투자하는 편이 좋다는 것이다. 우리는 코로나19 팬데믹 동안 많은 기업의 현금이 금세 고갈되는 모습을 확인했고, 합리적인 사람들은 왜 기업들이 보통 가계들처럼 만약을 대비해 자금을 비축해 두지 않았는지 의아했다. 나는 이 주장에도 공감하지만, 자사주 매입과 급여를 비교할 때 더 날카로운 근거가 필요하다고 생각한다.

자사주 매입 자체를 비난하는 것보다 더 효과적인 논거는 자사주 매입이 차지하는 비율에 초점을 맞추는 것이다. 회사가 직원 급여를 인상하기에 경영상 형편이 어렵다고 주장한다면, 그들이 다른 투자에 우선순위를 어떻게 정하고 있는지 먼저 의문을 품어볼 필요가 있다. 직원 투자는 본인과 가족을 포함해 여러 세대에 걸쳐 영향을 미치는 반면, 자사주 매입 같은 비용은 제한적이고 일시적인 영향만 미친다. 그것도 체계적이고 통제할 수 없는 시장 변동에 의해서만 최상의 결과를 기대할 수 있다. 자사주 매입은 회사 측이 연구 개발이나 직원 급여 같은 다른 용도로 자금을 쓰기보다 단기적인 주가 상승 가능성을 우선시하겠다고 선택한 능동적인 행위다. 어떤 기업이 성별이나 인종 간 임금 격차를 해소하기 위해 1,000만 달러를 투자하거나 전 직원이 기본 생계를 꾸릴 수 있게 1억 달러를 투자할 생각은 없으면서 자사주 매입에 10억 달러를 아낌없이 쓴다면, 이곳 직원들은 경영진의 진정성과 의사 결정력을 의심해야 마땅하다.

1990년이 되자 아치 패튼의 추종 세력이 재등장했다. 경영진이 노고만큼 충분한 보상을 받지 못한다고 우려하는 목소리가 터져 나오기 시작했다. 이번에도 「하버드 비즈니스 리뷰」가 "CEO 인센티브,

액수가 아니라 방법이 문제다"라는 제목의 기사로 다시 한번 임원들의 목소리를 대변했다. 기존의 발상을 새롭게 재소환한 이 기사는 성과를 제대로 반영하지 못하는 보상 시스템을 문제 삼았다. 즉, 경영진의 성과가 제대로 보상받지 못한다는 것은 능력주의 시대에서 대역죄나 마찬가지였다. 이를 해결하려면 경영진과 주주의 이익이 더 많이 일치하게끔 경영진들의 주식 보유 지분을 늘려야 한다고 보았다. 이 기사는 패튼의 접근법을 빌려, 주식 보유 비중이 열 배 더 많았던 1930년대 앞 세대에 비해 현대 CEO들의 '기업 가치 대비 보유 지분'이 얼마나 줄어들었는지 보여주었다. 그래서 이번에도 대책이 필요했다! 주식 보상의 비중을 늘려 주주와 경영진의 이해관계를 더욱 일치시키면 '우수한 성과에는 큰 보상을, 저조한 성과에는 큰 불이익'을 안겨줄 수 있었다. 당연히 임원 급여에서 기본급보다 상여금, 특히 스톡옵션과 같은 성과 기반 급여의 비중이 꾸준히 확대되었다. 이렇게 기본급에 성과급이 더해져 '혼합 성과제Pay Mix'라는 것이 구성되었다. 그 결과 평직원과 임원의 급여 차이는 1993년까지 계속 벌어져, 그 격차는 돌이킬 수 없는 지경이 되었다.

1993년까지 기업은 모든 액수와 유형의 보상을 일상적인 운영 경비로 취급해 세금에서 공제할 수 있었다. 그러다 정치권에서 CEO와 직원 간 급여 격차가 심상치 않음을 감지했다. 빌 클린턴Bill Clinton 당시 대선 후보는 대중의 눈에 과하다고 비쳤던 경영진의 급여 패키지를 과세 대상에 포함하기 위해 세법을 손보겠다고 공약을 걸었다. 취임 첫해에 클린턴 정부는 최고경영진 급여 중 100만 달러까지만 면세를 허용함으로써 임원들을 견제하려 했다. 이 규제는 기존 급여 패키지를 구성하는 기본급, 상여금, 정기적인 주식 보상에 적용되었다. 다만 새로운 규제에서는 성과급이 과세 대상에서 빠져 있었는데, 주로 스톡옵션이 이에 해당했다. 이는 즉시 혼합 성과제가 경영진에게 일반적인 시장 관행으로 자리 잡는 데 영향을 미쳤다. 이 이유로 오늘날 대기업 CEO의 급여 대부분이 세금 공제 대상인 성과급으로 전환되었고, 기본급은 딱 100만 달러로 맞추거나 거의 100만 달러에 가깝게 정하는 것이 보편화되었다.

1990년에는 스톡옵션 형태로 자사주를 받는 직원이 100만 명도 안 되었으나, 2000년에는 1,000만 명에 이르렀다. 스톡그랜트Stock Grant(스톡옵션이 자사주를 저가에 매입할 수 있게 하는 권리라면, 스톡그랜트는 자사주를 무상 교부하는 것이다-옮긴이)라고 다 스톡옵션은 아니지만 이 두 용어는 흔히 혼용된다. 스톡옵션의 주식은 매일 가격이 공시되고 손익을 쉽게 계산할 수 있는, 통상 투자자들이 매매하고 보유하는 주식과 다르다. 스톡옵션은 부여 당시 원래 가격보다 매도 가격이 높아야만 가치가 있다. 예를 들어 옵션에 대해 부여 가격Strike Price(계약 가격)이 주당 60달러이고 시장가격Exercise Price(행사 가격)이 80달러라면, 직원은 해당 주식을 60달러에 매수하고 80달러에 매도해 20달러의 차익을 챙길 수 있다. 그러나 시장가격이 59달러이면 직원에게 옵션 가치는 0이 된다. 옵션을 행사하지 않는 대신, 남들처럼 공개 시장에서 더 저렴하게 주식을 구매하면 되기 때문이다. 따라서 옵션 가치는 행사하기 전까지는 실재하지 않기 때문에 처음에는 옵션에 직접적인 가격이 매겨지지 않고 회사에서 자유롭게 나눠줄 수 있는 것으로 취급되었다. 각 기업의 회계 부서들은 임원 급여를 책정하는 새로운 계략을 막으려는 노력을 사실상 일찌감치 포기했다. 기업들은 옳고 그름은 둘째 치고, 가능한 한 많은 스톡옵션을 제공하지 않을 이유가 없었다. 회사 입장에서 스톡옵션은 경영진과 주주의 이익을 일치시키고, 급여를 (주관적으로 평가되긴 하지만) 성과에 결부할 수 있으며, 나아가 마음껏 나눠줄 수 있었다! 주주 우선주의자들에게 이보다 더 좋을 수 있을까?

스톡옵션의 가치는 대부분 사람이 퇴직연금 형태로 보유하는 주식보다 훨씬 빨리 오른다. 그 결과 직원 대비 CEO 급여 비율이 폭발적으로 증가했다. 전직 CEO 출신인 스티븐 클리퍼드Steven Clifford의 저서 『CEO 급여 기구The CEO Pay Machine』에 따르면 이 비율은 1965년에 20배, 1987년에 87배였다가 1994년과 2004년 사이에는 여기에 네 배, 즉 직원 평균 급여의 376배로 증가했다. 기업의 규모 확장으로 설명하기에는 훨씬 가파른 증가세다.

그러다가 부시George Walker Bush 정권기인 2006년, 좋은 시절은 끝났다. 규제가 바뀌면서 이제 기업들은 스톡옵션을 비용으로 처리해야 했으므로, 더 이상 공짜가 아니었다. 이 추상적 개념을 명확한 비용으로 계산하기 위해 대부분 기업은 블랙 숄스Black-Scholes 모형이라는 머리 아프리만치 복잡한 옵션 가격 산정 공식을 채택했다. 블랙 숄스 모형은 밀터 프리드먼의 기고문과 동시대인 1973년에 발표되었지만, 한동안 묻혀 있던 탓에 당시에는 기업들이 사용하지 않고 있었다.

실리콘밸리를 중심으로 일각에서는 변경된 규제가 혁신과 사업 성장을 저해한다고 간주했다. 그러나 그 이후로 실리콘밸리의 승승장구를 보면 알 수 있듯, 특히 그들에게는 사실이 아니었다. 또 다른 쪽에서 워런 버핏Warren Buffett 등은 기업이 스톡옵션을 항상 리스크와 실적 저조를 숨기는 방편으로 이용해 왔다고 말했다. 버핏은 통상 회사를 인수할 때 스톡옵션을 없애고 대신 조작이 불가능한 현금으로 보상을 대체하는 등, 이러한 자신의 소신을 충실히 실천한 것으로 알려져 있다. 하지만 규제가 바뀌었음에도 경쟁력 있는 임원 급여의 새로운 기준이 된 스톡옵션제는 이미 뿌리를 내린 상태였다. 이제 돌이킬 수 없게 되었다.

허울뿐인 서약

기업인 중에서도 더 공정한 급여 시스템을 제안하는 사람들이 많다. 그들은 조직 계층의 위쪽으로 올라갈수록 부가 쏠리고 규칙이 유리하게 적용되는 현 제도가 실패했음을 인정한다. 2011년 「하버드 비즈니스 리뷰」에 '담대한 생각: 공유 가치 창출Big Idea: Creation Shared Value'이라는 한 기고문이 소개되었다. 이 글을 쓴 마이클 포터Michael Porter와 마크 크레이머Mark Kramer는 기업이 사회의 요구를 주변에서 다루기보다 (예: 자선 활동이나 지속 가능성 등) 비즈니스 모델의 중심에 적극적으로 끌어와야만 성공할 수 있다는 것을 밝혀냈다. 그들은 이러한 사고방식이 "다음번 비즈니스 사고의 중대한 변화를 일으킬 것"이라고 말했다. 이어서 경제적 효율성과 사회적 진보는 양립할 수 있지만, 수십 년 동안 우리 정책은 대부분 제도화된 타성에 의해 주도되었다고 덧붙였다. 포터와 크레이머의 견해는 기업이 이미 창출한 가치를 재분배하자는 뜻이 아니라 "전체 연못을 키우기" 위해 기업이 "사업과 사회를 다시 하나로 합쳐 생각하는 데 앞장서야 한다"라는 것이다. 또한 "과거에는 임금 동결, 복리후생 감축, 공장의 해외 이전에 초점을 맞췄다면, 이제는 생활임금, 안전, 건강, 교육, 승진 기회 보장 등이 직원 생산성에 미치는 긍정적인 영향에 관심이 옮겨가기 시작했다"라며, 기업 경영자의 이득 못지않게 정부 규제의 중요성도 인식하고 있다. 다시 말해 우리는 수심 깊은 곳을 밧줄로 차단해서는 급여의 연못을 넓힐 수 없다.

　나는 기업의 목적이 고객 창출이라던 피터 드러커의 신념에서 케이티 포터 의원, 마크 크레이머의 공유 가치 모델, 그리고 비교적 최근에 제이넵 톤Zeynep Ton의 연구 결과인 '좋은 일자리 전략Good Jobs Strategy'으로 발전하는 사고의 흐름을 목격했다. 직원은 고객 창출(드러커)을 위해 고객에게 최선을 다해야 한다(포터, 크레이머). 하지만 그렇다고 당장은 회사에 재무적 이익으로 직결되지는 않는 데다가, 직장에서 공정 급여와 자율성을 보장받지 못하는 직원들은 고객을 세심히 챙기기 어렵다(톤). 이들 모델의 공통점은 다른 사람을 배려할 책임이 개인의 발전을 위한 필요조건이라는 점이다. 물고기 잡는 법을 배우면 스스로 먹고살 수 있다지만, 강이 오염되었거나 낚싯대를 구할 기회가 주어지지 않으면 소용없다. 어떤 사람들은 이러한 사고가 미국적 사고방식에 명백히 반하며 지나치게 집단주의적이라고 생각할지도 모른다. 그러나 좋은일자리연구소Good Jobs Institute의 제이넵 톤과 그의 팀은 직원을 신경 쓸 줄 아는 기업이 곧 사업 경영도 잘한다는 연구 결과를 밝혀냈다. 이처럼 좋은 일자리, 공정한 급여, 경력 개발 기회를 제공하는 기업은 분명 경쟁사보다 더 좋은 실적을 낸다. 다음 단계는 복잡한 기업 환경에서 실제로 이를 수행하는 방법을 찾아내는 것이다. 그동안 우리가 이러한 도약에 실패한 한 가지 이유는 급여를 결정하는 실권자들에게 책임을 지울 방법이 없었기 때문이다. 그러나 변화를 주도할 수 있는 한 집단이 있다.

미국 대기업 CEO들로 구성되었으며 회원이 유동적인 이익단체 비즈니스 라운드테이블은 더욱 공정한 비즈니스 프레임워크에 그동안 여러 차례 일격을 가하곤 했다. 그러나 가장 최근인 2019년 제이미 다이먼(아마 포터 하원과의 설전 때문에 여전히 속이 쓰렸을 것이다)과 그의 동료들은 「기업의 목적에 관한 선언문Statement on the Purpose of a Corporation」을 업데이트해 다음과 같이 발표했다.

"1997년 이후 발표된 각 선언문은 기업의 일차적 존재 목적이 주로 주주에게 봉사하는 것이라고 명시했다. 이제 이 표현은 우리와 동료 CEO들이 장기적 동반자인 이해관계자에게 가치를 창출하기 위한 매일의 노력을 제대로 반영하지 못한다는 것이 분명해졌다."

이는 주주만을 고려하는 프리드먼의 사고방식을 거부하고 포터, 크레이머, 톤의 사고를 포용하는 것이었다.

안타깝게도 그들은 전에도 선언문에 이 같은 취지를 담은 적이 있다. 2019년 선언문은 두 번의 번복을 거듭해 제자리로 돌아온 것이 었다. 포터와 크레이머보다 훨씬 이전 시대인 1981년, 비즈니스 라운 드테이블 측이 생각하는 기업의 목적이란 "주주에서 사회 전반에 이 르기까지 모든 사람에게 미치는 영향을 고려하는 것"이었다. 그러나 스톡옵션이 비용 처리에서 제외되어 수도꼭지 틀 듯 마음껏 나눠줄 수 있던 1997년, 그들은 "기업의 가장 중요한 의무는 (중략) 주주에게 봉사하는 것이다. 그 밖에 이해관계자의 이익은 주주의 이익 다음으 로 중요하다"라며 주주 우선주의를 천명했다.

다행히도 다섯 가지 약속이 담긴 2019년 버전은 "직원들에게 공 정한 보상과 중요한 복리후생을 제공하는 것부터 시작해야 한다"라 며, 이전 버전과 달리 급여와 직원에 대한 투자의 중요성을 강조한 문 구를 포함했다.

약속을 실천에 옮기려면 비즈니스 라운드테이블이 어떻게 책임 을 질 것인지에 대해 합의해야 한다. 안 그러면 다섯 가지 약속은 다 섯 가지 관념에 그치고 만다. 이 회원 기업들이 직원에게 공정하게 보 상하고 주요 복리후생을 제공하는지 확인하려면, 우리는 그들이 구 체적으로 어떤 보상 약속을 내세우고, 어떤 용어 정의, 방법론, 변화 추이, 희생, 상충 관계, 벤치마크를 채택할지 유심히 지켜봐야 한다. 공정 급여로 가기 위한 전략은 회사마다 다를 수밖에 없지만, 비즈니 스 라운드테이블 기업에서 보상팀들이 하는 업무는 대중에 성적표 공개되듯 확실히 확인할 길이 없다. 또 기준으로 삼을 공개적, 공통적 경로가 없으니 각 기업의 보상팀들은 지도나 이정표 없이 각자 운전하고 있는 셈이다. 비즈니스 라운드테이블이 마음을 바꿔 주주들을 다시 운전석에 앉힌다면 이 결정은 공정 급여로 가기 위한 열쇠를 중간에 없애는 것과 같다. 이미 그럴 조짐이 보이고 있다. 다섯 가지 공약이 발표된 지 한 달도 되지 않아, 선언문 서명에 동참한 한 유명 대기업이 시간제 직원의 (확실히 '주요 복리후생' 중 하나인) 의료보험을 삭감한다고 공식 발표했다. 직원의 필요를 충족해야 한다는 신의성실의 급여 원칙에 불의의 일격을 가한 셈이었다.

이러한 공약은 미국만의 현상이 아니다. 비즈니스 라운드테이블이 2019년 선언문을 발표한 지 4일 후, 미국 기업들이 일부 포함된 글로벌 기업들이 OECD(경제협력개발기구) 약속의 일환으로 「불평등에 반대하는 기업 서약Business Pledge Against Inequalities」에 서명했다. 이 버전에는 '괜찮은 급여를 받는 양질의 일자리'와 '모든 평등 영역(예: 성별, 민족, 장애, 성적 취향)에 걸쳐 임금 평등을 달성하기 위한 전진'에 대한 약속이 포함되었다. 그러나 책임감 있는 행동 변화로 이어질 실질적 합의가 있어야 한다. 그렇지 않다면 이러한 약속은 매사에 삐딱한 사람이 아니더라도 누구든 소득 불평등 해결보다 브랜드 구축이 그들의 본래 목적이라는 생각이 들 수밖에 없다.

토마 피케티의 『21세기 자본』의 책임 편집자로 유명해진 이언 말콤Ian Malcolm은 이를 독일 통일을 주도한 프로이센 수상의 이름을 따서 비스마르크 접근법이라고 불렀다. 그는 지배층이 정의 그 자체의 가치를 인식해 정의로운 세계를 추구하기보다 "특권 세력으로서 우위를 잃지 않기 위한" 정의 지키기에 더 관심이 쏠려 있다는 점을 우려한다. 우리가 공정 급여를 꾸준히 추구하면서 잊지 말아야 할 임무는 기업이 책임감 있게 약속을 지키도록 지켜보는 것이다.

세대가 바뀌어도 현실은 그대로

수십 년간의 능력주의 실험 후, 주관적으로 평가되는 성과와 (이미 정해진 사회 계층과 거의 동의어라는 것을 이제는 모두가 알고 있는) 잠재력만 가지고 사람들의 가치와 성과를 보상하고 그들의 미래와 생계를 좌우한다는 것이 얼마나 어려운 일인지 깨달아야 한다. 게다가 요즘 경제는 단순히 제품 생산에 그치는 게 아니라 과거보다 훨씬 복잡하다. 한 세대가 은퇴하면 다음 세대가 이어받기 때문에 새로운 체제를 도입한다고 해서 해결이 보장되는 것은 아니라는 점도 인식해야 한다. 공정 급여를 얻기 위해 힘든 결정을 내리지 않는 한 고질적 급여 문제는 급여 재앙으로 악화될 것이다. 나를 포함해 차세대 리더가 될 우리 동년배들은 이미 능력주의 실험이 실패하고 있다고 생각한다.

기술이 진보했다고 해도, 노동을 제공하는 노동자에게서 거의 모든 혜택을 가져가는 (대부분 백인 남성인) 회사 창립자와 임원에게 부가 이전하는 더 강력한 시스템이 건재하기에 축배를 들기에는 너무 시기상조다. 예를 들어 임시직 중심의 긱 경제Gig Economy에서 피고용자들은 계약직과 정직원 중간쯤의 법적으로 애매한 위치여서 직원으로서 복리후생, 직업 안정성, 급여 결정권을 전혀 보장받지 못한다. 그러나 회사가 수익을 내지 못할 때 그 대가는 100% 떠안는다. 이것도 낯선 광경이 아니다. 예를 들어 1930년대에 제정된 공정 근로 기준법^{Fair} ^{Labor Standards Act}은 미국의 초과근무수당 자격을 규율한 대목에서 저의가 의심스러운 예외 조항을 달았다. 식당, 호텔, 농업 등 여성과 소수 인종이 집중적으로 쏠려 있는 모든 산업을 제외한 것이다.

이러한 어려움은 앱 기반 경제에서 더욱 가속화되고 커지면서 앞으로 전체 노동시장의 판도를 영영 바꿀 가능성이 있다. 기존 기업은 규제의 사각지대를 찾아 법규를 무사히 준수하는 것처럼 보이도록 합리적으로 행동할 것이다. 신경제 산업과 구경제 산업을 막론하고 다양한 기업에서 개최하는 콘퍼런스와 회의에 참석하다 보면 경영자들이 앞으로 자사에 직원을 어떻게 배치할 계획인지 직접 들을 기회가 생긴다. 그들의 말을 듣다 보면 기존의 법제와 급여 체계에서 저임금 노동자들의 전망은 썩 밝아 보이지 않는다. 흔히들 데이터를 '새로운 석유'라고 부르는 요즘 시대에 다음 호황은 최적화 추구에 의해 주도될 것이다. 마치 모든 사회적 기회와 문제가 소프트웨어 코드를 만지작거리면 해결할 수 있다는 듯 말이다. 그러나 공정하고 공평한 급여는 최적화 대상이 아니라 세계관 함양의 문제다.

내가 주장하는 올바른 경영 시스템은 기업 리더들이 먼저 신의성실의 급여 원칙을 수용하고 인간을 최적화 대상으로 삼지 않도록 의식적으로 노력하자는 것이다. 그러면 우리는 실험하고, 때로 실수도 하고, 다른 사람들도 함께 잘살도록 돕고, 모든 이해관계자의 처우 개선을 위해 함께 나아가기 위한 행동반경이 넓어질 것이다. 구약성서의 레위기에서 교훈을 얻으면 좋을 것이다. 여기에는 유대인 지주들(파레토 법칙의 상위 20%에 해당)에게 추수 때 낫질을 단 한 번만 함으로써 다른 사람들도 열심히 이삭을 주워 영양을 섭취할 수 있는 여지를 남기라는 구절이 나온다. "너희 땅에서 곡식을 거둘 때에 밭모퉁이까지 다 거두지 말고 떨어진 이삭도 줍지 말라. 대신 빈민과 거류민을 위해 남겨두라." 지주들은 자신의 제도적, 기술적 우위를 이용함으로써 다른 사람들의 앞길을 가로막는 것을 허용하지 않겠다는 뜻이다. 즉, 시장 효율성, 자기 결정권, 최적화 등을 핑계로 일부러 수확물을 100% 독차지해서는 안 되었다.

아치 패튼의 글을 읽다 보면 그 글이 발표된 지 거의 70년이 지나고도 보상 관리자의 사고방식이나 일상 업무에 거의 변화가 없다는 사실이 놀랍다는 생각이 든다. 1996년 패튼이 사망했을 때 부고 기사에 따르면, 1980년대 후반 언젠가 임원 급여가 폭발적으로 증가한 과정에서 자신의 역할에 대해 어떻게 생각하는지 질문을 받은 적이 있다고 한다. 그는 "죄책감을 느낀다"라면서 "자기네 모든 임원의 성과가 평균 이상인 줄 아는" 기업들에 의해 자신의 설문조사가 악용되었다고 인정했다. 수년에 걸쳐 보상팀들은 공정 급여에 역행하는 움직임을 보였다. 공정 급여를 앞장서서 지지하기는커녕, 특히 시장 논리를 구실로 임원과 하급 직원의 소득 양극화를 지나치게 너그러이 눈감아주는 경우가 너무 많았다. 워런 버핏은 현행 급여 체계를 변화시켜야 할 기업들의 책임감 결여에 대해 "사람들은 용감한 도베르만

같은 (보상) 컨설턴트를 원하지 않는다. 유순한 코커스패니얼을 데려다 살랑살랑 꼬리 치는 모습만 기대한다"라고 말했다.

나는 현행 급여 시스템을 포기해야 한다고 자신 있게 말할 생각은 없다. 다만 모든 사람에게 공정하게 적용되는 급여 시스템을 만들기 위해 현 제도에 보완이 필요하다고 믿는다. 경제학자 존 메이너드 케인스John Maynard Keynes는 2030년이면 모든 사람이 주당 15시간 일하게 될 것이라고 예측했다. 그는 노동자의 임금이 생산성 향상에 정비례해 자연스레 오르리라고 생각했다. 그의 말은 미래에는 힘든 일을 기계가 대신할 정도로 생산성이 향상할 뿐 아니라, 모든 사람이 당연히 기술 발전의 혜택을 다 함께 누릴 수 있다는 의미였을 것이다. 아니면 그의 말마따나 "빵 위에 버터를 가능한 한 얇게 펴 발라 많은 사람이 일자리를 공유하게 해야" 한다. 그와 동시대를 살았던 마이클 영도 능력주의를 풍자하며 2030년대를 예측한 글을 썼지만, 부가 곧 가치라고 믿는 인간의 성향을 고려할 때 모든 사람이 확실히 앞으로 나아갈 수 있으려면 더욱 적극적인 접근법을 취해야 한다고 보았다. 실제 2030년이 오면 현재 우리가 기술 발전과 인간의 의사 결정을 어떻게 통합할 것인지에 따라 축복이 찾아올지 위험이 찾아올지 판가름 날 것이다.

2010년 세인트루이스 연방준비은행은 기업 이윤 대비 직원 급여의 비율에 관한 한 보고서에서 기업 이윤의 증가 폭이 더 가파른 우려스러운 경향을 발견했다. 전에도 비슷한 경향을 목격했지만, 이번에는 다음과 같은 경고를 덧붙였다.

"지난 15년의 흐름이 심상치 않다. 기업 이윤과 직원 보상 간의 격차가 이토록 명백하고 오랫동안 벌어진 적이 없다."

우리가 지금 걷고 있는 길은 지속 가능하지도 않을뿐더러 걸어가서도 안 된다. 시장경제를 운영하는 최선의 방법이란 없다. 항상 우리가 선택한 결정에 따라 결과가 달라지기 때문이다. 우리는 시장 개입이 시장 붕괴, 재앙, 공산주의에 한 발짝 더 가까이 가는 것과 같다는 경고를 수없이 들어왔다. 하지만 역사를 돌이켜 보면, 시장은 정부 개입에도 회복탄력성이 있다는 것을 알 수 있다. 공정 급여를 이루기 위해 당장 움직일 수는 있지만, 일단 회사가 감춰둔 블랙박스를 열어 그들의 현재 속마음과 계획을 밝혀야 한다. 이를 통해 우리가 과연 공정 급여를 받고 있는지 확인하고, 모두에게 더욱 신의성실의 원칙에 충실한 급여 환경을 조성하기 위해 우리가 무슨 일을 할 수 있는지 알아야 한다.

4장

회사가 급여 문제를
바라보는 방식

회사에서 급여를 책정하는 방식은 손으로 달걀흰자와 달걀노른 자를 분리하는 것과 같다. 주방에서 늘 하는 일이지만 항상 성공하는 것은 아니기 때문이다. 손이 지저분해지는 것도 피할 수 없다. 또한 노른자가 흐트러지지 않게 유지하면서 흰자가 쏙 빠지는지 확인해야 한다. 아무리 노력해도 때로는 노른자가 흐트러지거나 작은 껍데기가 빠져나와 흰자에 섞이기도 한다. 완전한 실패는 아니지만 완전한 성공도 아니다.

달걀흰자와 달걀노른자를 잘 분리해도 감탄하는 사람은 없다. 제대로 해내는 걸 당연시할 만큼 일상적인 일이기 때문이다. 마찬가지로 공정한 급여를 지급했다고 해도 아무도 감탄하지 않는 이유는 공정성이 기본 기대치이기 때문이다. 여러분이 만든 맛있는 홀랜다이스 소스는 노른자를 분리하는 첫 단계보다 레시피에 대해 칭찬을 받는다. 소스에 달걀 껍데기가 있는 게 아닌 이상, 눈에 보이는 것은 레몬, 버터, 소금의 비율과 휘젓기 실력이지 다른 것은 중요하지 않다.

이를 급여에 적용하자면, 여러분 회사의 보상팀이 공평무사한 능력 평가와 성과급제를 운용해도 칭찬받을 일이 아니다. 그건 기본 기대치다. 중요한 건 그 결과를 가지고 승진과 직무 훈련 평가 시 인재를 공정하게 식별해 그들에게 리더 직책을 맡기는 것이다. 이렇게 고연봉의 리더 집단이 구성원의 대표성을 충족하고 급여 격차를 해소해야 비로소 보상팀의 진정한 공로가 인정된다. 회사가 실수를 인정하고 수정할지, 아니면 조용히 어물쩍 넘어갈지에 따라 신의성실의 급여 원칙이라는 어려운 선택이 좌우된다.

구조적 차이와 예상치 못한 사건 등 외부 요인도 매우 중요하다. 달걀은 냉장고에서 바로 꺼냈을 때보다 실온에 두었을 때 더 깨기 쉽다. 유기농 달걀은 '블룸Bloom'이라는 천연 보호막이 있어서 더 깨기 어렵다. 요리사가 손을 씻지 않으면 다른 사람들이 식중독에 걸릴 수 있다. 알고 보면 달걀노른자를 분리하는 것은 전혀 일상적인 일이 아니다. 각 단계가 다 중요한 하나의 과정이다. 급여도 외부 요인이 수없이 많고 끊임없이 변화한다.

- 시장조사 데이터상 한 해 동안 제너럴리스트의 급여가 스페셜리스트에 비해 더 큰 폭으로 올랐다가 다음 해에는 그 반대가 될 수 있다. 그러면 시장 흐름을 따라 매년 특정 집단의 급여를 인상할지, 아니면 아무 조치도 취하지 않고 시간에 따른 추세를 관망할지 결정해야 한다.

- 급여 인상률을 일정하게 고정하는 낡은 방침으로는 현재 직원의 인상률을 외부 영입 직원의 인상률보다 뒤처지게 할 가능성을 피하기 어렵다. 이제 인상률이 동결되어 온 직원들을 위해 일회성으로 급여를 인상해 줄지 결정해야 한다. 급여 인상 대상자를 정했더라도, 더 까다로운 문제로 그 비용을 어느 예산에서 끌어올지도 정해야 한다.
- 회사는 새로운 임원 아래 조직을 재편성하고 전 직원을 새로운 계층 구조에 따라 다른 직무에 배치할 수 있다. 이제 전체 급여 시스템의 질서와 공정성을 유지하기 위해 일부 직원들의 급여를 대폭 인상하거나 삭감할지 결정해야 한다.
- 어떤 관리자가 그만두겠다고 으름장을 놓은 한 남직원에게는 잔류를 독려하기 위해 보너스를 주고, 다른 회사로부터 전화 면접을 받고 말 없이 이직을 준비해 온 여직원에게는 주지 않았다고 치자. 이제 그 남직원은 잔류 계약이 만료되자마자 보너스를 챙기고 퇴사했다. 그렇다면 이제는 보너스를 지급할 권한을 관리자에게서 박탈하고 대신 회계 부서로 이양해, 공평하고 표준화된 기준을 마련할지 고민해야 한다.
- 이제 책임자가 바뀌었으므로 회사의 조직구조가 재편성될 수 있다.
- 조직 개편이 끝나면 기존 직원들과 같은 업무를 수행함에도 훨씬 더 높은 급여를 받는 신입 직원이 포함될 수 있다. 새로 들어온 직원의 급여를 줄이면 그에게서 미움을 살 수 있으니 대책을 마련해야 한다. 그를 위해 이원화된 급여 구조를 수용할지 여부, 그리고 수용한다면 그 구조를 언제까지 유지할지 정해야 한다.
- 그리고 다시 조직구조가 재편성된다.

어떤 상황에서든 공정 급여를 항상 보장하기 위한 정해진 단계나 공식은 없다(달걀 껍데기는 꼭 튀어나온다). 따라서 나 같은 급여 담당자들은 모든 것에 완벽한 결정을 내릴 수는 없어도 가능한 한 최선의 결정을 내리도록 규준과 지침에 의존해야 한다.

성과급제를 시행하는 데는 다 이유가 있다. 지금부터 대부분 회사에서 급여 지급 방식이 어떻게 돌아가는지 설명하겠다. 먼저 급여 결정 방식이 실제로 자유시장 논리에 얼마나 가까운지부터 평가해보자. 그다음 모든 급여 결정의 지침이 되는 프레임워크인 '보상 철학Compensation Philosophy'을 시작으로, 회사에서 급여를 결정할 때 일어나는 실제 사고 과정을 알아보겠다. 급여에도 하나의 어엿한 철학이 있다니 거창하게 들리지만, 의례나 의식, 주술, 교리는 없다. 이 장에서는 보상 철학의 유용성과 그것이 공정 급여에 미치는 영향에 대해 질문을 던지고자 한다.

다음 장에서는 회사의 보상 철학이라는 기준에서 여러분의 위치를 찾는 방법을 다루며, 6장에서는 여러분의 급여가 회사 보상 철학과 맞지 않는 경우를 구별하는 법과 연봉 인상을 요구하는 법을 설명할 것이다. 이는 회사의 형태와 규모에 상관없이 똑같은 원칙이 적용되므로 특정 업종이나 규모의 회사에 중점을 두고 설명하더라도 별로 문제 되지 않는다. 보상팀의 셰프들에게는 동네 푸드트럭이 됐든 미슐랭 스타 레스토랑이 됐든 사용하는 식재료가 같다. 따라서 여러분은 기본 기술만 배우면 된다.

불완전 자유시장(FREE-ISH MARKET)

유의미한 임금 인상은 절로 일어나는 법이 없다. 게다가 임금을 자유시장으로 설명하는 것은 아무리 잘해도 한계가 있다. 기업계에서는 우리 시장이 자유시장이 맞는지 의문을 제기하는 것을 위험한 발상으로 취급하며, 시장 개입을 통해 잘못을 시정하거나 소득 불균형을 조정하려는 행위는 소금 기둥이 되어 마땅한 불경죄로 취급된다. 순수 시장주의자들은 비록 시장이 불완전하기는 하지만 다른 어떤 경제 체제도 생활 수준을 높이거나 세계 극빈곤층을 줄이는 데 시장경제만큼 효과적이지 못했다고 주장한다.

이 말도 일리가 있고, 나 또한 자유시장을 완전히 거부하자고 제안하는 것은 아니다. 다만 급여가 공정하게 지급되도록 우리는 현재 시스템의 불완전한 측면을 솔직히 인정하고, 전체 시스템을 온전히 유지하기 위해 권력 불균형에 대한 감독과 개입이 중요하다는 것을 인식해야 한다. 애덤 스미스Adam Smith는 『국부론』에서 "우리가 임금을 낮추기 위해 단결하는 것을 금하는 법률은 없다. 그러나 임금을 올리기 위해 단결하는 것을 금하는 법률은 많다"라고 했다.

여러분도 일종의 시장주의를 믿고 있을 테고, 우리 급여 전문가들도 임금 결정을 자유시장에 맡겨야 가장 바람직하다는 믿음을 기본 전제로 삼는다. 그렇다면 현재의 시장이 진정한 자유시장인지 확인할 필요가 있다. 자유시장이 돌아가려면 여기서 극도로 단순화한 전제하에 최소한 한 가지 조건이 필요하다. 바로 의사 결정의 분권화다. 자유시장의 모든 행위 주체는 자기 행동을 방해할 어떤 구조적 장벽 없이 스스로 최선의 자기 이익을 위해 결정을 내릴 수 있어야 한다. 이러한 의사 결정 능력이 어느 한 주체에 지나치게 집중되면 자유시장은 덜 자유로워진다. 정부는 자유시장을 통제하다가 도를 넘기도 하지만, 이는 경영자 개인이나 회사 전체, 법체제도 마찬가지다. 이론적으로는 노동자도 힘이 집중되면 도를 넘을 수 있지만, 그들이 노동시장에서 그 정도의 영향력을 지니는 경우는 거의 없다.

우리는 급여와 자유시장 간에 연결 고리가 있다고 믿지만, 기업의 급여 결정 방식은 이 믿음과 동떨어져 있다. 각 회사의 보상팀들은 끈덕지게 벤치마킹 중심으로 단련되어 있어서, 일반적으로 급여체계는 회사마다 비슷하다. 이는 자유시장에서 요구되는 분산된 의사 결정이 아니라 남들 하는 대로 따라가고자 하는 인간의 성향, 그리고 남들과 다르게 행동하고 싶지 않은 책임감의 부재를 나타낸다. 나는 철학자 에릭 호퍼Eric Hoffer가 "사람들은 마음대로 행동할 수 있을 때 대개 서로를 모방한다"라고 한 말이 마음에 든다. 급여에 있어서 남들에 묻어가는 최고의 방법은 급여 조사를 참고하는 것이다. 급여 조사는 한마디로 기업들의 가장 유리한 방편이라 생각하면 된다.

해마다 봄이면 급여 담당자들은 회사의 급여 데이터를 몇몇 업체에 제출한다. 이 데이터는 매년 가을 집계되어 시장 현황으로 정리된 형태로 돌아온다. 회사가 건당 수천 달러를 주고 조사를 의뢰하면 소위 '시장 임금률'이라는 임계점을 찾을 수 있다. 만약 내 회사에

500명의 소프트웨어 엔지니어가 있고 각각 연봉이 12만 달러라면, 나는 상사 중 한 명이 (근거는 없지만) 더 경쟁력이 있다고 말한 금액인 12만5,000달러로 올려줄 필요가 없다는 것을 확인하기 위해 기꺼이 조사 업체에 5,000달러의 비용을 지불할 것이다. 이 조사 의뢰로 250만 달러(5,000달러 인상분 곱하기 500명)를 절약해 투자 수익률 500배를 달성할 수 있으니 말이다. 어떤 회사가 급여 조사에 나타나는 신뢰도 높은 시세에 따라 이미 급여를 지급하고 있다면 이는 임금 인상을 막기 위한 회사의 안전장치가 된다. 공정 급여로 가기 위해 우리는 회사들만 급여 조사 정보에 독점적으로 접근할 수 있는 이 보상-산업 복합체Compensation-Industrial Complex의 유착 관계에 당하지 않을 방법을 찾아야 할 것이다.

이렇게 보면 급여 문제는 자유시장에서 기업들이 꾸준히 경쟁하는 역동적인 올림픽 단거리 경기가 아니라, 모든 사람이 함께 발이 묶인 채 비슷한 속도로 뒤뚱거리는 이인삼각 경기에 가까워 보인다. 이를 급여의 '이인삼각 문제Three-Legged Race Problem'라고 부르기로 하자. 회사가 보기에 이 시스템은 훌륭하게 작동한다. 급여 담당자들은 자기 회사의 급여가 경쟁력이 있고 최소한의 비용으로 그 특권을 지킬 수 있다는 걸 잘 안다. 반면 직원들은 이러한 양질의 정보에 동등하게 접근할 수 없으므로 진정한 자유시장 논리는 작동하지 않는다. 이용자가 직접 자기 급여를 공개하는Self-Reported 사이트의 데이터가 더 투명하게 개선된다면 급여 양극화를 해소하는 데 도움이 된다. 특히 이는 이인삼각 경쟁에서 천천히나마 앞으로 나아가는 무리를 따라잡지 못하는 회사에 책임을 추궁할 때 더욱 중요하다.

이인삼각 경기 문제가 현실에서 어떻게 작동하는지 살펴보자. 채권 트레이더 출신 작가 크리스 아네이드Chris Arnade의 저서 『존엄, 미국 뒷골목 주민들의 숭고한 삶Dignity: Seeking Respect in Back Row America』을 보면 케이블 뉴스에서 유명 앵커와 인터뷰한 일화가 나온다. 앵커는 기업들이 서로 급여 경쟁에서 우위를 차지하기 위해 할 수 있는 모든 일을 한다는 일반적 통념을 그대로 따라 말했다. 아네이드는 자신의 책을 인용해, 생계를 위해 분투하고 있는 근로빈곤층이 처한 경제 현실을 설명했다. 그러자 앵커는 자신이 보기에는 당연한 자유시장 논리가 때로는 오작동하기도 한다는 아네이드의 주장을 다음과 같이 완전히 일축했다. "월마트가 직원에게 충분한 급여를 지급하지 않으면 다른 마트인 타깃이 급여를 올릴 것입니다. 시장의 힘은 그렇게 작동합니다. 아마존이 충분한 급여를 지급하지 않아도 또 그런 식으로 나아가겠죠. 따라서 경제가 성장하면 전체적으로 임금도 인상됩니다."

이 세 경쟁 기업의 최근 움직임을 살펴보면 앵커의 믿음이 맞는지 직접 확인할 수 있다. 2019년 월마트 CEO 더그 맥밀런Doug McMillon은 연방 최저임금이 너무 낮다고 공개적으로 밝히며 의회에 최저임금을 인상하기 위한 "세심한 계획을 마련"할 것을 촉구했다. 전해에 월마트는 미국 자사 직원의 최저임금을 시간당 11달러로 인상했는데, 이는 연방 최저임금보다 약 50% 높았다.

마찬가지로 아마존도 직원 임금을 인상했다. 아마존 CEO 시절 제프 베이조스는 2018년 주주 서한을 통해 다른 기업들도 이에 동참할 것을 다음과 같이 촉구했다. "오늘 저는 유통업계의 정상급 경쟁사들(본인이 해당한다면 스스로 아실 겁니다!)에 저희처럼 직원 최저임금을 15달러로 올릴 것을 촉구합니다. 당장 실행하십시오! 아니, 16달러로 올려서 저희를 자극하면 더 좋겠습니다. 이는 모든 사람을 이롭게 하는 일종의 경쟁입니다."

타깃은 최저임금을 2017년 10달러에서 2020년 15달러로 꾸준히 인상해 3년 동안 50% 인상할 것이라고 발표하며 선봉대에 섰다.

세 기업이 모두 서로에 대응하는 차원에서 직원 급여를 인상하기 시작한다면 더 이상의 시장 개입 없이도 자유시장은 계획대로 작동하고, 급여는 자연스럽게 오르고, 불평등과 관련된 모든 문제가 곧 해결되리라는 신호가 아닐까? 그러면 케이블 뉴스 앵커가 옳았다는 것이 증명된 것 아닌가?

꼭 그렇지만은 않다. 아마존이 인적 자원의 투자 확대나 경쟁력의 우위 때문이 아니라, 꼭 필요한 만큼의 임금만 올릴 것이라는 암묵적 사실을 베이조스가 입 밖으로 인정했다는 게 그 증거다. 경쟁사를 압도할 만큼 임금을 엄청나게 인상하기에 아마존만큼 유리한 위치에 있는 기업은 없다. 하지만 여전히 아마존은 솔선수범해서 임금을 크게 인상하지 않는다. 월마트도 직원 수 세계 1위의 사기업이자 전체 조직 중에서는 세 번째로 규모가 큰 고용주인 만큼 만만찮은 수완을 자랑한다. 참고로 월마트의 병사 수를 능가하는 조직은 미국과 중국의 군대밖에 없다.

월마트와 아마존의 최고 경영자들이 하려던 말은(타깃 측은 말을 아껴왔다), 최고의 대기업들조차 자발적으로 임금을 대폭 인상할 생각은 없다는 것이다. 이처럼 그들이 자비를 베풀 것을 기대하기엔 한계가 있다. 더 적극적인 임금 투자로 나아가기 위해서는 입법에 의한 강제력으로든 어떤 묵시적 협약을 통해서든 더 많은 기업이 같이 행동해야 한다.

실상은 세 기업 모두 급여를 인상한 이유가 최저임금 15달러 쟁취 시위로 촉발된 직원 투자의 급증세를 따르고자 했을 뿐이라는 것이다. 이 시기에 유통업계에서 급여 담당자로 일했던 경험으로 장담하건대, 당시 대부분 기업에서 발표한 대규모 급여 인상(그리고 이를 널리 홍보하려는 열정!)은 입법 조치가 없었다면 자발적으로 일어나지 않았을 것이다. 시장의 자연스러운 성장은 이차적, 부수적 효과를 제외하고는 임금 인상에 별 영향을 주지 못한다.

대기업은 언제든 직원 급여를 인상할 힘이 있지만 그럴 의향이나 동기 부여는 없다. 그들은 급여 인상을 감당할 수 있는데도 여전히 남들의 눈치를 살핀다. 이 보상 접근 방식은 본질적으로 실패했다. 실용적이라 하기엔 몹시 단합적이고, 문제로 삼기에는 애매하다. 또한 기업들은 직원의 복지보다는 서로 간의 비교에 지나치게 집중한다. 임금이 자유시장에서 제대로 작동한다는, 즉 노동자가 자신에게 가장 유리한 거래를 찾아 노동시장을 자유롭게 이동한다는 가설이 옳다면 시간이 흐를수록 조건이 변화하면서 급여가 오르고 공정해져야 한다. 하지만 우리가 지켜본 바에 따르면 가설과 현실이 완전히 들어맞은 적이 없다.

따라 하기의 철학

　보상 철학과 그 작동 방식을 파헤치기 전에, 각 기업이 급여에 대한 자신들의 가치관을 외부에 알리고자 하는 이유부터 이해해야 한다. 보상 철학은 각 회사에서 누가 얼마만큼의 급여를 왜 받는지를 정해놓은 규칙이다. 이 중 실제로 '얼마만큼'에 대한 의사 결정 과정이 특히 복잡하고 회사들끼리 항상 서로 따라 하는 부분이지만, 모든 급여 결정의 길잡이로서 보상 철학의 목적은 '왜 받는지', 즉 그 액수가 정해지는 근거에 중점을 둔다. 회사에서 보상 철학을 정해두는 비교적 애매하지만 더 중요한 이유는 경쟁사의 급여 결정에 어떻게 대응하겠다는 방향을 공개적으로 밝히기 위해서다. 물론 이렇게 직접적으로 말하는 회사는 없지만, 보상 철학은 회사가 자유시장에 참여하려는 의지에 한계를 설정한다. 기업들은 급여를 놓고 서로 경쟁해 봤자 전략적 이점이 없다고 생각한다.

　상장 기업들은 보상 철학을 공개한다. 여러분이 속한 회사의 보상 철학을 본 적이 없다면 상장 기업(누구나 공개 시장에서 주식을 살 수 있는 기업)이라는 가정하에 이 책을 잠시 내려놓고 회사명, 의결권 위임 권유서, 가장 최근 회계 연도 순으로 입력해 검색 버튼을 눌러보라. 검색된 문서는 꽤 빼곡하겠지만 중요한 정보가 포함된 '보상에 관한 논의 및 분석Compensation Discussion and Analysis'과 같은 섹션을 찾을 수 있을 것이다. 이 부분은 주로 회사 내 상위 5인의 임원(서류에 대표로 나열되는 임원)을 중심으로 작성되는데, 임원 급여 액수와 급여 결정 원칙을 공개하는 것이 목적이기 때문이다. 그리고 이 원칙은 조직의 모든 직급에 적용된다. 중소기업이나 비상장 기업이라면 회사 인트라넷에 비슷한 문서가 있을지도 모른다. 여러분 회사의 보상 철학을 찾을 수 없다면 관리자나 인사부에 문의해 보면 된다. 너무 근본적인 정보라서 인사부에 요청하기가 부담스럽다면 기업 문화에 심각한 문제가 있다는 뜻이므로 슬슬 이직을 준비하는 것이 좋다. 이처럼 급여에 대한 기업의 가치관을 알 수 있는 표현이 없으면, 여러분은 회사에 책임을 묻거나 자신이 회사 내규에 따라 정당한 급여를 받고 있는지 알 길이 없다.

이제 현존하는 모든 보상 철학을 한 줄로 요약해 보겠다. 여러분 회사의 보상 철학을 읽다 보면 다음과 비슷한 문장을 보게 될 것이다. "우리의 보상 철학은 회사의 전략적 목표 달성에 필요한 인재를 유치하고 유지하는 것을 목적으로 한다."

지금 온갖 의욕이 솟아오르더라도 참아주길 바란다. 사실 이 문장의 뜻은 그 외에 별것 없다. 현재 기업들 사이에 널리 보급된 모든 급여 프로그램은 단지 직원들이 꼬박꼬박 출근하고 더 좋은 조건에 다른 직장으로 이직하지 않게 하는 정도로만 설계되어 있다. 앞서 살펴봤듯이 모든 회사의 기본 급여 체계가 다 비슷비슷하니, 보상 철학은 큰 뜻이 담긴 기업 가치관이라기보다는 그저 규정을 준수하려는 관행처럼 보인다.

기업들이 공정 급여를 방어하려고 일부러 자신들의 보상 철학을 짜고 담합했을 가능성은 별로 없어 보인다. 그보다는 시장 지배력의 비대칭에 따른 당연한 결과일 것이다. 기본적으로 그들에게 행동을 바꾸도록 강제할 자가 아무도 없으므로, 현재의 비효율적인 보상 철학은 악의적 계획으로 탄생했다기보다는 그렇게 될 수밖에 없는 환경과 타성에 따른 결과다. 대부분 기업은 자신들의 보상 철학이 전혀 방어적이지 않다고 생각한다. 오히려 보상 철학에 고용의 능동적이고 거래적인 측면, 즉 인재의 유치와 유지를 중시한다는 문구를 담았다는 점에서 공격적이라고 주장할 것이다. 하지만 그들의 보상 철학에서 공정하고 공평한 급여를 보장하기 위해 명확하게 규정한 대책과 이를 질서 있게 유지하기 위한 원칙은 찾아보기 힘들다.

직원 잔류율은 직원들이 스스로 측정할 잣대가 없기 때문에 급여의 공정성이나 형평성을 평가하기에는 너무 간접적인 측정법이다. 회사 측에서 직원이 '그만두지 않는 것'과 '공정하게 대우받는 것'을 같다고 여긴다면, 직원 설문 조사 데이터를 다시 살펴보고 급여에 대한 직원들의 마음이 어떤지 확인하는 것이 좋겠다.

안타깝게도 법제 측면으로 보나 동기 부여 측면으로 보나, 보상 철학을 다른 회사들과 다르게 바꾸기도 어려울뿐더러 권할 바도 못 된다. 어떤 기업이 일단 동종 기업들과 보조를 맞추기를 그만두면, 아무리 선하고 고귀한 이유에서라도 다시 예전처럼 다른 기업들과 보조를 맞추려 할 때 세간의 의심스러운 눈초리를 무릅써야 한다. 또 의결권 자문 회사들이 그 기업의 남다른 행보를 알아차리고 이를 트집 잡을 것이다. 극단적인 경우라면 행동주의 주주가 이러한 독자적 행태를 걸고넘어져 소송을 제기하거나 회사의 통제권을 장악하려고 할 수 있다. 어찌 보면 이해 못할 바는 아니다.

회사에는 창의적인 보상 철학에 반대하는 분위기가 폭넓게 형성된 부서가 몇 군데 있다. 회계 감사팀이 대표적이다. 세무팀도 마찬가지지만, 예외적으로 창의적인 탈세 방법은 좋아한다. 요즘에는 더블 아이리시와 더치 샌드위치Double Irish with a Dutch Sandwich 같은 재미있는 이름의 혁신적인 편법도 있다. 이는 아일랜드 법인 한 곳을 두고 샌드위치처럼 중간에 낀 네덜란드 법인으로 모기업 이익을 돌린 후 버뮤다나 맨섬Isle of Man 같은 조세피난처에 세운 또 한 곳의 아일랜드 법인으로 다시 돌려 세금을 낮추는 (그러면서 주주도 회유하는) 방법이다. 신의 성실의 급여 원칙을 지키려면 세무팀도 힘을 보태야 한다. 기업들이 이러한 종류의 '혁신'을 제거하고 성실히 세금을 납부한다면, 그 돈은 정부 손을 거친 후 애초에 불공정한 급여 관행으로 피해를 입은 사람들의 손으로 돌아갈 것이기 때문이다.

기업들의 전형적인 보상 철학에 담긴 언어는 나쁘거나 잘못되었다기보다 불완전하다는 게 문제다. 급여를 공정하고 공평하게 지급하겠다는 약속이 빠진 보상 철학은 건전한 급여 환경이 주는 중요한 이점을 놓치고 있다. 우리가 급여에 대한 오해에서 벗어나지 못하고, 능력주의와 성과제를 통한 인재 유치와 유지라는 똑같은 목표에만 신경 쓴다면 앞으로도 불공정 급여 문제는 사라지지 않을 것이다. 급여 체계를 개혁하려면 먼저 보상 철학부터 개혁해야 한다.

현행 보상 철학은 기준이 지나치게 낮게 설정되어 있다. 기존 보상 철학의 대부분은 회사가 따라야 할 대략적인 윤리 기준을 설명하는 데만 치우쳐 있다. 이것은 당연하고도 필요한 일이지만, 신의성실의 급여 원칙을 실천하는 기업이라면 더욱 구체적으로 자신들의 의무를 명시해야 한다. 많은 기업에서는 공정 급여 시스템을 조성하기 위한 운영 방법을 더 자세히 설명한 내부 문서를 별도로 두고 있다. 이러한 문서는 일반적으로 인사 부서 외에는 공개되지 않지만, 현명한 기업이라면 이러한 세부 정보를 모든 직원과 주주에게 기꺼이 공개할 수 있어야 한다. 신의성실의 급여 원칙은 이러한 정보를 단순히 '알아야 하는' 정보에서 '직원도 다 같이 알아야 하는' 정보로 확장하는 것을 의미한다. 기업이 인재를 유치하고 유지하기 위해 가장 좋은 방법은 기업에서 일방적으로 정한 두루뭉술한 보상 철학을 직원의 이익을 위한 실속 있는 약속으로 바꾸는 것이다.

무사안일을 추구하며 남들을 따라 하는 현재의 보상 철학은 독창적 사고, 발전, 책임감 등 여러 면에서 보완할 점이 많다. 기업들은 표현 언어에 고심하는 만큼, 이제는 다들 보상 철학의 표현 문구를 바꾸어야 할 때다. 가장 먼저 할 일은 보상 철학의 전형적인 모델에 다음과 같이 신의성실의 급여 원칙을 결합하는 것이다.

"우리의 보상 철학은 전 직원이 기본 생계를 이어가고, 공정하고 투명한 급여를 받으며, 자신들의 기여와 잠재력에 완전히 보상받을 수 있도록 보장함으로써 회사의 전략적 목표 달성에 필요한 인재를 유치하고 유지하는 것을 목적으로 한다."

아니나 다를까, 이와 같은 표현 문구를 담은 내부 문서도 이미 갖춰놓은 회사가 많다. 하지만 이사회가 SEC에 정기적으로 제출하는 대외 문서까지 이 표현을 넣는다면 효과가 한층 강렬해질 것이다. 공정 급여의 의미를 다듬어 넣고 대대적으로 개편한 보상 철학은 시간이 흘러 더욱 예리한 빛을 발할 것이다. 이런 면에서 우리는 제프 베이즈스의 도전을 받아들여야 한다. 이는 모두에게 이익이 되는 일종의 자유시장 경쟁이다.

비즈니스 라운드테이블이 천명한 '괜찮은 급여를 받는 양질의 일자리'와 '임금 평등을 달성하기 위한 전진'이 진심이라면 먼저 보상 철학을 개혁해야 한다. 각 회원 기업은 신의성실의 급여 원칙을 중심으로, 같은 해에 다 같이 공개적으로 보상 철학을 업데이트하도록 합의해야 한다. 그러면 다른 기업들도 따라갈 수밖에 없다. 이인삼각 경기는 계속되지만, 함께 발을 맞추면 훨씬 멀리 갈 것이다.

최소기능급여

온라인 파일 공유 도구인 드롭박스의 개발자는 완제품을 만들기 전에 이것이 어떤 제품이고 어떻게 작동하는지 설명하는 짧은 동영상을 제작했다. 이 영상은 신생 기업의 제품임에도 구매 대기자 명단을 5,000명에서 7만5,000명으로 늘릴 만큼 효과적이었다. 오늘날 드롭박스는 보유 중인 완제품의 연간 매출이 10억 달러가 넘는다.

에릭 리스Eric Ries는 저서 『린 스타트업』에서 이 일화를 널리 소개하면서, 많은 노력을 들여 아이디어를 실현하기 전에 아이디어를 검증하는 것이 얼마나 중요한지를 강조했다. 리스에 따르면 기업은 드롭박스의 사례에서 동영상이 했던 역할, 즉 최소기능제품Minimum Viable Product을 통해 혹시 망할 것 같으면 최대한 빨리 망하도록 노력해야 한다. 최소기능제품은 판매하고자 하는 제품에 대한 시장의 관심도를 저렴한 비용으로 테스트하는 수단이다. 적절한 최소기능제품은 시장에서 소비자들이 제품 차별성에 흥미를 보일 정도로 완제품 못지않은 필수 기능을 충분히 갖추되, 아이디어가 잘못되었다고 판명될 경우를 대비해 비용과 시간을 아끼도록 불필요한 부가 기능은 생략해야 한다.

회사가 급여를 바라보는 관점도 비슷하다. 보상팀도 기왕 실패할 바엔 비용을 적게 들이고 얼른 실패하는 쪽을 선호한다. 여기서는 이를 '최소기능급여Minimum Viable Pay' 접근 방식이라고 명명하겠다. 한마디로 "우리는 당신을 회사에 데려오고(유치), 떠나지 않도록 잔류시키고(유지), 당신이 급여에 대해 불평하지 않게 할 최저액을 지급하겠다"는 뜻이다. 급여 문제는 마치 경제 성장과 물가 안정의 균형을 뜻하는 골디락스의 딜레마와 같다. 급여가 시세에 비해 너무 높으면 직원은 회사에 거의 종속된 채 안주하게 되고, 너무 낮으면 다른 직장으로 떠나거나 아예 처음부터 입사하려 하지 않기 때문이다. 여러분이 다니는 회사는 여러분을 붙잡아둘 정도의 최소기능급여를 정해놓고 있다. 단지 그들이 그렇게 대놓고 말할 정도로 무례하지 않을 뿐이다. 여러분이 회사로부터 찬밥 신세로 대접받지 않으려면 급여가 어떻게 작동하는지 충분히 알아야 한다.

마이크 아이작Mike Isaac이 저서 『슈퍼펌프드』에서 보여준 사례를 봐도 훈훈한 분위기와는 거리가 멀다. 그는 우버가 한창 성장기 때 급여를 지급하던 방식을 다음과 같이 설명했다. "우버는 지원자와 연봉 협상에 들어가기 전에 지원자가 수락할 만한 최저 연봉을 계산하는 알고리즘을 설계했다. 우버는 무자비하고도 효율적인 이 기술 덕분에 수백만 달러의 주식 보상 재원을 마련할 수 있었다."

나는 이 알고리즘이 이직 희망자가 전 직장 급여와 비교해 이직 제안을 받아들일 만한 최저 연봉을 계산하는 데 사용되었을 가능성이 더 높다고 생각한다. 그 의도가 맞다면 덜 사악하겠지만 문제의 소지는 여전하다. 얼마 전까지만 해도 이는 흔한 관행이었지만, 이제는 회사에서 지원자에게 과거 급여 이력을 질문할 수 없기 때문에 많은 지역에서 불법으로 간주된다.

최소기능급여는 기업들이 급여에 관해서 서로 경쟁하지 말자고 합의해서 생긴 산물이다. 대신 기업 문화, 업무의 보람, 일과 삶의 균형과 같은 추상적인 (그래서 더 애매하고 무책임한) 측면을 차별화 요소로 둔다. 이 접근 방식은 기업들에 유용했고, 급여 경쟁을 피하는 것이 기업들 사이에서 오랫동안 표준 모델이었다. 1980년대에 영화감독 조지 루카스George Lucas는 법정 소송에서 다음과 같이 진술했다. "우리가 공유한 규칙, 또는 내가 모두에게 적용한 규칙은 제작사들끼리 서로 직원 영입 경쟁을 해선 안 된다는 것이었다. 우리 모두 그럴 여유가 없기 때문이다." 「스타워즈」 제작진의 상상력으로도 성공적인 급여 경쟁 방식을 고안하지 못하는 마당에 여러분 회사의 인사 부서가 더 창의성을 발휘하리라고는 기대하기 어렵다.

급여 인상은 회사 입장에서 직원의 환심을 사는 방법 중 가장 비용이 많이 든다(그리고 효과도 가장 떨어진다). 연구 결과를 보면 알 수 있다. 직원들이 자신의 급여가 합리적인 금액이라고 생각하고 급여 결정 과정을 신뢰하는 회사라면, 직원에 대한 투자를 점진적으로 늘리려 할 때 시장 임금률을 웃도는 임금 인상보다는 교육 훈련 과정이나 강력한 휴가 지원을 제공하는 등 직원의 성취감을 겨냥한 전략을 택하는 게 낫다. 욕구 5단계설을 주장한 매슬로는 아마 전생에 급여 전문가가 아니었을까 싶다.

인건비 예산을 할당할 결정권을 쥔 보상팀은 언제라도 급여를 올려줄 수 있지만, 다들 과거에 몇 차례 후한 인심을 베풀었다가 뒤통수를 맞은 적이 있다. 어떤 급여 방식을 정했다가 나중에 보니 효과가 없어서 번복하는 것은 실패 사례 중에서도 비용이 제일 많이 드는 최악의 경우다. 우리 급여 담당자들은 모두 인센티브제의 실패를 경험했고, 그래서 인센티브제를 중단하는 대신 기본급을 올려준다. 그러면 이제 특정 집단이 나머지 구성원보다 현저히 더 많은 급여를 받게 된다. 또 우리는 다음 순위의 승급자에게 급여 범위 이상으로 연봉을 올려줬다가 나중에 평범한 성과자로 전락하는 모습을 자주 목격한다. 또는 싱가포르에서 근무했다가 미국으로 복귀한 지 5년이 지나고서 해외 주재 수당을 더 이상 받을 수 없다는 말을 듣고 화내는 임원도 있다. 급여 담당자라면 다들 겪어본 일이다.

안타깝게도 이처럼 특정한 고충을 모면하려는 노력이 대개 불공정 급여의 진원지가 된다. 누군가가 불만을 표출하면 보상팀은 계속 밀고 당기기를 하다가, 결국 보상팀이 예외 조항을 신설하는 것으로 타협을 본다. 이처럼 권력자 한 명 챙겨주려다 전 직급에 걸쳐 파급 효과가 발생하고 결국 전체 시스템이 막히게 된다. 따라서 공정 급여가 표준이 되는 기업 문화를 만들려면 관리자의 행동을 포함해 일관된 정책과 관행을 통해 전사적 노력이 필요하다. 회사의 관점에서 보면 이 편이 공정 급여 시스템을 유지하기 위한 가장 효과적인 도구일 때가 많다. 만약 여러분이 직원의 입장이라면 자신의 급여에 대해 목소리를 높이는 것이 당연히 옳다고 생각하겠지만, 여러분과 회사의 임무는 서로 우선순위가 다름을 기억하라. 여러분은 자신을 위해 급여를 최적화하려 하는 반면, 회사는 시스템에 적합하게 급여를 최적화하려 한다.

회사의 보상 철학을 알아냈다면, 다음으로는 자신의 최소기능급여가 얼마가 되어야 적절한지 파악해야 한다(다음에 나오는 질문은 주로 기업 사무직에 적용된다. 대신 저임금 제조업이나 서비스업 종사자들은 6장에서 설명할 전략을 따르기를 권한다). 자신의 최소기능급여가 얼마인지 알면 공정한 급여를 받고 있는지 판단에 도움이 된다. 다음 질문부터 시작해 보자.

1. 자기 회사의 급여 프로그램은 해당 시장 급여 수준의 몇 퍼센트에 맞

춰 벤치마킹하는가?

2. 벤치마킹하는 시기는 연중 어느 때인가?

3. 벤치마킹 대상은 어느 업종 또는 회사인가?

첫 번째 질문이 중요하지만 특별한 답을 들을 가능성이 없으므로 다시 한번 실망할 마음의 준비를 해야 한다. 보상 철학 측면에서나 산술 계산 측면에서나 가장 일반적인 대답은 회사가 시장의 중윗값에 맞춰 급여 프로그램 목표를 정한다는 것이다. 이는 여러분이 다니는 회사가 다른 기업과 서로 급여 경쟁을 하지 않고 다 같이 비슷한 금액으로 벤치마킹한다는 사실을 더욱 뒷받침한다. 시장 중윗값, 즉 50번째 백분위수는 급여 조사에서 볼 수 있듯 여러분과 같은 직무의 타사 직원들이 받는 실제 급여의 중윗값이다. 구인 공고에서 "경쟁력 있는 급여를 제공한다"라는 문구를 본다면, 이는 대부분 시장 중윗값을 의미한다고 보면 된다.

어떤 회사는 인센티브 프로그램을 벤치마킹할 때 50번째 백분위수보다 위, 가령 60번째 또는 75번째 백분위수를 목표로 한다. 일반적인 접근 방식은 기본급은 50번째 백분위수로 지급하되, 장기적인 성과와 직원 유지를 위해 상여금이나 주식을 더 높은 백분위수로 지급하는 것이다. 50번째와 75번째의 중간인 62.5번째를 척도로 삼는 몇몇 회사도 있다고 한다. 나름 꼼꼼하게 정한 수치 같지만 이에 넘어가지 말자. 정밀하게 보여도 사실 허울일 뿐이다. 마치 중고차 판매원이 팔려는 차의 트렁크를 쾅 치며 "그럼요, 이 녀석은 웬만한 건 다

갖췄답니다"라고 큰소리치는 것과 같다. 하지만 브레이크 라인은 쥐가 갉아먹었을 것이다.

넷플릭스는 페이스북 전 COO이자 『린인』의 저자인 셰릴 샌드버그Sheryl Sandberg가 "실리콘밸리에서 작성된 가장 중요한 문서"라고 극찬하기도 했던 조직문화 가이드를 널리 배포한 바 있다. 여기서 화제가 된 넷플릭스의 보상 철학에 따르면 "전 직원에게 시장에서 최고 수준에 해당하는 급여를 지급"한다고 하는데, 이는 최소한 90번째 백분위수를 벤치마킹했다는 의미다. 이 문서가 사람들에게 시사하는 바가 컸다는 점은 남다른 급여 지급 방식을 택하는 기업이 얼마나 드문지를 말해주는 방증이다. 여러분은 회사가 사용하는 시장의 백분위수를 직접 묻는 것이 가장 좋으며, 인사부가 알려주기를 거부하면 이력서를 새로 다듬어야 할 때다.

두 번째 질문은 타이밍, 특히 회사가 매년 선택한 시장 위치에 맞게 급여 범위를 설정하고자 하는 시점에 관한 것이다. 대부분 시장조사 데이터는 가을에 연 1회 제공된다. 여기에 회사는 1년 내내 급여 경쟁력을 유지하기 위해 약간의 요율을 더해 현재 시장 데이터를 '시점 조정Aging'한다. 만약 여러분 회사의 회계 관리자가 올해 시장 임금이 3% 오를 것으로 예상하고 4월 1일자의 시장 데이터를 10월에 입수했다면, 이제 이 데이터를 원하는 시장 데이터에 맞출 시점을 결정해야 한다. 이 예에서는 다음 해 1월 1일이 된다.

4월 1일자 조사 시세	$90,000
연간 시세 인상률 예상치	3.0%
경과 개월 수(4월~익년 1월)	9개월
시점 조정 반영 인상률(개월/12*연간 시세 인상률)	2.3%
1월 1일자 시세 예상치	$92,070

여기에는 세 가지 전략이 있다. 바로 시장 선행Lead the Market, 시장 후행Lag the Market, 시장 중립Lead/Lag the Market이다. 선행 위치에 있는 회사는 회계 연도 초에 예상 시세와 일치하도록 급여 계획을 짠다. 급여 체계는 통상 1년에 한 번만 검토되기 때문에 시장은 연말에야 선행 기업의 급여 수준을 따라잡을 수 있다. 새로운 인재 유치에 특별히 신경을 쓰고 자금이 남아도는 회사라면 이 방법을 선택할 수 있다. 그 반대인 후행 전략에서는 비용 절감을 위해 연봉 인상 시점인 연말에 원하는 시장 위치에 맞게 급여 계획을 세운다. 많은 기업은 이상적인 절충점으로 중립 전략을 선택해 목표 날짜를 회계 연도의 중간 지점으로 설정한다. 회사의 급여가 시장의 어느 위치에 있는지는 물가 상승률이 낮은 국가보다 높은 국가에서 더 큰 의미가 있지만, 물가 상승률이 높든 낮든 타이밍은 시장 위치를 평가할 때 중요한 잣대가 된다.

마지막으로 벤치마킹할 업계나 회사들의 비교군은 중요하긴 하지만 여러분이 생각하는 이유 때문은 아니다. 대부분 국가에서는 규모가 비슷한 회사들끼리 급여 수준도 비슷하다. 업종이나 심지어 도시,

지역에 따른 편차도 (대기업의 경우) 별로 크지 않다. 이러한 동질화가 나타나는 이유는 기업들이 똑같은 보상 조사에 참여하고, 각 직급에서 중복되는 지원자들을 두고 경쟁하기 때문이다. 예를 들어 댈러스에 있는 글로벌 보험 대기업의 회계 책임자는 옆 동네의 현지 회계 법인의 회계 책임자만큼의 급여를 받지 않는다. 그보다 그는 덴버에 있는 생명공학 대기업의 회계 책임자와 비슷한 급여를 받을 가능성이 더 크다. 왜냐하면 회계 기술은 대체로 업종에 구애받지 않는 데다가, 대부분 비슷한 '직급 체계Job-Leveling' 기준을 사용하는 대기업들 사이에서는 '책임자/이사Director'라는 직함이 같은 의미를 지닐 가능성이 높기 때문이다. 한편 지역 현지 기업에서 책임자라는 직함은 최고위 리더를 가리키지 않는다. 그들은 전국을 옮겨 다니며 근무하는 경우가 별로 없고, 대기업으로 치면 관리자Manager로 불리는 직위에 더 가깝다. 신의성실의 급여 원칙으로 경영하는 회사는 직급과 직함의 명칭에 대한 정보를 기꺼이 제공할 수 있어야 하며, 나아가 비교군으로 삼을 타사에서 쓰는 명칭도 정리해서 제공한다면 더 좋을 것이다.

이쯤 되면 여러분은 궁금한 건 많겠지만 알아낼 수 있는 답은 별로 없을 것이다. 그리고 보상 영역이 역사적으로 블랙박스에 감춰진 이유를 이해하기 시작했을 것이다. 여러분이 자신의 경력과 능력을 여러분 회사에서 목표하는 시장 위치, 시점, 동종업계, 여러분의 실제 직급과 비교해 평가할 수 있게 되면, 시장 경쟁력과 공정성을 동시에 충족하는 급여 범위가 어느 정도인지도 파악하게 될 것이다. 1장에서 급여 담당자들은 몇 가지 정보만으로 상대방의 연봉 수준을 추측해 낼 재간이 있다던 말을 기억하는가? 표준 조건과 급여 조사 패턴을 알면 여러분도 자기 직장의 급여 프로그램이 공정하게 설계되어 있는지, 더 중요하게는 본인이 공정 급여를 받고 있는지 여부를 금세 알 수 있다. 웬만한 보상팀은 이러한 특정 기준에 견주어 급여를 책정하는 방법을 알고 있다. 그러나 그 기준을 딱 충족하는 최저 금액만 지급할 것이다. 한 직원이 연봉 인상을 요구해서 연봉을 올려줘봤자 회사에 딱히 전략적 이점이 없다. 게다가 그가 인상을 요구했다는 사실 외에 다른 정당한 이유 없이 동료보다 더 많은 돈을 주게 되면 새로운 불공정 급여 시스템이 생성된다. 따라서 여러분이 최소기능급여 이상을 요구하려거든, 공정 급여로 나아가는 과정에는 항상 "안 돼요"라고 말하는 악역을 만나리라는 점을 유념해야 한다.

누구에게도 예외 없이 말이다.

가시선

급여 담당자들이 진실하고 고상하다고 여겨온 믿음을 재조정하고 현실과 타협하기 위해 스스로 반복해서 외워야 할 주문이 있다면, 그 문구는 '가시선Line of Sight'일 것이다. 우리는 매일 아침에 출근을 준비할 때나 저녁에 퇴근할 때나 더 고차원의 의식 수준으로 향하듯 "가시선, 가시선, 가시선"이라고 중얼거린다.

보상에서 가시선이라는 개념은 급여를 주는 사람과 받는 사람의 이해관계가 일치해야 한다는 것이다. 내가 만약 롤러코스터 작동자로 고용되었다면, 나는 근무 시간 중에 어떤 사망 사고도 일어나지 않도록 할 의무가 있다. 따라서 운행을 시작하기 전에 모든 이용객이 안전벨트를 잘 맸는지 확인할 것이다. 그러면 놀이기구를 무사히 즐기는 이용객은 물론, 모든 사람에게 이득이 된다.

하지만 내가 통제할 수 없는 것들도 있다. 롤러코스터를 타기 위해 줄을 서는 이용객의 수나 기계의 일반적인 유지 보수 등은 내 소관 밖이다. 그런 내가 이용객 수를 늘리거나 기계를 유지 보수함으로써 인센티브를 받게 된다고 치자. 그러면 나는 건강상의 이유로 놀이기구를 피하려는 고객까지 설득하거나, 승차감을 더 빠르고 부드럽게 만들기 위해 기계 설정을 변경할지도 모른다. 그러면 롤러코스터 소유주를 포함해 전체 시스템을 위험에 노출시키는 셈이다.

가시선은 중요한 개념이지만 제대로 이행하기는 어렵다. 가시선 개념은 모든 보상 계획의 철학적 기초로서, 올바르게 계획하면 직원들이 더 열심히 일하고 새로운 위험을 적절히 감수할 필요가 있을 때 그렇게 하도록 자극할 수 있다. 상여금을 지급한다는 것은 직원이 더 열심히 일한 대가로 추가 보상을 받기 전까지는 최선의 노력을 하지 않는다는 생각을 전제로 한다. 앞으로 살펴보겠지만, 미심쩍은 가설이긴 하다. 추가로 노력을 들이지 않으면 급여의 일부가 날아갈 위험이 있다고 생각할 때(해고되면 급여 전액이 날아갈 위험에 처한다는 사실은 망각하기 쉽다), 직원은 이 추가 보상을 얻기 위해 필요한 노력을 다할 것이란 얘기다. 직원의 눈앞에서 당근을 흔들어 보이고, 그 당근을 보고 열심히 노력한 직원의 성과를 측정하면 만사형통이라고 흔히들 생각한다. 어쩌면 그럴 수도 있지만, 때로는 전혀 그렇지 않다.

잘못된 인센티브에 관한 대표적인 (하지만 진위가 의심스러운) 사례 중에 구소련 시대의 못 공장 이야기가 있다. 이 못 공장은 정부의 계획경제하에서 못 생산량을 간부들이 지시한 목표 갯수에 맞추도록 지시받았다. 목표 갯수가 유일한 지시 사항이었기 때문에, 공장 노동자들은 인센티브를 극대화하기 위해 가능한 한 가장 작고 쓸모없는 못을 생산했다. 간부들은 노동자들의 꼼수를 알아채고는 목표를 할당량이 아닌 중량으로 바꿨다. 그랬더니 당연히 노동자들은 철도용 대못만큼 커다랗고 역시나 쓸모없는 못을 생산하기 시작했다. 우리는 이를 과거 시대의 어이없는 사례라고 웃어넘길 수 있지만, 오늘날 시장에서도 한층 더 심각한 사례가 종종 생기곤 한다.

제약사 퍼듀파마의 영업 담당자는 적어도 2015년까지 의사와의 만남 횟수에 따라 상여금을 지급받은 것으로 알려졌다. 그리고 최고 경영진에게서 오피오이드 성분의 중독성 진통제인 옥시콘틴의 복용량을 필요 이상으로 과다하게 권장하도록 강요받았다. 검찰은 퍼듀파마가 제품 효능을 과장하기 위해 상습적 기만행위를 일삼았으며 그들이 양산한 중독자 치료제로 이득을 얻었다고 주장했다. 이 일련의 소송 이후, 결국 퍼듀파마는 파산 절차를 밟았다.

2016년에 웰스파고 은행 지점 직원들은 보상의 일부를 상품 끼워팔기 실적에 따라 지급받았다. 예를 들어 고객에게 예금 계좌도 개설하고 모기지 대출도 받도록 설득하는 식이다. 인센티브를 양적 측면으로만 제공한 결과 앞서 언급한 못 공장 사례와 비슷한 결과가 나타났다. 은행 직원들은 고객 동의 없이, 때로는 자신의 명의를 사용해 수백만 개의 가짜 계좌를 개설한 것으로 밝혀졌으며, 새 계좌의 비밀번호는 편리하게 '0000'으로 설정했다. 웰스파고는 은행의 궁극적인 가치 저장 수단인 신뢰를 구축하기는커녕, CEO의 퇴진과 27억 달러의 합의금을 물어야 했다.

2019년 페이스북은 정치 광고 담당 영업팀에 커미션을 지급하지 않기로 했다. 언제나 판단은 일이 터지고 나서야 뒤늦게 하게 되는 법이지만, 2016년 미국 대선 때 선거 광고비가 러시아 루블로 지불되었다면 진작에 의심을 했어야 마땅했다. 페이스북의 영업팀은 상여금 기회를 상실한 대신 기본급이 인상된 것으로 알려졌다. 현재 이 영업팀이 사내 다른 부서의 영업팀와 비교해 급여를 얼마나 받고 있는지 궁금하지만, 적어도 그전까지 한동안은 정치 광고 영업팀이 비교적 많은 보수를 받았으리라 짐작된다. 앞에서 말했듯 실패한 보상 제도를 재수습하는 것은 끔찍한 악몽이다. 따라서 처음부터 신중하게 급여 계획을 세우는 것이 가장 좋다.

잘못된 가시선으로 인한 부정적인 영향 중에 가장 흔하면서도 간과되기 쉬운 예는 서비스업 종업원에게 팁을 주는 관행이다. 팁의 역사에 대해서는 논란의 여지가 있지만, 많은 사람은 지금과 같은 팁 문화가 형성된 기원을 1860년 남북전쟁 직후의 재건 시대Reconstruction Era로 보고 있다. 갓 해방된 노예를 전쟁 이후 경제의 일원으로 통합하는 과정에서, 일부 고용주는 직원에게 직접 임금을 지급하지 않고 손님에게서 팁만 받도록 허용했다. 해방된 노예는 여전히 제도적으로 완전한 인격체가 아니었고 더 힘 있는 사람에게 의탁해서 살아야 하는 존재로 여겨졌다.

사회학자 윌리엄 스콧William R. Scott은 1916년 저서 『탐욕의 손바닥The Itching Palm』에서 팁을 주는 행위를 인간 생명의 가치에 대한 정면 공격으로 보았다. 심지어 "팁은 한 미국인이 다른 미국인으로 하여금 열등감을 인정하도록 유도하기 위해 기꺼이 지불하는 돈"이라고 표현했다. 그리고 귀족주의에 반대하는 미국의 건국 정신과 비교해 "미국에서 지불되는 팁 한 푼 한 푼이 미국인의 민주주의 실험을 망친다"라고 주장했다.

스콧에 의하면 "기업들이 미국인 사이에 팁 문화를 정착시켰고 그 수단으로 흑인을 이용"했다. 또한 이 기업들은 성과를 끌어낸다는 구실로 음흉한 급여 계략을 짰다며, 결국 "호텔 관리자가 손님이 종업원들에게 팁을 건네줄 것이라는 전제하에 직원 급여를 조정한다면 스스로 불손한 의중을 입증하는 셈이다!"라고 기술했다. 이 폐단의 잔재는 오늘날에도 남아 있다. 한 연구에 따르면 레스토랑 고객은 일행이 세 명 이상일 때 백인 종업원에게 계산서 대비 평균 19.4%, 흑인 종업원에게 평균 14.6%의 팁을 주는 것으로 나타났다.

미국에서는 여전히 열여덟 개 주가 팁을 받는 업종의 최저임금을 연방 기준보다 낮은 2.13달러로 별도 책정하고 있다. 여기에 팁을 더하면 팁을 받지 않는 직종의 최저임금에 도달하게 된다는 가정이 깔린 계산이다. 당연히 이 주들은 미국 남부에 집중되어 있고, 노예 역사의 유물을 보여주는 결과다. 언젠가 여러분이 이들 주의 식당에서 식사한다면, 여러분이 베푸는 자비심에 따라 종업원이 법적 최저임금을 받을 수 있는지가 결정된다는 것을 기억하기 바란다. 고용주는 종업원들이 팁을 받지 못할 때만 그 차액을 부담한다. 그렇다고 그들이 적절하거나 공평하게 지급하리라는 보장은 없다. 물론 팁 문화를 완전히 없애지는 못할 것이다. 특히 최저임금이 문제가 되지 않는 고임금의 선택받은 서비스업(즉, 커미션 제도에 따라 급여를 받는 사람들)에서는 더욱 그렇다. 하지만 나는 최저임금에 팁을 포함해서 책정하는 방식은 사라져야 한다고 생각한다. 우리는 팁의 영향과 우리의 선택이 현재 시스템에 어떻게 통합되었는지 반드시 인식해야 한다.

이처럼 상여급 제도가 처참히 실패할 수 있으면서 장점은 비교적 적다면, 기업들이 여전히 상여급 제도에 의존하는 이유는 무엇일까? 우리는 왜 보상의 가시선을 그렇게 중요하게 여길까? 그동안 내가 보상 분야에 몸담으면서 목격한 가장 지저분한 분란은 인센티브제에서 누가 무슨 공적을 인정받아 성과금을 탔는지 왈가왈부하는 것이다. 상황이 더 심각해지면 애초에 목표가 과연 현실적이거나 공정했는지 여부를 따진다. 상여급 제도는 직원과 관리자 간의 신뢰를 무너뜨리기에 가장 효과적인 방법이다. 그런데 굳이 상여급 제도를 고집하는 이유는 무엇일까?

상여급 제도가 지속되는 이유는 인센티브로 행동 변화를 유도할 수 있다는 믿음 때문이다. 행동 변화 자체는 기업 환경에서 따로 떼어 측정하거나 증명하기에 적합하지 않다. 사실 나 같은 급여 담당자들은 이러한 제도가 직원들의 올바른 행동을 유도할 수 있는지 알지 못한다. 좋은 실적으로 상여금을 두둑이 받은 영업 관리자는 이제 예전 같은 영업 상술을 발휘하지 않게 될까? 아니면 영업 관리자의 호실적은 훌륭한 신제품 라인을 내놓은 개발팀의 덕을 본 게 아니었을까? 식당 관리자는 카운터 뒤에 냅킨을 숨겨가면서, 혹은 뜨내기처럼 보이는 고객은 불친절하게 대하면서 이윤을 창출하고 있지 않을까? 어떤 회사든 보상의 척도가 될 못의 수량이나 중량만 측정할 수 있을 뿐, 못을 만드는 직원의 속마음은 측정할 수 없다.

실제로 알고 보니 인센티브제를 실시하는 이유에는 다른 요인이 더 많은 영향을 끼쳤다.

- **타성** 남들도 다 그렇게 하기 때문이다. 급여 조사가 이를 증명한다.
- **비용 절감** 실적이 좋지 않은 해에는 상여금을 지급하지 않음으로써 인건비의 일부를 절감할 수 있기 때문이다(또는 팁의 형태로 고객에게 전가한다).
- **책임 전가** 인센티브제를 시행하면 기업이 목표하는 성과 달성 과정에서 기여도를 주장하지 못하는 하급 직원들에게 저임금을 지급할 구실이 생긴다.

최근 넷플릭스 사례에서 알 수 있듯, 절세도 한 가지 요인이다. 2017년 제정된 감세및일자리법Tax Cuts and Jobs Act으로 100만 달러 이상의 임원 성과금은 세금 공제 대상에서 제외되었다. 그러자 넷플릭스는 임원을 위한 현금 상여급 제도를 종료했다. 대신 기본급을 올려서 기존의 상여금 부분을 그 안에 집어넣었다. 이로써 인센티브제의 주된 목적은 상대방에게서 원하는 행동을 유도하는 것이 아니라 시장 수준에 걸맞은 급여를 지급하는 것이었음을 알 수 있다. 2008년 크레디트스위스에서 시행한 상여급 제도는 한층 특이했다. 그들은 일부 직원의 상여금을 2008년 경기 침체로 가치가 증발한 모기지 파생 상품으로 지급했다. 블룸버그에 따르면 그 효과는 회사와 직원에게 상호 이익이 되었다. 크레디트스위스는 부실 자산을 처분해 회사의 대차대조표를 개선했고, 직원들은 나중에 시간이 흘러 상품 가치가 회복되는 과정에서 '대박'을 쳤다.

상여급 제도는 공정 급여 프로그램에서 신중하게 설계되어야 존재 의의가 있다. 특히 상여급 제도가 기계적인 측정 위주의 작업으로 운영되거나, 필수 생계비가 걸린 직원 개인의 위험과 불안을 배제한 채 오로지 팀 목표를 기반으로 하는 이상 더욱 신중하게 시행되어야 한다. 부실하게 세운 인센티브 계획은 신의성실의 급여 원칙에 어긋나며, 공정하고 투명한 급여를 향해 나아가려는 우리의 부단한 노력을 방해한다. 현재 여러분 회사가 인센티브제를 시행 중이라면 목표가 어떻게 설정되었고 지급 결과가 전체 조직도에 걸쳐 얼마나 잘 작동했는지 물어보라. 인센티브를 도입할지 고민 중인 관리자나 보상 담당자라면, 혹은 인센티브제를 시행 중이면서 현행 방식에 문제는 없는지 한동안 재검토한 적이 없다면, 각 목표 설정과 지급금 계산 단계에 앞서 반드시 등급을 세밀하게 조정하고, 잠재적 편향이 개입되지 않았는지 감시하고, 효과적인 예외 조항과 갈등 해결 절차를 마련해야 한다. 그러나 우선 말도 많고 탈도 많음에도 인센티브제를 추구할 가치가 있는지, 또는 기본급 인상이나 주식 보상처럼 좀 더 객관적이고 사심이 덜 개입되는 도구를 통해 더 효과적인 보상 계획으로 대체할 수는 없는지 고민해야 한다.

마지막 체크 사항

급여와 복리후생은 대부분 기업이 매년 지출하는 비용 중 금액이 단연 가장 크다. 대부분 산업에서 안정적이고 성숙기에 이른 기업은 매출의 15~30%를 급여, 복리후생에 지출하며, 서비스업에서는 최대 50%까지 지출한다. 개인의 생활비에 비유하자면 월세나 모기지 대출 상환과 가장 비슷하다. 회사가 급여 예산을 계획하는 방식도 마치 모기지 상환 계획처럼 시간이 지날수록 기계적으로 되어, 참신한 발상이 반영될 여지가 거의 없어진다. 하지만 공정 급여 시스템을 구축하려면 이처럼 타성에 젖은 기계적 접근 방식을 다시 생각해야 한다.

설명에 도움이 될 만한 예로, 여러분이 개 사료 기업을 경영한다고 치자. 여러분은 연 매출 10억 달러를 달성할 만큼 성공했지만, 개 사료는 업종 특성상 불확실성이 크고 경쟁이 치열하다. 원료, 인건비, 사무실 임차, 사무용품, 광고와 같은 확실한 비용 외에도 대출 이자, 보험, 세금 등 불확실한 비용이 추가된다. 또 여러분의 기업은 아일랜드와 네덜란드에 샌드위치식 유령 자회사를 세울 만큼 아직 규모가 크거나 세계적으로 유명하지 않으므로 비용에서 세금 비중이 경쟁 대기업보다 크다. 연말이 되자 순이익이 1억 달러를 넘어섰다. 이제 여러분은 개 사료 기업가로 성공했다. 축하의 박수를 보낸다!

이 여윳돈을 어디에 써야 할까? 이러한 결정을 내리려면 기업의 재무에 대해 기본적으로나마 알아야 한다. 최대한 쉽게 설명할 테니 잠시 살펴보자.

두 가지 선택이 있다. 현금을 들고 있든지, 주주에게 돌려주는 것이다. 둘 다 '기회비용'을 평가하는 것으로 시작해야 한다. 기회비용은 가진 돈을 어디에 지출하겠다고 결정했을 때 그로 인해 포기한 대안의 잠재적 가치다. 만약 당장 영화 관람에 돈을 지출하는 것이 훗날 예금으로 이자 수익을 얻는 것보다 더 개인적인 가치를 제공한다면 영화를 보러 가는 편이 낫다. 그 돈을 예금했더라면 돈이 굳고 이자 수익까지 생겼으리라는 점에서, 영화 관람의 실제 기회비용은 시간이 갈수록 커질 것이다. 10년이 지나 더 높은 비용으로도 여전히 영화 관람을 더 가치 있게 여기게 된다면 영화 관람은 결국 합리적인 선택이었던 셈이다. 물론 우리는 일상적인 선택에서 이렇게까지 꼼꼼히 따지지는 않는다. 하지만 기업들은 큰돈을 투자할 때 항상 잠재 수익이 기회비용보다 클 것으로 예상하는 쪽에 우선순위를 둔다.

가장 확실해 보이는 첫 번째 선택은 회사 내에 현금을 묶어두는 것이다. 그러나 현금을 들고 있는 '방법'에 따라 그 안에서도 여러 선택지가 있다.

- **사업 확장** 현재 개 사료를 온라인에서만 판매하고 있지만 내년에 신
  제품 출시와 함께 오프라인 판매까지 진출하고 싶다면 영업 사원, 회
  계 관리자, 조리사를 더 많이 고용해야 한다. 또한 계약서를 작성할 법
  무 담당 직원, 배송을 처리할 물류팀, 모든 과정을 추적할 기술 시스
  템도 필요하다. 신제품 라인을 출시하는 첫해는 값비싼 교훈의 시간
  이 될 것이다. 이때는 시행착오가 허용되는 시제품 테스트 단계로 더
  이상 돌이킬 수 없다.
- **미래를 위한 투자** 매출이 10억 달러에서 100억 달러로 증가한다면
  생산성을 높이기 위해 사무실 건물을 신축하고 새 설비를 들여야 한
  다. 또한 레시피 개발을 위해 더 좋은 연구실과 조리실도 필요하다. 이
  는 수년간의 시간과 큰 비용이 드는 만큼 계획을 신중히 세워야 한다.
  이때 금리가 낮다면 기업은 개발 자금을 조달하기 위해 현금을 지출
  하는 대신 대출을 받는 쪽을 택할 수 있다. 이처럼 예산을 짜는 과정
  에서 모든 결정에는 제한된 자원의 기회비용이 따른다.
- **만일에 대비한 저축** 모든 기업은 '이익 잉여금'을 따로 비축해 향후 투
  자 자금을 모아놓는다. 내년에 여러분 회사가 식품 안전성 파문으로
  홍역을 치르게 된다면, 모아둔 돈으로 회사 자금이 고갈되지 않게 버
  티고 고객 신뢰를 되찾고자 신제품 개발에 투자할 때 대출 담보로 쓸
  수 있다.
- **대차대조표 재조정** 모든 기업은 회계 목적으로 대차대조표를 기록
  한다. 기업이 소유하고 빚지고 있는 모든 항목의 단면을 보여주는 대

차대조표는 CFO(최고재무관리자)의 성적표와 같다. 부채나 재고 수준이 심각하거나 보유 중인 현금이 투자되지 않고 지나치게 놀고 있으면 주주는 분명 낮은 성적을 매길 것이다. CFO는 조정 압박을 받을 것이다. 자사주 매입도 조정 방법에 포함되는데, 보통 두 가지 효과를 겨냥한다. 첫째, 여유 자금을 투자로 돌려 대차대조표를 더 건전하게 보이도록 하고 둘째, 주식이 저평가되어 있으니 현재 저가 매수에 적기라는 신호를 시장에 알릴 수 있다.

두 번째 선택은 주주에게 돈을 돌려주는 것으로 좀 더 불확실해 보이는 방법이다. 회사가 주주에게 직접 지급하는 경우 이를 '배당금'이라고 하며, 일정 규모 이상의 회사에서는 정기적으로 지급한다. 회사가 주주에게서 주식을 매입하는 자사주 매입도 주주에게 돈을 돌려주는 방법이지만, 편의상 여기서는 직접적인 현금 배당에만 초점을 맞추겠다.

주주 우선주의를 다시 떠올려보자. 현재 지배적인 기업 환경은 기업의 존재 목적이 소유주, 즉 주주에게 이익이 되는 것이라는 전제하에 작동한다. 회사는 모든 비용을 지출할 때마다 대안을 선택했을 시의 기회비용을 따져야 한다. 현금을 들고 있거나, 사업에 재투자하거나, 대차대조표의 구조적 건전성을 조정하거나, 주주에게 스스로 투자하도록 돌려주는 것 중 장기적으로 가장 높은 수익률을 거둘 방법은 무엇일까? 주주는 곧 소유주이고, 한 푼 한 푼이 그들의 몫임을 기억하자. 따라서 경영자는 주주를 대신해 모든 결정을 내려야 한다.

여기서 아직 밝히지 않은 정보가 있는데, 바로 여러분 회사의 개 사료는 무슨 이유에선지 래브라도레트리버만 먹을 수 있다. 다른 견종이 이 사료를 먹으면 탈이 난다. 여러분은 이제 모든 노력을 다했다. 여러분 회사가 래브라도레트리버 전용 사료 시장을 충분히 장악했고 생산 효율성도 최대치에 이르렀다면(식품 안전성 파문은 회사가 비용을 절감하려다 발생한 일이다), 매출이 제로에서 10억 달러로 성장하던 예전만큼 급성장하지는 못할 것임을 깨닫게 된다. 투자자들은 초조해진다. 동시에 전체 주식시장이 여러분 회사 주가보다 빠르게 상승하고 있다면 합리적인 주주들은 돈을 돌려받고 다른 종목에 투자하려 할 것이다. 여러분은 3년 내로 모든 견종이 먹을 수 있는 신제품을 출시하고 마케팅할 계획이므로, 주주들이 당장 주식을 팔기보다 계속 보유하기를 바란다. 따라서 매년 현금 1억 달러 중 일부를 주주들에게 돌려주어 주주들이 떠나지 않게 할 것이다. 유틸리티 산업 같은 일부 업종은 정기적으로 배당금을 지급한다고 알려져 있다. 그들의 연 성장률은 거의 정체되어 있지만, 수익은 일정하고 주주에게 유동성 있는 투자 수익이 될 현금 배당을 보장한다. 많은 은퇴자가 배당금으로 생계를 꾸리기 때문에 배당금을 삭감하는 것은 바람직한 선택 사항이 아니다. 게다가 은퇴자들은 시간이 많아서 불만을 표하고 CEO의 퇴진을 요구하는 데도 더욱 적극적일 것이다.

현실적으로 판단하자면 여러분의 개 사료 회사는 돈의 일부는 비축하고 나머지는 배당하는 절충안으로 모든 사람을 만족시켜야 한다. 기업을 경영하다 보면 복잡하고 서로 상충하는 의사 결정을 피할 수 없다. 신제품 개발에 주어진 3년간의 일정은 가시적인 필수 비용이 가장 많이 드는 시기이지만, 앞서 언급한 달걀노른자 분리의 예처럼 비가시적 요소도 중요하다. 개 사료 경쟁업체가 이제 배송 서비스에 뛰어들었거나, 공급업체가 식품 안전성 파동과 관련해 계약 위반으로 공동소송을 제기했다면, 여러분 회사는 이 모든 문제에 한꺼번에 대응할 방법을 찾아야 한다.

마지막으로 남은 선택은 직원 급여를 위한 투자다. 그 외에도 선택지는 너무나 다양하다. 이 선택의 문제를 통과했다고 쳤을 때, 급여 인상을 마지막까지 보류하는 또 다른 이유가 있을까?

경영진은 분기별 또는 연도별 급여 인상률에 비해 급여 인상에 투자한 절대적 금액(얼마나 많은 돈을 지출하고 있는지)에 대해서는 엄격한 평가를 받지 않는다. 여러분 회사의 경영자가 인건비 총액을 3억 달러에서 2,000만 달러만큼 늘리기로 했다면, 급여 인상률은 최근 미국 시장의 벤치마크 수준인 3%의 두 배인 6% 이상이 된다. 그는 내년에 이 급여 인상률 때문에 주주들의 심판을 받을 것이므로, 이번에 유난히 대폭 인상한 인건비가 단발성 투자였다고 해명해야 할 것이다. 그가 앞으로도 시세를 초과하는 급여 인상을 반복한다면, 투자자들은 시장 벤치마크를 따르지 않는 그의 경영 능력을 의심하기 시작할 것이다. 경영자는 헨리 포드, 투자자는 도지 형제가 되는 셈이다. 2,000만 달러가 누구에게 가는지(임원, 중간 관리자, 시간제 직원 등 누구든 될 수 있다) 또는 왜 급여를 올려줘야 하는지 질문하는 사람은 거의 없다. 이 질문은 조직의 훨씬 하부 쪽에 있는 보상팀의 분석 담당 중간 관리자가 알아서 처리할 일이다. 대기업의 고위 간부들은 투자자 역학 관계를 바꿀 수 있는 권한이 있음에도 자기 직속 부하 아래로는 급여가 어떻게 지급되는지, 그리고 사업부에 전체적으로 인건비가 얼마나 할당되는지 등을 거의 알려고 하지 않는다. 그들의 관심사는 단지 3%의 시장 벤치마크를 지키느냐다. 그리고 불법을 저지르거나 회사 얼굴에 먹칠해 자신들을 위기에 처하게 하지 않는 이상, 이런 자잘한 일은 실무자들이 잘 처리해 줄 것이라고 믿는다.

이처럼 벤치마킹에 집착하다 보니 기존 보상 모델로는 다수 인원의 저임금 부문Low-Wage-Volume Job에서 직원 급여를 올리기가 그토록 어렵다. 특별한 공로가 있거나 급여 인상을 강하게 요구한 사람을 한 명 골라 연봉 5만 달러쯤 올려줄 방법을 찾기란 어렵지 않다. 비용은 다른 모든 사람에게 적용되는 3% 인상률의 예외로 취급해 처리하면 된다. 보통의 보상 철학에 따르면 회사는 특정 인재를 영입하고 유지하는 데 필요한 돈을 별로 티 안 나게 쓸 수 있다. 이것은 기업에서 매년 주주에게 해명할 필요가 없는 단발성 투자가 될 것이다. 이번 급여 인상의 수혜자가 내년에도 같은 수준의 인상을 요구할 가능성은 낮기 때문이다. 더군다나 이미 승진했거나 퇴사해서 그의 자리는 더 낮은 급여를 받는 사람으로 교체되어 있을 공산이 크다.

반면에 같은 5만 달러를 저임금 직원 50명에게 나눠주기는 더 어려운 작업이다. 그들에게 1인당 시급을 50센트 인상해 각자 연봉을 1,000달러씩 올려준다고 치자. 이러한 인상은 수년 동안 재정적으로 빼도 박도 못하게 한다. 이를 단발성 이벤트라고 주장하거나, 한번 인상한 후에는 예전 수준으로 되돌릴 길이 거의 없기 때문이다. 이것이 많은 기업이 최저임금 인상에 반대하는 이유다. 직원들이 무더기로 3%의 시장 벤치마크보다 높은 인상률의 급여를 받았다는 사실을 알게 된 상사는 내년에 이런 일이 반복되지 않으리라는 확답을 원할 것이다. 이렇게 되면 겨우 먹고살 만한 수준에도 훨씬 못 미치는 급여를 받는 저임금 직원들에게 끔찍한 문제다. 그들의 임금이 시장 임금률을 따라잡으려면 계속 시장 벤치마크를 초과해 임금이 인상되어야 하지만, 매년 반대에 부닥치니 그러기가 어려워진다. 대부분 직원의 시급이 연방 최저임금 수준인 7.25달러라면 15달러의 문턱에 도달하기 위해 5년 동안 연 인상률은 약 16%(시장 기준의 다섯 배), 시급이 10달러라면 인상률은 9%(시장 기준의 세 배)가 되어야 한다. 이는 CEO가 명시적인 급여 인상 목표를 정할 만큼 하급 직원의 복지에 충분히 관심을 두고, 내분이 예상되어도 개의치 않고, 투자자들의 반응에 대처할 자신이 있지 않고서는 기대하기 힘든 일이다.

경영자들이 시장 임금을 움직일 수 있는 자신의 역할을 인식하고 불공정 급여의 원흉인 이인삼각 경쟁에서 기꺼이 벗어나려고 개입하지 않는 이상, 앞으로도 기업들은 급여를 마치 주택 구매처럼 취급할 것이다. 주택(즉, 여기서는 직원들)을 모기지 대출로 구매했으니 이제 매달 고정 금리를 지불하는 것이다. 주택 보유세는 해마다 약간 조정될 수 있고, 필수 유지 관리에는 일정 금액의 정기적 지출이 필요하다. 그러나 일반적으로 리모델링에 투자하는 것, 즉 여기서는 저임금 하급 직원의 급여를 대폭 인상하는 것은 예산에 포함하기 쉽지 않다. 직접적, 가시적 수익이 적어 보여서 다른 곳에 투자하는 선택보다 기회비용이 낮다고 간주되기 때문이다. 집에 확실히 새 지붕이 필요할 지경이 아니라면 급여 인상을 설득하기 쉽지 않다. 심지어 지붕을 갈아야 할 때도 직원들이 부엌 여기저기에 빗물 받을 물통을 놓고 적어도 한 차례의 겨울은 보내기를 기대하는 회사가 많을 것이다. 반대로 현명한 기업이라면 개혁적이고 포괄적인 보상 철학에 따라 공정 급여를 지급함으로써 주택이 압류되지 않도록 예방할 것이다.

「심슨 가족The Simpsons」의 한 에피소드를 보면 마지 심슨이 가족에게 (당시 고급 가전제품을 취급했던) 샤퍼이미지Sharper Image 같은 상점에서 새 텔레비전을 살 여유는 없다고 말하는 장면이 나온다. 그는 "우리는 어떤 철학이 있는 상점에서 물건을 살 만한 여유가 없다. 그냥 텔레비전만 있으면 된다"라고 말한다. 하지만 급여의 경우 사람들은 경영진이 급여를 단순히 다른 기업을 벤치마킹하는 관행으로, 즉 단순한 텔레비전처럼 취급하는 회사에서 일할 수는 없다. 자사의 보상 철학이 어떻게 전 직원에게 경쟁력 있고 공정한 급여 환경을 제공하는지 설명하지 못하는 회사도 경계 대상이다. 회사에서 지정한 여러분 급여의 시장 위치가 의심스럽다면, 여기에 의문을 제기하지 않을 때 발생하는 기회비용은 너무도 크다.

5장

당신의
가치는 얼마?

소프트웨어 엔지니어인 친구가 좋은 아이디어가 있다며 찾아왔다고 상상해 보자. 그는 소셜미디어 계정과 연동되어 친구들의 소득 순위를 100% 정확히 보여주는 일종의 '급여 페이스북' 같은 앱을 개발해 사람들의 반응을 테스트하는 중이다.

그는 우리가 자신의 모든 것을 온라인에 공개하는 세상인데 급여라고 안 될 게 뭐 있냐고 말한다. 여러분이 이런 앱을 쓸 기회가 주어진다면 사용하고 싶은가? 있다면 누구를 먼저 검색해 볼 것인가? 그리고 여러분의 일이 다른 사람들의 일에 비해 가치가 얼마나 되는지 안다면(완전한 급여 투명성) 임금 정체와 임금 격차라는 두 가지 문제가 해결될 수 있다고 생각하는가?

노르웨이에서 비슷한 시도를 한 적이 있다. 결론부터 말하자면, 두 문제 중 하나도 해결하지 못했다. 노르웨이에서는 적어도 1882년 이래로 소득신고 내역이 공개 정보였다. 2001년까지 누구나 현지 세무서를 방문해 다른 사람의 소득 확인을 정식으로 요청할 수 있었다. 2001년 이후에는 온라인으로 검색 가능한 데이터베이스가 등장하면서 절차가 훨씬 쉬워졌다. 찬 바람을 뚫고 세무서까지 자전거 타고 가는 수고를 할 필요가 없으니 남의 급여를 훔쳐보는 것도 가능해졌다. 한때는 전문 개발자들이 페이스북 등에서 얻은 데이터베이스를 취합해 친구의 소득 순위를 생성할 수도 있었다. 한창때에는 이러한 사이트가 유튜브보다 인기가 많았고, 노르웨이 국민은 날씨보다 소득신고 내역을 자주 검색했다. 이런 재미는 쭉 이어지다가 2011년 정부가 상업적 목적으로 이 서비스를 이용하는 것을 금지하고 나서야 주춤했다. 2014년에는 익명 검색이 금지되면서 규제가 더욱 강화되었다. 여전히 상사의 급여가 얼마인지 조회할 수는 있지만, 이제 상사에게 조회 사실이 이메일로 통보되므로 다음 회의 때 분위기가 다소 어색해질 것이다.

노르웨이의 오랜 급여 투명성 문화는 국가적 자랑거리이자 공정 급여 정신에 부합하지만 임금 불평등을 해소하기에는 충분하지 않다. OECD에서 수집한 데이터에 따르면 노르웨이의 남녀 임금 격차는 7%다. 성별 격차는 임금의 공정성을 측정하는 여러 기준 중 하나로, 남녀 간의 실질 임금 차이를 계산한 값이다. 직업이나 회사 내 직급과는 상관없다. 회사 내에서 급여 차이가 크다는 것은 대개 고위직 자리에 남성이 여성보다 더 많다는 이유 등으로 대표성 격차가 있다는 의미다. 임금 격차가 7%인 노르웨이는 18%인 미국과 같이 급여 투명성이 낮은 국가보다 훨씬 양호하다. 그러나 급여 투명성이 직접

적이거나 절대적으로 성별 격차를 감소시키지는 않는다. 예컨대 루마니아는 임금 격차가 2% 미만에 불과해 노르웨이보다 양호할 뿐 아니라 OECD 국가 중 최상위이지만, 급여 투명성은 낮은 국가다.

그러므로 급여 투명성과 성별 (또는 인종, 그 외 상호 교차적 특성 등) 간 격차는 공정 급여로 가는 여정에서 해결해야 할 유일한 문제가 아니다. 사람들은 공개된 급여 정보를 해석하고, 공정한 방향으로 수정할 수 있고 지속 가능한 급여 체계의 기본 토대를 구축할 방법을 찾아야 한다. 실제 급여 수준뿐 아니라, 모든 사람이 더 많은 돈을 벌 수 있는 기회도 중요하다. 많은 사람은 임금 격차가 2%인 루마니아에서 저평가된 급여를 받으니 임금 격차가 18%인 미국에서 저평가된 급여를 받고 일하는 쪽을 선호한다. 왜냐하면 미국이 루마니아보다 임금 격차는 더 커도, 급여의 절대적 금액이 더 많고 경제적 기회도 폭넓기 때문이다. 나는 언젠가 한 프로젝트를 진행하느라 루마니아 부쿠레슈티에서 근무한 적이 있는데, 함께 일한 유통업체가 직원을 붙잡아두지 못해 애를 먹고 있었다. 당시에는 브렉시트가 발효되기 전이어서, 그곳 직원들은 EU(유럽연합) 회원국끼리 자유로이 왕래가 가능한 점을 이용해 같은 직무에 상대적으로 불평등한 급여를 받는 영국으로 이주했다. 영국은 임금 격차가 루마니아보다 여덟 배 높은 16%지만, 기본급이 훨씬 많았다.

어떤 사람들은 이 경제적 기회를 근거로 들어, 미국과 영국 등 선진국의 불공정한 급여 시스템에 심각한 문제가 거의 혹은 전혀 없다고 주장한다. 그들의 논리는 전체적으로 임금이 인상될 여건을 인위적 개입으로 훼손하지 않는 한, 임금 격차는 시간이 지나면 저절로 해결될 이차적 문제라는 것이다. 물론 남녀가 동일 노동에 동일 임금을 받아야 하는 건 맞지만, 이 문제는 시장에서 저절로 해결되게 놔둬야 한다고 말한다. 그리고 사람들(여기서 사람들은 여성과 소수자가 집중된 저임금 종사자를 말한다)에게 느긋하게 현재를 즐기고 이 나라에 살고 있어 감사하게 생각하라고 말한다.

이러한 시장이냐 평등이냐 간의 양자택일은 사실 불필요하다. 임금 격차를 줄이는 동시에 모두를 위한 더 커다란 경제적 기회도 창출할 수 있다. 급여 투명성을 추구하는 움직임이 널리 퍼지고 그 결과로 임금 격차 문제가 그 어느 때보다 수면 위로 드러나게 된다면, 우리는 전체 시스템을 한 번에 개선할 수 있는 더욱 효과적인 방법을 터득할 수 있을 것이다.

급여 체계가 더욱 투명해지는 세상은 반드시 도래할 것이다. 더불어 임금 격차가 용인되지 않는 분위기도 형성될 것이다. 구글, 마이크로소프트 등 여러 고연봉 회사에서는 직원들이 자기네 급여표를 비밀리에 취합하고 이를 폭로함으로써 스스로 문제를 해결하고자 나섰다. 이러한 추세가 계속될 것으로 예상된다. 블라인드Blind 같은 급여 공유 앱과 레벨스Levels.fyi, 샐러리닷컴Salary.com, 글래스도어Glassdoor 등 공개 사이트는 처음에는 제공하는 데이터 질이 조악해서 급여 담당자가 무시하기 일쑤였지만, 이제는 점점 더 정교해지고 있다. 기업은 책임감을 높이고, 급여에 관한 껄끄러운 대화를 서슴없이 나누는 이 새로운 표준을 받아들여야 한다. 기업이든 직원이든 (기왕이면 둘

다) 이 변화에 가장 잘 준비된 사람, 더욱 투명해질 급여 데이터를 정확히 이해하고 공정성에 대한 모든 사람의 공통된 기대감을 일으킬 수 있는 사람이 승자가 될 것이다. 우리 모두 이러한 변화를 앞당기도록 노력해야 한다. 하지만 적어도 이 장에서는 특히 현장에서 비밀리에 급여표를 취합하고 폭로의 칼을 갈고 있을 직원들이 더욱 설득력 있는 데이터 포인트를 확보하는 방법에 주안점을 두고자 한다.

고의적 불공정

내가 생각하기로 공정 급여를 방해하는 사람들(즉, 시장만 추종하거나 구조적 사각지대를 방치하는 사람들)은 현재의 급여 방식을 바꾸면 기업 혁신이 억제되거나 진정 뛰어난 성과자에게 보상할 방법이 없어질 것이라고 걱정한다. 나는 스타트업 세계나 야심 찬 경영진을 둔 모든 기업에서 이런 우려의 목소리를 자주 들어왔다. 대부분 회사에서 직원들의 급여를 산정하는 방식 차이를 분석하기 전에, 특정 기업이나 특정 슈퍼스타 직원을 공정 급여의 예외로 인정해 주는 것이 문제 해결이 아니라 오히려 문제의 원인인 이유를 설명하고자 한다.

기업 혁신과 관련해서라면 프로그래머이자 기업가인 폴 그레이엄Paul Graham이 2016년 게시한 「경제적 불평등Economic Inequality」이라는 짧은 글은 비록 혁신을 주제로 쓴 글은 아니지만 참고할 만하다. 창업가들 사이에서 정신적 지주와도 같은 그레이엄은 이 글에서 "부의 격차가 크다고 이를 제거하려다가는 모든 스타트업이 사라질 것"이라고 말했다. 과장법이 좀 섞였을지 몰라도, 어쨌든 그는 스타트업이 사실상 불평등을 직접적으로 야기할 수 있음을 인정했다. 하지만 동시에 경제 전체적으로는 그들이 무에서 유를 창출함으로써 더욱 광범위하고 긍정적인 효과를 일으켜 이 불평등을 상쇄한다는 것이다.

무에서 유를 창출하는 것도 좋지만, 나는 그레이엄이 사회에 이로운 스타트업과 해로운 스타트업을 구별했더라면 더 좋았겠다는 생각이 든다. 모든 스타트업(덧붙이자면 기존 기업도 마찬가지다)이 공정 급여를 지향하는 급여 체계를 구축한 것은 아니다. 의도적으로 공정 급여에서 비껴가는 급여 체계를 설계한 기업도 일부 있다.

창업자들이 공정 급여를 중요시하는 기업을 세우려면 어떻게 해야 할까? 간단히 말하면 저임금과 불평등을 새로이 조장하는 캐치프레이즈를 내걸지 말아야 한다. 창업자들은 처음부터 자신이 선택하는 비즈니스 모델이 곧 신의성실의 급여 원칙을 실천할 의지의 여부를 반영한다는 점을 인식해야 한다. 몇몇 유명 스타트업(현재 일부는 대기업이 되었다)의 기업 강령에 신의성실의 급여 원칙을 적용해 보자. 배달 기사의 기본급에서 팁을 공제하는 기업은 '사람들에게 가능성을 연결(페덱스)'한다고 볼 수 없다. 운전기사를 독립 계약자로 분류하고 그들의 법정 투쟁에 항소로 맞불을 놓아 사람들의 경계심을 자극하는 기업은 '기회에 불을 지피고(우버)' 있지 않다. 그리고 회사를 거의 파산시킬 뻔해 사임하는 CEO에게 10억 달러를 주는 기업은 '세계의 의식을 고양(위워크)'한다고 말할 자격이 없다.

공정보다 혁신이 먼저라는 사고방식은 대기업 사이에도 만연해 있다. 구글의 전설적 인물이자 전 최고인적자원책임자였던 라즐로 복Laszlo Bock은 (구글의 인사 부서는 사람 경영People Operations이라는 명칭으로 불린다) 구글이 전 세계에서 일하기 좋은 직장 순위에 수십 차례 오르는 데 일조했다. 셀 수 없이 많은 기업이 구글의 문화와 근무 환경을 모방하려 애썼다. 또 전체 시장에서 (사무직에만 한정하더라도) 급여와 복리후생의 표준에 영향을 미치고 이를 개선하는 일에 구글만큼 노력을 쏟아부은 기업은 내가 알기로 거의 없다. 그러나 저서『구글의 아침은 자유가 시작된다』에서 설명했듯, 라즐로 복이 보상 업계에서 특히 유명세를 치른 것은 본인도 도발적이라고 인정한 아이디어 때문이었다. 바로 기업들이 의도적으로 '급여를 불공정하게 지급'해야 한다는 것이다.

복이 설명했듯 불공정 급여는 "같은 일을 하는 두 사람 간에도 결과물과 그에 따른 보상은 100배나 차이가 날 수 있다"라고 인정하는 것이다. 그가 말하는 의미는 문자 그대로, 같은 직무에 누구는 1만 달러의 주식 보상을 받고, 또 누구는 100만 달러의 주식 보상을 받을 수 있다는 것이다. 그의 관점에서 공정 급여란 직원의 기여도에 따른 보상을 의미하며, 최고 성과자는 평균 성과자보다 훨씬 더 많은 기여를 한 사람이다. 이것은 가장 전형적 형태의 능력주의로, 기업계의 일반적 인식과 완전히 일치하는 동시에 위험한 사고방식이다.

복은 불공정 급여 시스템이 제대로 작동하려면 급여 프로그램에 '절차적, 분배적 정의'가 모두 갖춰져야 한다고 주장한다. 즉, 직원들이 보상의 과정과 금액, 자격 여부를 신뢰해야 한다. 그렇지 않으면 회사는 '질투와 원망이 가득한 문화'를 키울 위험이 있다. 그의 말이 맞다. 절차적, 분배적 정의를 모두 보장할 수 있다고 믿는 최고의 회사들조차도 의도적으로 불공정한 급여를 지급함으로써 위험을 자초하고 있다. 훌륭한 성과와 얼굴도장 찍기를 혼동하는 회사가 적지 않으니 말이다. 그러다 보니 창출한 결과가 아니라 사무실에 실제로 머물러 있는 시간에 따라 보상이 결정되는 경우가 많다.

물론 이러한 급여 접근 방식은 젠더 역학을 낳는다. 여성이 무급 가사 노동의 육체적, 정신적 부담을 더 많이 짊어져야 한다고 여기는 문화가 계속되는 한, 여성은 유급 노동으로 보상받을 기회를 놓칠 위험이 있다. 신의성실의 급여 원칙이 사람들이 자신의 기여도와 잠재력만큼 완전히 보상받도록 돕는 것을 의미한다면, 성과보다 얼굴도장을 찍는 빈도와 시간 외 근무에 무심코 보상하는 관습을 버려야 한다. 남성들이 여기에 동참하는 가장 쉬운 방법은 딱 주어진 만큼만 일하는 것이다. 퇴근 시간이 되면 사무실을 나오고 내일 아침까지 업무용 이메일을 열지 말기 바란다.

불공정 급여는 회사가 누군가의 꾸준하고 남다른 기여도를 편견 없이 정확히 측정할 수 있고, 직원들 사이에 흉흉한 소문이 퍼지더라도 이러한 불평등한 보상을 수많은 직원에게 해명할 수 있을 때만 가능하다. 글쎄, 잘될는지 모르겠다. 불공정 급여는 직원들의 분노는 물론, 편향되고 심지어 불법에 이를 수도 있는 급여 시스템을 낳을 것이다. 구글은 세계에서 가장 똑똑한 인재들과 다른 어떤 회사와도 비교할 수 없이 풍부한 데이터를 보유한 회사인 만큼, 자기네 급여의 불공정성을 그 어떤 기업보다 잘 측정할 능력이 있을 것이다. 하지만 직원들이 보기에 (아무리 구글이 일하기 좋은 직장으로 선정되었더라도) 구글의 전반적인 급여 문화에는 문제가 있다.

2018년 말, 구글의 사내 성추행 파문 이후 전 세계의 구글 직원들은 여성에 대한 처우에 불만을 품고 파업을 벌였다. 시위에 참여한 직원들이 요구한 다섯 가지 중 두 번째가 "임금과 기회 불평등을 종식하겠다는 약속"이었다. 내가 보기에 여기서 '기회 불평등'이란 문구는 급여와 승진을 심사할 때 실적보다 얼굴도장으로 존재감 각인시키기를 더 중요시하는 풍토를 지적한 게 아닐까 싶다. 여러분이 다니는 회사는 구글만큼 정보 수집력이 뛰어나지 못할 것이다. 그래서 불공정한 급여 지급은 더더욱 현명하지 못한 처사다.

너 자신을 알라

인사부의 한 고위 임원이 「뉴욕 타임스」 한 부를 흔들며 계단을 쿵쾅쿵쾅 내려온다. 그는 보상팀을 향해 씩씩대며 이 기사 속의 유통업체 지점 관리자가 자신보다 두 배나 많은 급여를 받는 이유를 묻는다. 그는 인사부에서 일하긴 했지만 보상 업무를 해본 적이 없으므로(인사부 임원으로 승진하기까지 현장에서 모든 업무를 두루 거쳐야 하는 것은 아니다) 기사의 행간을 읽지 못했다. 팀원들은 다 아는 사실인데,

이를 자신들보다 한참 위인 상사에게 누가 설명해야 할지 서로 눈치만 본다. 마침내 한 팀원이 총대를 메고 입을 연다. "그 회사는 우리보다 훨씬 규모가 큽니다. 우리 회사 지점을 다 합쳐야 그 회사의 부서 하나에 맞먹고, 각 지점 매출은 우리보다 50배나 더 많습니다. 기사에 나온 관리자는 자기 밑에 또 부하 관리자를 두고 있지만, 우리 회사는 그렇지 않고요. 그분은 우리 회사로 치면 지점장에 해당하기 때문에 급여가 더 많을 수밖에 없습니다."

이번에는 다른 회사의 풍경이다. 한 여직원이 미국에서 캐나다 지사로 발령받아 전근을 준비 중이다. 그의 급여는 캐나다 임금 시장의 기준을 적용받게 되었다. 캐나다 시장 임금률은 미국보다 훨씬 낮은 반면, 세금은 미국보다 훨씬 높다. 그는 이러한 이중고도 모자라, 자신이 커다란 잠재력을 지닌 재원으로 인정받고 있음에도 개발 업무를 맡게 된 것에 억울함을 호소한다. 그는 이 조치가 성차별이 틀림없다고 생각한다. 그러자 새로운 상사는 이 직원이 받게 될 새로운 총보상 패키지를 조목조목 설명한다. 의료보험을 직원 부담에서 제외했고, 미국을 떠나 있는 동안에도 장기 급여를 그대로 유지했다는 것이다. 결국 전체적으로 더 이득이었지만 절대적 금액으로 볼 때 기본급이 줄었다는 사실에 여전히 분이 풀리지 않는다. 이제 본사는 간판급 인재를 화나게 했다는 생각에 노심초사하고 있다. 그래서 몇몇 복리후생을 집어넣어서 기존 급여를 유지하면서 고스란히 캐나다 달러로 환산해 지급하기로 양보했다. 그러나 캐나다 직원들도 사람인지라 이번에는 그들이 화났다. 새로 전입한 부하 직원이 상사보다 더 많은 급여를 받다니 말이다! 여직원은 안도했다. 이제 급여 체계가 나라마다 다르다는 걸 깨달았지만, 더 이상 자신에게 손해가 아니므로 항의할 필요는 못 느낀다. 한편 본사는 이 직원의 인사 발령을 후회한다. 그가 미국 본사로 복귀했을 때 급여가 다시 원상 복귀될 텐데, 앞으로 이 싸움을 어찌 치를지 난감하다. 두말할 나위 없이, 그는 미국으로 복귀하면 연봉 인상을 원할 것이다.

이번에는 어느 CMO(최고마케팅책임자)의 비서가 COO의 비서보다 자신의 급여가 낮은 이유를 궁금해한다. 그는 COO의 비서와 급여에 관해 대화하다가, 두 사람이 '동일 노동에 대한 동일 임금'을 받고 있지 않다는 것을 깨달았다. 회사 내에서 각자의 위치에 차이가 있다는 점은 인식하지 못한다. 마케팅팀의 업무는 대개 공급업체와 협력하는 것이므로 전 세계에 흩어져 근무하는 무수한 직원을 관리하는 운영팀에 비해 규모가 작다. COO는 회사 경영을 총괄하는 CEO 바로 다음 서열이어서 CMO보다 높은 호봉이 적용된다. 게다가 COO의 비서는 업무가 훨씬 복잡하고, CMO의 비서보다 경력이 10년 더 많은 선배였다. 그는 총무팀이 고위 임원들과 직결된 업무를 맡는 만큼, 임원을 제외하고 그 어떤 부서보다 매년 면밀하고 특별한 감사 대상이 된다는 사실을 전혀 인지하지 못한다. 보상 책임자는 총무팀을 건드리는 것이 초보적 실수라는 것쯤은 오래전에 터득했다.

각각의 이야기는 급여에 대한 타당하고도 이해할 만한 우려를 나타내는 사례다. 하지만 전 세계 보상팀에겐 며칠을 허비할 만큼 골치 아픈 문제다. 어떤 회사의 급여 시스템이 비록 불공정해 보이고 직원들에게 소외감을 줄지라도, 알고 보면 생각보다 더 많은 고민과 엄격한 절차를 거쳐 탄생한 결과일 수 있다. 그게 아니면 즉시 바로잡아야 할 심각한 실수가 있는 것일 수도 있다. 이 둘을 구별할 줄 알아야자기 일의 가치와 급여 인상을 위한 투쟁 시점을 결정할 수 있다. 그리고 그 시작점은 국가나 직군, 팀 내에서 자신의 비교군을 (자신을 누구와 어떻게 비교할 것인지) 아는 것이다.

노르웨이의 조세 제도를 다룬 한 연구에 따르면 급여 수준이 기본 생계를 충족하기에 충분하다고 가정할 때, 급여 액수 자체보다 동료와의 상대적 격차가 만족도를 좌우하는 더 중요한 동인이라고 한다. 한마디로 사람들은 자신과 동등한 위치에 있다고 생각하는 동료보다 많은 급여를 받으면 만족하고, 그 반대면 불만스럽다. 이 연구는 저소득 가정이 고소득 가정보다 소득 투명성 확대에 반대할 가능성이 더 크다는 점을 밝혀냈다. 연체된 고지서나 이루지 못한 꿈 등의 이유로 매일 열등감을 떨치지 못하는 사람들은 남에게 자기 소득을 밝히고 싶어 하지 않는다.

어떤 비교군이 자신과 동급인지를 명확하게 파악하기는 어렵다. 이 정보를 스스로 찾으려 할 때, 특히 이용자가 직접 급여 정보를 올리는 급여 사이트를 이용하면 더 문제가 될 소지가 있다. 앞서 언급했듯 '자기 직함 더하기 급여'라는 식으로 온라인을 검색할 때 나오는 정보가 이에 해당한다. 이러한 사이트는 두 가지 유형이 있다. 첫 번째 유형은 구인 사이트로, 구인 기업은 어떻게든 급여 액수를 부풀려서 게시할 유인이 강하다. 그들만이 제공할 수 있는 더 좋은 일자리를 빨리 잡아야 한다는 절박함을 구직자 마음에 일으키기 위해서다. 두 번째 유형은 누구나 자신의 직업과 급여 정보를 직접 올릴 수 있는 이용자 기반 사이트다. 군중의 지혜로 충분한 정보가 모이면 정확한 결과를 나올 것이라는 생각이 바탕에 깔려 있다. 현재 이러한 사이트의 데이터 품질은 급여 담당자들의 기준을 충족하기에는 신뢰도가 떨어지기에 우리는 이러한 사이트를 무턱대고 믿으면 절대 안 된다. 물론 이용자 기반 사이트도 시간이 지나면 개선되고 신뢰성이 높아져 우리가 공정 급여로 가는 과정에서 중요한 한 축을 담당할 것이다. 그러나 현재로서는 이 데이터를 근거로 급여 인상을 요청할 경우, 많은 보상팀은 진지하게 받아들이지 않을 것임을 알아야 한다.

이용자 기반 사이트의 데이터와 기업들이 급여 산정 시 이용하는 공식 급여 조사상 데이터의 차이는 데이터를 수집하는 방법에 달려 있다. 공식 설문조사에서 얻을 수 있는 데이터는 세부적이고 표준화되었으며 완전하다. 예를 들면 급여 전문가인 나는 전문가 수준의 이스라엘 출신 데이터 과학자에게는 얼마 정도의 급여가 적당한지의 범위를 확실히 찾을 수 있다. 설문조사 기관들은 내가 비교군으로 선별한 회사들에 재직 중인 모든 이스라엘 출신 전문가급 데이터 과학자에 대한 실제 급여 데이터를 종합적으로 제공하기 때문이다. 만약 여러분이 그러한 과학자라면, 여러분의 급여도 (익명으로) 이 조사 기관에 제출되었을 것이다. 하지만 안타깝게도 여러분은 이스라엘 출신 전문가급 데이터 과학자인 동료에 대한 이 데이터를 입수할 수 없다.

반면 이용자 기반 사이트의 데이터가 정확해지려면 '전문가'라는 단어에 대한 정보 제공자들의 인식이 동일해야 하고, 사실은 단순히 데이터 보고 전문가Data-Reporting Specialist지만 스스로 데이터 과학자Data Scientist라고 하는 등 자기 직무를 한 단계 수준 높은 직무와 착각하지 않아야만 가능하다. 보고 전문가가 자신을 데이터 과학자로 분류해 급여 정보를 입력하면 자기 급여가 적다고 느낄 수밖에 없다. 하지만 여러 회사 사람들의 직무를 표준화하고 진정한 비교군을 분류하는 작업은 어렵고 시간이 많이 소요된다. 그래서 기업들은 조사 업체에 기꺼이 비용을 지불하고 이러한 전문 서비스를 이용한다.

회사는 더욱 완전한 데이터에 접근할 수 있으므로 정보력 면에서 직원보다 우위에 있다. 이를 '정보 비대칭'이라고 한다. 인터넷에서 검색한 데이터는 기업이 보유한 데이터와 질적으로 동급이 아니므로 여러분이 자신의 급여를 평가하고 인상을 요구하려면 구글 검색 이상의 무언가가 필요하다. 자신의 진짜 비교군이 누구인지 알아내기 어렵거나 현재 자신이 알고 있는 정보가 옳은지 확인하려면 조직 내부의 도움을 받아야 한다. 그래야 정확한 질문을 제기할 수 있다.

우물 안 개구리

여러분의 회사가 급여 정보를 투명하게 밝히지 않고, 필자처럼 급여 담당자로 일하는 친구가 주변에 없다면 진정한 비교군을 찾기 위한 다음 단계는 자신과 같거나 대체 가능한 직무에 있는 사람들을 찾는 것이다. 그러려면 먼저 여러분의 정확한 직무를 설명하기 위해 여러 용어의 의미를 명확히 해야 한다.

이것은 단순명료하지만, 지나치게 세세한 것까지 신경 쓰는 급여 담당자나 기업 입장에서는 그렇게 단순하지만도 않다. 특히 구성원 직함에 '총괄Head', '고객 경험 록스타Customer Experience Rockstar', '크리에이티브Creative' 등을 갖다 붙이는 곳이라면 더욱 그러하다. 사무라이라는 직함도 등장할지는 잘 모르겠지만, '닌자Ninja'라는 단어가 포함된 직함은 2015년 이후 140% 증가했다. 통통 튀는 직함을 지으면 젊고 재치 있으며 수평적 조직 같은 인상을 주기도 한다. 하지만 섣불리 특이한 직함을 짓다가는 사람들이 자신의 직급과 진정한 비교군을 파악하기에 혼동을 일으킬 수 있어, 더욱 공정한 조직을 만드는 데 역효과를 낼 수 있다. 의도적이든 아니든 이러한 혼동은 늘 회사에 유리하게 작용한다. 모호한 직함은 공통된 정의가 없는 (예컨대 동일 노동 동일 임금의 원칙에서 '동일 노동'의 의미와 같은) 규준에 대해 회사가 책임지지 않겠다는 뜻을 함축한다. 이 회사들은 대외적으로 내세우는 직함과 별개로, 십중팔구 다른 회사들과 똑같이 급여 조사의 표준에 맞춰진 대내용 직급 체계를 갖추고 있다.

자신의 가치(한 인격체로서가 아니라 현 자본주의 사회의 일반적 노동 모델에서 상정하는 급여 기준에 따른 가치)를 알려면 먼저 회사의 관점에서 자신이 하는 일이 무엇인지 알아야 한다. 여러분에게 일이란 자신이 해야 할 일련의 작업이라 볼 수도 있고, 평일에 비누 맛이 나는 커피를 마시며 출근하는 장소로 볼 수도 있다. 일단 여러분 명함에 구체적으로 '남서부 지부 마케팅팀 수석 관리자'라고 적혀 있다고 치자. 확실히 모르겠다면 인사부에 직무기술서를 보여달라고 요청하라. 직무기술서는 자신이 수행할 것으로 예상되는 업무를 개략적으로 설명하는 문서다. 이 문서는 사무용 프로젝터 옆의 파일 속 어딘가에 파묻힌 채 방치되어 있을 것이다. 일반적으로 직무기술서가 작성된 지 오래되었을수록, 여러분은 자신이 공정 급여를 보장받고 있는지 더욱 의심해야 한다. 직무기술서는 급여 산정의 기준이 되는 만큼, 여러분은 실제로 현재 자신이 하는 일과 직무기술서가 일치하는지 확인해야 한다. 상사나 인사 담당자가 이 문서를 유지 관리해줄 것이라 기대하지 말고 1년에 한 번 직접 확인하라. 직무기술서를 찾거나 접근할 수 없는 경우, 직급 설정 지침을 참고하고 관리자에게 해당 직무에서 요구되는 사항을 문의하면 된다. 그런 다음 관리자와 인사 부서의 이러한 요구 사항을 내용에 포함한 직무기술서를 직접 작성하라.

직무기술서에는 최소한 회사에서 자신의 위치를 이해하는 데 도움이 될 몇 가지 기본적인 식별 요인이 들어가야 한다. 먼저 가장 기본적인 단위는 직함으로, 직위, 직무군, 직급과는 다른 개념이다. 앞서 예를 들었던 남서부 지부 마케팅팀 수석 관리자라는 직함을 순서대로 분해해서 살펴보자.

- **직위**Position - **남서부 지부** 직위는 회사에서 고유한 정원이 할당된 자리를 말한다. 직위는 많은 사람이 동시에 겹칠 수 있는 직무와 다르다. 예컨대 만약 회사에서 일시 해고를 단행해 누군가의 직위가 사라

졌다면, 해당 직무에 있는 모든 사람이 아닌 그 사람의 자리가 없어졌다는 뜻이다. 한 직위에는 이에 걸맞게 직무기술서 대신 '직위기술서Position Description'를 갖추기도 한다. 때로는 급여를 대신해, 혹은 외부 고객에게 더 무게감 있는 인상을 줄 목적으로, 회사가 아닌 사업부에서 자체적으로 명명하는 부차적 직함인 '명패용 직함Desk Title'을 두기도 한다. 나는 경력 초기에 해외 출장 시 특정 회의에 참석할 때 문화적 규범을 의식해 나의 명패용 직함을 거창하게 짓곤 했다. 하지만 그렇다고 내가 공식적으로 그만큼 더 중요한 직책을 맡고 더 많은 급여를 받을 자격이 있다는 의미는 아니었다. 예컨대 '고객 경험 닌자'는 명패용 직함의 예이지만, 보상팀에서 급여 조사를 검토할 때 사용하는 공식 직함은 '고객 지원 담당자 1번' 같은 식일 것이다. 급여가 직위를 기준으로 정해지는 건 아니지만 많은 회사에서 지리에 따른 조정을 적용한다. 예를 들어 북동부 지부의 직위는 남서부 지부보다 급여 범위에 10% 높은 프리미엄이 붙을 수 있다. 일선 임원과 같은 특정 직급 위로는 지역이 아닌 국가를 기준 단위로 삼으므로 이러한 지리적 차이가 사라질 것이다. 여러분의 회사에서 이러한 유형의 프리미엄을 적용하는지 여부를 알아야 하며, 직함의 변경이 자신의 직급에 어떤 영향을 끼치는지 알기 전까지는 새로운 직함을 수락해서는 안 된다.

- **직무**Job – **마케팅** 직무는 자신이 수행해야 하는 핵심 업무의 총합이다. 이 예에서 마케팅팀은 마케팅 전략을 짜거나 어떤 캠페인이 가장 효과적인지 분석하는 임무를 맡을 것이다. 회사 내에서 다른 직원들은 여러분과 같은 직무를 다른 부서에서 수행할 수도 있다. 남서부 지

부 관리자와 북동부 지부 관리자는 배정된 업무(직무)가 같지만, 지역이나 책임(직위)이 다르다. 어림잡아 어떤 직무를 맡은 직원의 80%는 외형상 업무가 서로 같아야 한다. 그렇지 않다면 잘못된 직무나 직급이 주어진 셈이므로 급여도 잘못 책정되었을 가능성이 있다.

이제 급여가 실제로 어떻게 설정되는지 알아보겠다. 시장조사 데이터는 직무와 표준화된 직급의 조합으로 구성되는데, 이 예에서는 마케팅 운영(직무)과 수석 관리자(직급)가 조합되어 있다. 이 남서부 지역의 데이터만 보려는 게 아니라면 남서부 부분은 빼도 된다.

급여 조사에서 자신에게 해당하는 시장 임금률을 찾으려면 조사 업체의 '직무 라이브러리Job Library'에서 자기 업무와 가장 성질이 비슷한 직무를 찾아 대응해야 한다. 직무 라이브러리는 모든 고객사가 보편적으로 이용할 수 있는, 직무를 요약한 방대한 목록이다. 직무 라이브러리는 흥미로운 어감만큼 보는 재미도 있다. 직무 라이브러리에 요약된 직무 목록 중 자신이 해당하는 직무를 연결하는 것을 '직무 매칭Job Match'이라고 한다. 직무 매칭은 자신이 시장 경쟁력 있는 급여를 받고 있는지를 가늠할 때 가장 중요한 정보다.

직위 > 직무 > 직급 > 직무 매칭 > 시장조사 데이터

각 매칭 결과를 시장조사 데이터와 비교하는 방법은 다음 세 가지가 있다.

- **벤치마킹** 대부분의 회사는 회사에 중요하고 설문조사에서 공통적인

핵심 직무 매칭의 하위 집합을 이용해 '벤치마크'를 설정한다. 다음 단락에서 설명하겠지만, 벤치마크는 급여 범위의 기초가 된다. 시장 임금률과 가장 가깝고 직원들에게 해명하기도 더 쉬운 방법이어서 회사들은 이 접근 방식을 선호한다. 설문조사에 참여하고 해당 직무 매칭에 따라 직원을 배치하는 회사들은 모두 직원의 실제 급여 데이터를 제출한다. 직원이 급여가 부족하다고 느낀다면 가장 그럴듯한 시나리오는 자신의 직무와 설문조사상 직무의 매칭 결과가 맞지 않은 경우다. 회사는 일반적으로 직원에게 직무 매칭 정보를 공개하지 않는다. 하지만 매칭 과정은 정확하지 않을 수도 있으니, 그들은 책임의 공유와 성의의 차원에서 최소한 직원이 질문하면 솔직히 답하는 정도의 열린 자세가 필요하다.

- **끼워 넣기**Slotting 때로 시장과 비교하기에는 직무 종류가 지나치게 구체적인 회사도 있다. 예컨대 에너지 음료 회사는 브랜드 전도사 역할을 전담하는 직무가 있을 것이다. 은행에는 특정 거물급 인사를 엄호하기 위한 개인 정보 보호 전문가가 있을 테고, 보험 회사에는 미술품 감정만 전문으로 하는 보험계리사가 있을 수 있다. 혹은 단순히 설문조사 데이터의 신뢰도가 너무 떨어져, 보상팀에서 사용하기 곤란한 이상한 값이 나와 무시해야 할 때도 있다. 이러한 상황이 발생하면 직무를 끼워 넣을 자리를 마련한다. 즉, 가능한 한 조직에 잡음을 생성하지 않기 위해 직감적으로 가장 유사해 보이는 벤치마크 직무에 맞춰 집어넣는다. 그 직무의 가치가 주관적으로 판단컨대 비교 가능한 벤치마크보다 약간 크거나 작다면, 각각 '프리미엄'이

붙거나 '할인'이 적용되어 보통 10%쯤 가감되기도 한다. 이제는 급여 영역의 경계가 갈수록 허물어지다 보니, 과학보다 기예의 경지에 가까워지고 있다.

- **점수제**Point Factor 점수제는 전적으로 평가자의 주관적인 직무 평가에 의존한다. 그리고 설문조사 표준에 맞춰 직무를 배치하는 게 아니라, 특정 조사 업체가 소유한 루브 골드버그 장치(루브 골드버그Rube Goldberg라는 작가의 풍자만화에 등장하는 기계로, 매우 복잡하고 거창한 과정을 거쳐 단순한 결과를 얻는 과학적 장치들을 말한다-옮긴이)를 가지고 각 직무에 점수를 매긴다. 그 결과 점수 범위 내의 모든 직무가 급여 범위에 할당되는 계층 구조가 생성된다. 그리고 가장 많은 총점을 얻은 직무 집단이 가장 많은 급여를 받는다. 대부분 점수제에서는 결과를 검증하기 어렵고 직원들에게 공정성을 믿게 만들기는 더 어렵다. 한 조사 업체가 만든 점수제가 명확한 이유 없이 모종의 기준에 따라 한 직무에는 175점, 또 다른 직무에는 168점으로 점수를 매길 수 있다. 결과적으로 그들은 동일한 급여 범위에 들어갈 수도, 아닐 수도 있다. 다행히도 이 관행은 이제 한물갔지만, 특히 데이터가 조잡하기로 악명 높은 개발도상국에서는 다루기에 '더 쉬운' 방법이다 보니 이들 지역을 중심으로 여전히 쓰이고 있다. 이런 곳에서는 직원이 급여 시스템의 작동 방식을 알고 있는지, 또는 급여에 대해 정당하게 질문할 수 있는 여건이 조성되어 있는지는 부차적 문제다. 여러분이 급여 산정 방식으로 점수제에 주로 의존하는 회사에 다니고 있다면, 자신이 공정 급여를 받는지 알아내는 과정은 매우 험난할 것으

로 예상된다. 보상팀이 조사 업체에서 구매한 데이터를 제대로 설명할 수 없을 것이기 때문이다.

- **직무군** Job Family 직무군은 개인이 선택한 경력 경로를 따라 당연한 수순으로 맡게 될 것으로 예상되는 유사 직무들끼리 묶어놓은 계층 구조다. 마케팅 직능으로 일하는 경우 직무군에는 광고, 소셜미디어, 브랜드 전략, 비기술적 제품 관리와 관련된 모든 직무와 직급이 포함될 수 있다. 대기업에서는 경력 경로를 더욱 명확히 하기 위해 직무군을 하위 직무군으로 다시 세분화하기도 한다. 어떤 기업들은 한 직무군에서 다음 직무군으로 이동하는 것에 대해 엄격한 규정을 두기도 하므로, 여러분은 공정 급여로 나아가는 과정에서 이러한 규정을 숙지해야 한다. 만약 이 규정이 회계나 법무에 관해서 엄격한 기준을 설정하고 관리하기 위한 형식적 절차라면 이러한 관행은 딱히 문제 될 것 없다. 반면에 회사가 이런 규정을 독단적으로 마련한 이유가 '다음 서열'의 내정자가 승계하는 관행을 유지하는 방편이라면, 다른 사람들의 경력 경로를 제한함으로써 대표성 격차를 심화할 것이다. 일반적으로 누가 어떤 직무군으로 이동할 수 있는지에 대한 회사 규정이 깐깐할수록, 직무군 간 급여에 상당한 (그리고 아마도 부당한) 격차가 있을 가능성이 크다. 회사는 신의성실의 급여 원칙이 직원들에게 자신의 기여와 잠재력에 대해 완전히 보상받는 데 도움이 된다는 사실을 기억하며, 자체 보직 변경 규정이 타당한지 평가해야 한다. 어떤 유능한 직원이 한 직무군에서 다른 직무군으로 문제없이 이동하고 새 직무를 잘 수행할 수 있다면, 직무군 간에 상당한 급여 격차가 존재하

는 이유를 정당화하기 어렵다.

- **직급**Job Level 분석가Analyst, 수석 관리자Senior Manager, 부사장Vice President 등. 직급은 어떤 직무의 상대적 역량, 계층 구조, 권한을 기술하는 방식을 표준화한 것이다. 직급은 그 사람이 해결해야 하는 업무의 난이도를 나타낸다. 또 직무기술서상의 식별 요인 중 가장 불분명한 개념이므로, 오해와 그로 인한 불공정한 급여 결정을 자주 초래한다. 회사마다 직급의 정의를 공식으로 정해놓은 표준이 있겠지만, 실제로 적용되는 방식은 사업부(또는 개인)마다 달라질 수 있다. 회사 전체의 직급별 직무 기대치를 정기적으로 조정하는 것은 공정 급여를 위한 필수 과정이다.

특정 직급에 배정된 모든 구성원은 마케팅, 인사, 업무용 항공기 관리 등 어떤 업무를 맡든, 각자 직급에 규정된 임무를 수행함으로써 회사 전체의 성공에 기여할 의무를 진다. 각 직급의 정의는 사내 '직급 설정 지침Job-Leveling Guide'에 기록된다. 로제타석과 비슷한 이 문서를 통해 자신이 적절한 직급에 있는지 평가하고, 승진을 앞두고 급여 협상 때 활용할 수 있는 구체적인 핵심 문구를 찾을 수 있다. 직급 설정 지침에 나타나는 관리자와 수석 관리자 간의 전형적인 차이점을 고려하라. 둘의 차이는 미묘하지만, 자신의 업무가 수석 관리자 범주에 속한다면 그에 합당한 급여를 받을 것으로 기대해야 한다.

	관리자	수석 관리자
관리 대상	대졸 이상의 개별 기여자 Individual Contributor(관리 책임 없는 실무자-옮긴이)	기타 관리자 또는 상급 개별 기여자
관리 업무	직속팀의 성과 관리 및 일상적 기술 지도	관련된 여러 팀 또는 부서 내 하나의 주무팀의 성과 관리. 직접적인 기술 지도는 거의 하지 않음
관리 방법	부서장이 수립한 계획을 실행	계획 수립 후 부서장의 결재
권한 부여 근거	정책	예산

많은 회사에서 직급 설정 지침을 공개한다. 하지만 여러분 회사가 공개하지 않더라도 온라인에서 검색할 수 있는 결과와 별 차이 없다고 보면 된다. 시장조사 업체가 보기엔 회사들이 아무래도 복수의 보상 조사에 참여하기 어렵기 때문에 맞춤형 직급 설정 지침을 제공하는 것이 자신들에게나 고객 회사들에나 실익이 없다.

업종에 관계없이 직급 설정 지침에는 보조자, 전문가(대개 대졸 학력이 요구되는 직무), 관리자, 임원의 네 가지 기본 그룹으로 나뉜다. 어떤 조사에서는 다른 그룹을 추가하기도 한다. 예를 들어 보조자 중에서도 기술 보조와 행정 보조를 구별하기 위해 소위 '블루칼라' 직무를 사무직과 별도로 두기도 한다. 각 그룹에는 계층 구조로 분류된 여러 고정 직급이 있다. 대기업들은 이 직급을 보완하기도 한다. 즉, 설문조사에서 쓰이는 표준 단위를 사용하되, 그 밖에 어중간하게 걸쳐 있는 직급을 '트위너Tweener(중간자)'라고 요령껏 명명하고 두 직급 사이에 집어넣는 식이다. 기술직군과 관리직군의 기여도를 나란히 맞추고 그들의 전형적인 급여 수준을 반영하다 보면, 각 그룹은 특정 단계에서 중첩되기도 한다. 가령 전문가 1그룹(P1)에 속하는 분석가는 보조자 3그룹(S3)에 속하는 수석 기술자와 동급이다. 보조자의 최고 등급은 전문가 2 또는 3그룹과 동급인 반면, 전문가 그룹은 승진과 호봉 승급의 상한선이 더욱 높다.

    대부분 회사의 직급 설정 지침은 다음 표와 유사하다. 여기서 같은 행끼리 급여 범위가 비슷하고, 각 그룹과 숫자를 조합하면 고유한 한 단위가 형성된다. 표를 적용하면 관리자는 M2, 수석 관리자는 M3에 들어간다(그 외에 M1은 감독자, M4는 이사, M5는 전무이사나 부사장급이다). 자기 급여의 시장 표준을 알려면 설문조사상 표기되는 자기 직급부터 찾는 것이 중요하다는 점을 기억해야 한다. 직함은 회사나 산업에 따라 자기네만의 고유한 명칭을 만들기도 하므로 적합하지 않다. 또한 각 그룹에서 가장 높은 직급이 중소기업에는 없는 자리인 경우도 있다.

보조자 SUPPORT	전문가 PROFESSIONAL	관리자 MANAGEMENT	임원 EXECUTIVE
			3
			2
			1
	6	5	
	5	4	
	4	3	
	3	2	
4	2	1	
3	1		
2			
1			

정의해야 할 용어가 아직 더 많지만, 이 정도까지만 합쳐도 자신의 급여 범위를 판단하기에 충분하다.

자기 위치 파악하기

보상팀의 폐쇄적인 블랙박스 밖에서 전 직원이 민감하게 받아들이는 단어가 하나 있다면, 바로 '급여 등급^{Pay Grade}'이다. 대개 형사가 사건을 해결하는 내용의 텔레비전 드라마를 보면, 하급 수사관이 정보를 혼자만 알고 있는 형사에게 따지는 장면이 나온다. 그러면 형사는 대개 "미안하지만, 당신 권한 밖의 일입니다^{Above Your Pay Grade}"라고 말하며 선글라스를 끼고 차 문을 쾅 닫는다. 보통 급여 등급이라 하면 직급과 '급여 범위^{Pay Range}'의 두 개념이 동시에 함축되어 있다. 구체적으로 여러분을 위한 공정 급여가 얼마쯤인지 규정하기 전에, 급여 범위가 돌아가는 방식을 더 자세히 이야기하고자 한다.

급여 범위는 어떤 직무에 주어질 수 있는 임금률로, 그 직무를 수행하는 개개인에 의해 결정되는 것은 아니다. 급여 범위에는 최솟값, 중간값, 최댓값이 있다. 급여 범위는 한 직급에서 다음 직급으로 진급할 때마다 정당한 순서에 따라 올라가는데, 이를 '급여 체계^{Pay Structure}'라고 한다. 대개 급여 범위는 하위 급여 범위의 최댓값과 상위 급여 범위의 최솟값 근처에서 서로 겹친다. 그래서 똑같은 직무에 오랜 경력의 베테랑이 기용되기도 하고 자격을 겨우 충족하는 최근 승진자가 기용되기도 한다. 예를 들어 설명하자면, 다음 표는 한 급여 체계에서 사용되는 세 가지 급여 범위를 발췌한 일부다. 각 직급에는 '등급' 또는 '밴드'라고 하는 포괄적인 숫자나 문자가 붙는다(밴드 기반 범위는 대개 복수의 등급 기반 범위를 포함하므로 더 광범위하다). 대기업에서는 직급당 급여 범위를 여럿 설정하는 경우가 많다.

직급	회사 등급	최솟값	중간값	최댓값
전문가(P3)	42	56,000	66,000	76,000
전문가(P2)	41	48,500	57,000	65,500
전문가(P1)	40	42,500	50,000	57,500

범위의 중간값은 회사의 보상 철학에 따라 대개 시장의 50번째 백분위수로 설정된다. 어떤 회사는 중간값을 최솟값보다 약간만 높게 잡아 중간값과 최댓값 사이의 격차를 더 벌리기도 한다. 하지만 그보다 방금 설명한 대로 정확히 최솟값과 최댓값 사이에 중간값이 위치하는 경우가 가장 흔하다. 최솟값과 최댓값의 차이를 '범위 스프레드Range Spread'라고 하며 위 표에서는 약 35%다. 범위 스프레드에 따라 각 직무에서 급여가 어디까지 오를 수 있는지가 결정된다. 특히 고위직은 60% 이상으로, 대개 조직 계층의 위로 올라갈수록 스프레드도 커진다. 스프레드가 크면 직원들이 바닥부터 빠르게 승진하고 더 고위 직책에 안착해야겠다는 기대를 품을 수 있다. 또한 회사는 외부에서 고연봉, 고위직 인재를 데려올 때 더 유연하게 대처할 수 있다. 다만 이러한 관행은 기존 직원을 뒤처지게 하기 쉬우므로 신중하

게 관리하지 않으면 불공정 급여 시스템의 온상이 될 우려가 있다.

앞의 표에서 '중간값 기울기Midpoint Progression'는 한 등급과 다음 등급 사이에 약 15% 차이를 나타낸다(5만7,000달러와 5만 달러의 차이). 이 백분율은 각국의 경제 성장률, 승진 심사의 빈도에 대한 문화적 기대에 따라 달라진다. 중국과 인도는 급속한 경제 성장으로 급여 범위의 중간값 기울기기 크졌지만, 승진 심사의 빈도가 잦다는 문화적 기대가 있어서 '트위너' 직급을 추가해 이 기울기가 지나치게 가팔라지지 않도록 조절한다. 경제 성장률이 낮고도 안정적이며 사회적 평등이 발달한 덴마크에서 급여 범위는 중간값 기울기가 비교적 완만하고 조사의 표준 결과가 낮은 수준으로 나온다. 전체 급여 체계에 걸쳐 중간값 기울기를 일관되게 유지하는 것이 중요하다. 그러지 않으면 직원은 경력이 쌓일수록 외부 영입 인재에게 뒤처지지 않도록 정기 승급이나 승진 때 더 큰 폭의 급여 인상을 받아내야 한다. 그러나 이 단순한 변화로 급여 체계가 공정하게 개선될 수 있음을 간과하는 회사가 매우 많다.

누구나 급여 범위 내에서 자신의 직무와 직급에 따라 급여를 받아야 한다. 하지만 일부 회사에서는 특정 그룹에 최댓값을 초과하거나 최솟값에 못 미치는 급여를 지급하도록 허용한다. 이러한 예외에는 항상 설명하기 곤란한 정략적 사안이 얽혀 있으며, 직원에게 유리한 경우는 절대 없다. 여러분이 이런 상황에 있다면, 자신의 급여가 왜 급여 범위를 벗어났는지, 그리고 언제 바로잡아 줄 건지 물어봐야 한다. 내 생각에는 급여 범위의 최솟값에도 못 미치는 급여를 지급하는 것은 어떤 이유로도 정당화할 수 없다. 회사가 여러분에게 어떤 직무를 맡겼다면, 회사에서 시장 경쟁력이 있다고 간주하는 급여 범위 내에서 그 직무의 대가를 지급해야 한다. 그러나 여러분이 특히 자신만의 고유한 기술적 재능이 있으면서 회사의 전체 급여 체계상 끼워 넣을 자리가 없는 경우라면 급여 범위의 최댓값을 초과해 지급해도 괜찮은 이유가 된다. 그러나 최댓값을 초과하는 급여도 사실 알고 보면 저평가된 급여일지 모른다. 이를테면 다음 급여 등급으로 승급해야 받을 수 있는 상여금이나 주식 보상이 빠져 있다면 그렇다. 십중팔구 여러분은 다음 단계로 넘어가지 못하고 있을 것이다. 조직 구조상 자기 관리자의 급여 수준을 넘어설 수 없다는 금단의 영역에 부딪히기 때문이다. 대부분 회사는 이처럼 부하 직원 급여가 관리자 급여보다 많아지는 결과로 분란이 생기길 원치 않는다. 하지만 신의 성실의 급여 원칙에 따르면 구성원의 잠재력을 제한하는 것은 용납될 수 없다. 회사가 갈등을 꺼린다고 해서 제 급여를 못 받는 개인이 그 대가를 치러서는 안 된다. 관리자가 부하 직원보다 적은 급여를 받더라도, 타당한 근거와 급여에 대해 더 생산적으로 대화하는 방법을 찾아낸다면 이 문제는 극복할 수 있다.

보상팀은 자신들이 정한 전체 급여 범위가 시장에서 경쟁력 있다고 간주되는 수준에 들어간다고 굳게 믿는다. 급여 범위의 최솟값에서 최댓값까지, 해당 범위 안에서 급여를 받는 전 직원은 회사의 관점에서 시장 임금률에 걸맞은 급여를 받는다는 것이다. 그러나 앞서 살펴봤듯 이 범위는 엄청 넓다. 따라서 같은 직무라도 누군가는 여러분보다 40% 더 많이 번다는 사실을 아는 순간, 보상팀의 확신은 무색해진다. 시장 경쟁력이 있는 급여 범위가 개인의 특정 경력과 기여도까지 반영하는 것은 전혀 아니다. 여러분의 목표와 회사의 목표는 다르다는 점을 잊지 말자. 여러분은 자신에게 가장 유리한 급여를 받으려 노력하는 반면, 회사는 전체에 이익이 되는 방향으로 급여를 지급하려 한다. 그래서 회사에는 같은 직무에도 경력이 많고 직은 직원들이 섞여 있다. 각자 급여 범위에 해당하는 위치는 매우 중요하다. 그리고 이제부터 여러분이 급여 범위에서 자신에게 적절한 위치를 찾아내고 주장함으로써 현재 받는 금액과 받을 자격이 있는 금액의 격차를 좁혀가는 방법을 자세히 살펴보겠다.

예컨대 앞 표의 범위에서 P2 직무에 해당하는 아마라와 마테오라는 두 직원을 관리한다고 가정해 보겠다. 덧붙여 회사에서 급여 범위를 직원에게 공개하지 않는다고 치자. 아마라는 6만 달러, 마테오는 5만5,000달러의 연봉을 받는다. 둘 중 누가 저평가된 급여를 받고 있는가? 혹시 답이 아마라일 가능성도 있을까?

물론이다.

회사가 조사 업체에 급여 데이터를 제출하면 나중에 그 결과를 보고 각 설문조사 직무 매칭에 대한 '시장 평균인Market Person'의 임금률이 얼마인지 알 수 있다. 수백, 때로는 수천 군데의 회사에서 데이터를 제출하기 때문에 결과는 결국 정규 분포 모양을 띤다. 즉, 대부분 사람이 거의 같은 수준의 급여를 받고 해당 직무에서 비슷한 수준의 경력과 성과 수준을 보인다. 대개 이 '평균인'은 해당 직무와 직급에서 경력이 약 3~5년 차인 사람을 가리킨다. 정규 분포 곡선의 양 끝에는 최근에 승진한 사람과 승진 욕심 없이 오래전부터 현 직무에 안주한 사람들이 각각 반대쪽에 자리하고 있다.

아마라가 15년간 직장에서 성과도 좋았고 팀에서 대체 불가능한 전문가로 대우받는다면 그는 P2의 중간값인 5만7,000달러보다 5% 많은 현재 연봉을 더욱 인상해 달라고 주장할 강력한 논거를 갖춘 셈이다. 시장에는 아마라만큼 경험이 풍부한 사람이 별로 없다. 그에게는 급여 범위에서 최댓값인 약 6만5,000달러가 더 적절하다. 30년의 경력 동안 매년 5,000달러씩 연봉이 인상되고 평균 7%의 복리 수익률로 계산하면, 은퇴할 때쯤 총 50만 달러가 넘는다. 이 돈이면 아마라는 해변에 별장을 계약할 수 있을 테지만, 회사가 아마라의 급여를 방치하고 있으니 그는 태양 아래서 여유로운 노후를 보낼 기회를 놓치고 있는 셈이다.

마테오가 최근 승진했다면 경력에 비해 꽤 과분한 급여를 받는다고 볼 수 있다. 그는 현재 직무와 직급 수준에서 경력이 짧음에도 내년에 근무 평정 한 번만 더 받으면 '시장 평균인'에 맞먹는 급여를 받을 수 있다. 그러나 회사도 이 사실을 알 테고, 특히 그가 고위 임원급으로 승진 가도를 달리는 중이라면 마테오를 영입하려는 다른 회사보다 한발 앞서 마테오에게 예정보다 일찍 급여를 인상하는 전략적 결정을 내렸을 수 있다. 마테오가 지금 연봉 인상을 요청할 생각이라면 거절당할 것으로 예상해야 한다. 그는 시장 임금률보다 더 많은 급여를 받고 있다. 회사의 바람직한 움직임은 마테오의 급여를 인상하는 것이 아니라, 회사가 그를 위해 공들여 구상한 장기적인 (나중에 급여 인상과 함께 제공될) 인재 계획을 제시함으로써 그의 잠재력을 알려주는 것이다.

급여를 결정할 때 고의든 아니든 방향을 잘못 설정하면 그 정도가 사소하더라도 회사에 불필요한 골칫거리를 일으킨다. 회사는 아마라의 최소기능급여가 6만 달러라고 가정했지만, 이는 단지 급여 범위가 공개되지 않다 보니 아마라가 6만5,000달러를 요구할 생각을 못 했기 때문이다. 그 차이는 아마라가 이직을 결심하게 할 정도로 크지는 않았지만, 그의 인생에서 중요한 기회를 앗아가고 있었다. 급여가 부당하게 적다는 생각을 일으키지 않는 선에서 아마라와 마테오 양쪽에게 비슷한 금액을 지급하는 것이 형식적으로는 좋은 발상처럼 보일 수 있다. 그러나 아마라는 저평가된 급여를 받아왔다는 사실을 깨닫는 순간 회사에 대한 신뢰를 잃을 것이다. 회사의 잘못된 운영 때문에 회사도 아마라도 둘 다 손해다.

급여 범위를 어떻게 설정할지, 그중 각자의 급여가 어느 위치에 있는지, 또 그들의 잠재력과 경력 개발을 지원하기 위해 어떤 결정을 내려야 할지 등은 공정 급여로 가기 위해 반드시 풀어야 할 과제들이다. 신의성실의 급여 원칙을 따르는 회사라면 직원들에게 누가 얼마큼의 급여를 왜 받는지를 논리적으로 잘 설명할 수 있을 것이다. 행여나 결과가 잘못되었다는 이의 제기를 받더라도 여파를 남기지 않고 슬기롭게 대응할 수 있는 환경을 조성할 것이다.

분할 정복 작전(Divide and Conquer)

회사는 급여 범위를 설정할 때 유사한 직무끼리 묶고 회귀 분석을 이용해 시장조사 결과를 보정할 수 있다. 그러면 직급이나 급여 등급당 급여 범위가 축소되거나 하나로 통일되기도 한다. 아니면 더욱 세분화된 접근법으로 '시장가격 책정Market Pricing'이라고 하는 급여 범위 설정 방식도 있다. 시장가격 접근 방식은 시장조사 데이터를 기반으로 직무마다 고유한 급여 범위를 생성한다. 그 결과 다음과 같은 격차가 생긴다.

벤치마킹 방법				
직급	직무	최솟값	중간값	최댓값
관리자(M2)	모든 기업의 M2 직무	75,000	90,000	105,000
시장가격 책정 방법				
직급	직무	최솟값	중간값	최댓값
관리자(M2)	브랜드 전략	83,500	98,000	112,500
관리자(M2)	소셜미디어	76,500	90,000	103,500
관리자(M2)	마케팅 운영	69,500	82,000	94,500

시장가격 책정을 통해 각 직무에 고유의 급여 범위를 설정하는 것은 특히 직무가 서로 유사한 경우 불공정 급여로 가는 지름길이다. 이 책을 읽는 분 중 나처럼 급여 업무에 종사하는 소수 부류의 독자가 있다면, 정설에 어긋나는 이 대목이 가장 논란의 여지가 있다고

생각할 것이다. 시장가격 책정의 진정한 신봉자는 이 접근 방식을 '말 그대로 신봉'한다. 그 논리는 직관적으로 이해할 수 있다. 시장 경쟁력 있는 급여를 결정하기 위해서는 급여 범위가 회사의 수정과 편향이 개입되지 않은, 오직 원래 시장 데이터를 고스란히 반영해야 한다는 것이다.

내 경험상 이 접근법을 선택한 회사들은 시장조시 데이터를 지나치게 신뢰하는 나머지 거의 신성시하다시피 한다. 그들은 시장가격 책정이 야기하는 문제점을 충분히 고민해 본 적이 없다. 직무를 매칭하고 데이터를 제출하는 방식(보상팀의 막내 직원이 담당), 직무 체계를 유지 관리하는 방식(수년 동안 직무기술서를 본 적 없는 인사 관리자가 담당), 결과에 포함될 수 있는 고질적 편향 (전통적으로 남성의 비중이 큰 직무는 유리한 출발점의 누적 효과 때문에 갈수록 남성의 우위가 확고해짐) 등에는 여러 선입견이 적용된다. 직무가 불필요하게 분할되면Divide, 애꿎은 직원들은 정복당한다Conquer.

시장가격 접근 방식에서 회사가 급여 범위를 정하는 순서는 먼저 급여를 시장가격에 맞춘 후 시간이 지나면서 공정 급여를 추구하는 식이다. 하지만 이것은 순서가 바뀌었다. 우리는 공정 급여를 출발점으로 잡고, 이를 뒷받침할 수단으로 시장 데이터를 사용해야 한다. 또한 우리는 시장 데이터를 단칼에 거부해야 할 때도 있다는 걸 알아야 한다. 이 요령을 더 수월하게 터득하려면 공정성을 급여 프로그램의 중심에 놓고, 데이터에서 문제의 소지가 있는 격차를 더 빨리 간파하는 방법을 알아야 한다.

우리가 급여에 대해 더 자유롭게 이야기하기를 원한다면, 회사가 고려해 볼 자구책은 각 직급당 급여 범위의 종류 수를 줄이는 것이다. 같은 직급의 직무끼리도 조사에서 임금률이 현저히 다양하게 나타날 수 있다는 반론은 비록 어처구니없어 보여도 사실일 수 있다. 2020년 시장조사상 P4군의 데이터 보호 전문가의 연봉은 같은 직급인 P4군의 재무 분석가보다 상당히 많을 수 있다. 그러나 이러한 차이는 해마다 변동성이 커서, 직원들에게는 일관성이 없어 보인다. 관리자 입장에서는 악몽과 같고, 매년 개별 고용시장 최고치를 좇는 비효율적인 비용 구조를 초래한다.

시장가격 책정 방식은 스프레드시트에 입력된 급여표가 사람들의 삶에 영향을 미친다는 점이 문제다. 중요한 프로젝트를 수행한 다기능 팀Cross-Functional Team(각 부서에서 차출된 직원이 프로젝트를 진행하기 위해 임시로 구성하는 팀-옮긴이)을 상대로 인사나 커뮤니케이션 등 전통적으로 여성이 다수인 직무가 재무나 IT 직무보다 급여가 적은 이유를 설명해야 한다면 진지한 (또는 유쾌한) 대화를 나눌 수 없다. 반대로 기술직 베테랑을 훗날 일반 관리직 임원에 포함해야 할 경우, 먼 미래를 위해 당장 한 단계 낮은 직무를 맡기면 그는 받아들일까? 가령 앞에 나온 표에 따라 어떤 브랜드 전략 관리자가 해당 직급에서 경험이 풍부해 연봉이 10만5,000달러인데, 나중에 더 큰 팀의 리더가 되기 위해 소셜미디어를 배워야 한다고 치자. 그가 소셜미디어 관리자로 보직을 변경하면 현재의 급여가 해당 급여 범위의 최댓값을 넘게 된다. 대부분 회사라면 당분간 그를 연봉 인상 대상에서 제외할 것이다. 그러면 회사가 긍정적 취지에서 계획했던 전문성 개발 기회가 이제 문젯거리가 된다. 이렇게 깜깜이식 보상 체계에서 급여 범위를 뚜렷한 기준 없이 복잡하게 설정하면 잠재력이 유망한 직원의 경력을 끝장낼 위험이 있다.

그러므로 더 나은 접근 방식은 시장가격으로 책정된 직급이나 유사 직무를 큼직하게 통합해 급여 범위의 종류 수를 줄이는 것이다. 이런 방식은 이미 많은 회사가 시행 중인 만큼 새삼스럽지는 않다. 어떤 회사는 브로드밴딩Broad-Banding 또는 페이밴드Pay Band라는 아주 광범위한 급여 범위를 사용하는데, 여기에서는 특정 지점을 넘어서부터는 급여 범위 개념이 무의미해진다. 급여 범위를 깔끔하게 통합하는 전략은 시장가격 책정 방식과 비교해 두 가지 이점이 있다. 하나는 급여 투명성을 활성화하고 강화한다는 점, 또 하나는 공정 급여 계획을 추진하기 위한 일관된 기반을 제공한다는 점이다. 이런 시스템에서는 금액이 비교적 낮게 책정된 시장 데이터는 채택하지 않을 수도 있다. 하지만 때로는 시장 데이터가 잘못될 수도 있고 우리의 최우선 순위는 공정 급여라는 점을 감안하면, 이는 걱정할 일이 아니다. 또한 올해 인기 있는 직무가 3년 후엔 그렇지 않을 수도 있으므로 유행을 좇기보다는 전체 급여 시스템의 개선을 우선시해야 불필요한 비용도 아낄 수 있다. 대부분 회사는 임금 시장을 선도하기보다 직원이 받아들일 수준까지만 급여를 지급하려 한다는 사실을 잊지 말자.

이러한 조화로운 사고방식을 금융계에서 찾자면, 투자 회사 뱅

가드의 설립자 잭 보글Jack Bogle의 투자관을 따른다고 해서 '보글헤드 Bogleheads'라 불리는 투자자들의 성과와 유사하다. 보글헤드는 집중적인 노력을 기울여 개별 주식 종목을 선별하는 대신 전체 주식시장의 등락을 반영하도록 설계된 인덱스 펀드에 투자하는 단순한 전략을 택한다. 이 접근 방식은 수익률이 높고 수수료 부담은 낮다는 점에서 일반 투자자들에게 아주 성공적이었다. 워런 버핏은 금융의 귀재들이 모인 헤지펀드 그룹과 100만 달러의 기부를 건 베팅에서 10년 동안 인덱스 펀드에 투자해 승리를 거둔 것으로 유명하다. 헤지펀드가 연 2% 수익률을 거둔 반면, 버핏은 매년 7% 이상 수익률을 올렸기 때문에 결과는 버핏의 압승이었다. 우리가 상승 종목과 하락 종목을 선택하는 능력을 스스로 과대평가할 때, 즉 직원의 성과를 예측하거나 특정 직무의 실제 가치를 비교 평가하는 능력을 과대평가할 때 지속적으로 좋은 결과를 기대하기는 어렵다. 마찬가지로 공정하고 안정적이며 일관된 보상 접근 방식을 유지하는 회사는 신뢰를 구축하고 불안을 줄이며 직원의 '포트폴리오'에서 안정된 수익을 창출함으로써 장기적으로 앞서 나갈 것이다. 회사 사정이 잠시 안 좋더라도, 직원은 개별 주식 종목처럼 성과가 실망스러운 조짐이 보이는 즉시 내팽개칠 존재가 아니라 꾸준히 투자하면 장기적으로 진가를 발휘할 것이라는 점을 기억해야 한다.

많은 비즈니스 모델이 극도로 최적화되고 자동화된 고객 맞춤형 서비스로 이동하고 있지만, 급여는 반대 방향으로 나아갈 것으로 예상된다. 급여 체계를 근본적으로 단순화하면 회사 내의 전체적인 건전성과 형평성이 향상할 것이다. 기업들이 전반적으로 보상 철학을 개선하기 시작하면, 사람들은 필요에 따라 다른 사람의 일부 복리후생과 교환하거나 주식으로 보상받는 등 개인 맞춤화된 급여 지급 방식에 따라 더 다양한 선택권을 갖게 될 것이다. 그러나 회사 내에서 직급, 급여 등급, (공평하게 매겨진) 성과 등급 등이 같은 부류끼리 기본적인 총보상에는 큰 차이가 없을 것이다.

데이비드 엡스타인David Epstein은 공교롭게도 제목을 『범위Range(국내판 제목 『늦깎이 천재들의 비밀』)』라고 붙인 자신의 저서에서 "제한적이고 반복적인 도전일수록 자동화할 가능성이 높다. 반면 어떤 문제나 분야에서 얻은 개념 지식을 완전히 새로운 곳에 적용할 수 있는 사람에게는 커다란 보상이 따를 것이다"라고 서술했다. 이어서 엡스타인은 경제학자 그렉 던컨Greg Duncan의 말을 인용했다. "갈수록 고임금 직종 종사자들은 예상치 못한 문제를, 그것도 협업을 통해 해결할 능력이 요구되고 있다." 다시 말해 급여 범위의 불합리한 격차와 같은 인위적인 급여 장벽을 제거하고 직무의 개념과 기여도 자체가 더욱 유동적으로 변하고 있음을 인식하는 회사는 필요시 규모에 맞게 더 능숙하게 방향을 수정할 것이다. 케케묵은 성별, 인종 간 임금 격차가 있는 회사는 시장가격 책정에 의한 장벽을 제거함으로써 평등을 위한 변화를 촉진할 수 있다.

직원 개인이 공정 급여 전략을 짜려면, 먼저 자기 회사가 직무에 가격을 책정하고 급여 범위를 설정하는 방식부터 반드시 이해해야 한다. 다음 장에서는 이러한 전제를 바탕으로 여러분의 상황에 알맞은 계획을 제안할 것이다. 그전에 불공정 급여가 만연하기 쉬운 시나리오를 하나 더 검토하고자 한다. 바로 총보상 패키지를 어떻게 볼 것이냐다.

총보상의 함정

급여 결정은 회사가 직원의 업무에 대한 대가로 제공하는 전체 패키지, 즉 '총보상제'라는 맥락에서 이루어진다. 보상 분야의 인증 기관인 월드앳워크는 전체 보상 모델에 보상, 복지, 복리후생, 경력 개발, 표창 등 다섯 가지 요소를 포함한다. 적어도 2020년 팬데믹으로 재택근무 혁명이 촉발되기 전까지는 근무 환경도 중요했다. 애런 디그넌Aaron Dignan은 저서 『멋진 신조직Brave New Work』에서 고임금 기업들이 제공하는 각종 특전이 점점 늘어나는 현실을 언급하며 "인재를 잡기 위한 전쟁에서 갈수록 현대 직장은 경비를 전액 지원해 주며 자기네 관료제 조직으로 데려가려는 양상을 보인다"라고 말한다. 그렇다면 내가 회사 순위를 매긴다면 직원 사우나 제공에 따라 하위 세 군데를 정할 것이다.

총보상제의 각 요소는 중요하다. 총보상제를 훌륭히 운용하는 회사는 개별 나무와 숲을 동시에 돌보듯, 시장 기대치와 직원 개인의 요구를 모두 충족하기 위해 계획을 유연하게 세운다. 전체적인 총보상이 중요한 이유는 개인이 경력에서 신경 쓰는 것은 급여가 전부는 아니기 때문이다. 때로는 포상 휴가, 대형 프로젝트의 리더가 될 기회, 아니면 상사가 '잘했어'라는 표시로 윙크와 손가락 총질로 인정해 주는 행위도 직원을 계속 동기 부여하기에 충분하다. 회사 생활이 괴로울 때는 연봉을 올려주면 좀 더 힘은 날지언정 그걸로 만사형통은 되지 못한다. 특히 이미 남 부럽지 않게 돈을 모아났다면 더욱 그러하다.

그러나 총보상제라는 개념은 함정이 될 수도 있다. '총보상 함정 Total Rewards Trap'은 표창, 경력 개발과 같은 비금전적, 비가시적 보상 수단이 공정 급여를 대체할 때 발생한다. 그러면서 회사는 이를 직원에게 더 유리한 포상이라고 재포장한다. 돈을 시간으로 대체하는 보상이 흔한 예다. 예를 들어 이제 막 부모가 된 직원은 남들과 똑같은 시간을 일하고 있음에도, 급여와 경력 기회보다 유연한 근무 시간을 더 원하지 않느냐는 말(혹은 암시)을 듣곤 한다. 총보상이 하나의 패키지로서 작동하려면 그 출발점은 공정 급여를 대신할 만한 것이 없다. 공정 급여가 빠진 총보상제는 아무리 시도해 봤자 냉소주의만 일으키는 기만이나 다름없다.

특히 동종의 비교군을 찾기 어려운 직무에 종사하는 사람들은 총보상 함정에 더 취약하다. 결과적으로 그들은 전체 시장이나 동종 업계의 임금이 인상될 때 그 혜택을 덩달아 받지 못한다. 기업에서 대부분 직무에는 대체재가 있다. 직원이 해당 직무에 개인적, 직업적으로 만족하지 못하거나 현재 상사가 싫을 때 정당하게 보직을 변경할 수 있으면, 그 변경 후의 직무가 대체재인 셈이다. 예컨대 운영 업무에 능하다면 일선 현장에서 한 발짝 떨어진 내무 부서로 들어가,

프로젝트나 인적 자원을 관리하는 등 자신의 분석 및 변화 관리 기술을 발휘할 수 있다. 이처럼 대체 직무를 선택할 기회가 있을 때, 회사 내에서 평가하는 원래 직무와 대체 직무의 시장가치는 서로 비슷할 것이다. 현명한 회사라면 급여에 대해 수시로 대화하며 금세 소문을 퍼뜨리는 직원들 사이에 잡음을 일으키지 않도록 급여 체계를 간소화하기 때문이다. 따라서 직무와 급여 범위를 큼직하게 통합하는 지각 있는 회사는 모든 구성원에게 광범위하고 공평한 급여 인상이 필요하다고 인식할 가능성이 더 높다.

통념상 대부분 기업은 조직 내 직무를 '가진 자'와 '못 가진 자'의 것으로 나누지 않으려 노력한다. 항상 어떤 직무는 인기와 급여가 비교적 더 많아서 직원들이 탐내기 마련이라는 것을 알기 때문이다. 일부 집단에 더 많은 급여를 줘야 한다면, 얼마 지나지 않아 나머지 집단도 이에 질세라 인상을 요구한다. 보상팀은 이렇게 두더지 잡기처럼 불쑥불쑥 튀어나오는 요구에 끝없이 대처하는 대신, 전체 급여 범위를 확대하거나 누가 어떤 유형의 주식이나 수당을 받을 수 있는지에 대한 규칙을 완화하는 등 체계적인 조치를 취할 것이다. 이 일괄 처리 작전에서 제외된 직무의 종사자는 사실상 불이익을 받는다.

놀랍게 들릴지 모르지만, 대체재가 비교적 많은 직무는 전통적으로 남성이 지배적인 영역이었다(분명 인종적 역학 관계도 존재한다). 수년 동안 기업계에서 남성은 여성보다 다양한 직무 선택권이 주어졌다. 따라서 남성은 대체 직무가 있는 환경에서 일하는 만큼 유리한 출발점에서 시작하고, 여기저기 다양한 직무를 경험해 보면서 각 직무가 바뀔 때마다 승급을 기대할 수 있었다. 이처럼 여성에게 적합하다고 간주되고 경력 선택이 비교적 제한된 직무들에 비해, 대체 직무의 선택폭이 넓은 남성은 절차적 타성과 유리한 출발점의 누적 효과라는 막강한 이중 특혜를 누렸다.

당장 대체재가 없는 직무는 대개 개인적 의미, 목적, 자부심이라는 형태로 대가가 '지급'된다. 통념상 사람들은 이에 의문을 제기하지 않은 채, 괜찮고 공정한 거래라고 생각한다. 우리는 이렇게 뿌리 깊게 자리 잡은 무심한 사고방식을 총보상의 함정으로 인식해야 한다.

하나의 총보상제 안에서 직원이 자발적으로 다른 유형의 보상을 선택할 수 있다면 괜찮다. 각 보상 방식의 등가교환이 합리적이고, 구성원이 정보에 입각해 스스로 매긴 가치에 따라 선택할 수 있는 경우가 이에 해당한다. JC페니는 본사가 뉴욕에 있던 초창기 당시, 기본급에 상한선을 둔 대신 회사의 성장 잠재력을 믿고 직원들에게 시세보다 많은 금액의 주식을 제공한 것으로 유명했다. 현재 아마존이 이 방법을 시행하는 것으로 알려져 있으며, 그 과정에서 수많은 백만장자를 배출했다. 기본급이 적더라도 수년 동안 가치가 쑥쑥 오르는 주식이 이를 상쇄했으므로, 주식으로 받는 비중이 클수록 JC페니의 직원들에게 효과적이었다. 다만, 수년간 급격한 쇠퇴 이후 파산보호를 신청 중인 JC페니의 주식은 이제 가격이 1달러도 안 된다. 나는 (JC페니가 다시 이전한) 텍사스주에 살 때 JC페니 부지가 거의 항상 비어 있기에 그곳에서 자주 조깅하곤 했다. 시대는 변했다. 여러분이 총보상의 범위 내에서 선택할 때는 기꺼이 받아들일 수 있는 상충 관계 중 최악의 조합이 무엇인지 아는 것이 중요하다.

또는 미국 NSA National Security Agency(국가안보국)의 총보상제 사례를 생각해 보자. NSA는 세계 최고의 데이터 보안 전문가를 고용해야 하지만, 세금으로 운영되는 국가기관 특성상 최고의 기술 기업들이나 줄 수 있을 만한 급여를 제공하지 않는 게 마땅한 도리다(분명 여기서 웃음이 터진 독자도 있을 것이다). 대신 NSA는 지나치게 낮은 급여가 아닌 '충분히 괜찮은' 급여 수준을 유지하되, 훌륭한 복리후생, 직업 안정성, 흥미, 깊은 사명감, 애국심으로 보완한 총보상제를 분명히 어필해 지원자들을 끌어모은다. 만약 개인적 야망과 가치관이 자신이 선택한 보상과 조화를 이룬다면, 그리고 그 조화가 깨지더라도 회사에 책임을 물을 수 있다면 총보상의 함정은 없다. 직원으로서는 공정 급여라는 기본적 필요조건이 충족되었고, 회사나 조직은 급여 결정을 투명하게 공개했기 때문이다. 그렇다면 직원은 자신의 가치관과 충분한 정보를 기반으로 결정을 내릴 수 있다.

모든 총보상 모델에는 실패하거나 직원이 총보상 함정에 빠졌을 때를 대비한 보완책이 있다. 다만 그러기 위해서 여러분은 양보할 수 있는 것과 없는 것을 분명히 구별하고, 회사가 직원에 투자하기로 결정할 때 어떤 식으로 접근하는지 알고 있어야 그들에게 책임을 물을 수 있다. 이것은 산업과 직무가 갈수록 융합하는 요즘 들어 더욱 중요하다. 이제 거대 기업은 대학의 학부를 통째로 스카우트하고, 유통업체는 기술 기업처럼 변신하기 시작했으며, 완전히 다른 총보상 모델들이 처음으로 한데 통합되고 있다. 어떤 직무를 수락하거나 자신의 가치를 파악하려면 급여를 논의할 때 회사 측에서 규정한 직무 정의를 유심히 파악한 후 그에 따라 자신의 총보상을 제대로 챙겨야 한다. 회사의 급여 체계나 보상 철학이 어떻든 상관없이, 신의성실의 급여 원칙에 대한 기본 기대치는 동일하다.

여러분의 회사는 공정하고 투명한 급여를 지급하고자 부단히 노력함으로써 직원들이 적어도 평균 이상의 생활 수준을 누리기에 부족함이 없고 자신의 기여도와 잠재력에 따라 제대로 보상해 주고 있는가? 여러분은 적어도 그만한 대우를 받을 가치가 있다.

만약 여러분 회사가 그렇지 않다면, 이제 모든 노력을 기울여 자신의 가치를 올려보자.

PART 2

$

직원이
알아야 할
사실들

$$\overbrace{\text{6장}}$$

급여 인상을
기대할 때 예상할 점

급여는 수정 해골의 비밀도, 해독 반지도 아니다. 여러분에게 알려줄 수 있는 급여 인상을 보장하는 공식은 없다. 다만 급여가 불공정하거나 그렇게 느껴지는 이유가 나 같은 급여 담당자들이 기본 정보를 직원들과 공유하지 않아서라는 말은 할 수 있다. 직원들은 회사에 이의를 제기하지도 못하고 계속 긴가민가한 상태에 놓이게 된다. 급여 결정의 바탕이 되는 프레임워크와 언어를 이해하면 자기에게 맞는 전략을 적용해 급여 인상이나 회사 관행의 시정을 요구할 시기와 방법도 알 수 있다. 회사에서 몇 달 동안 급여 담당자들의 얼버무리는 대답을 듣지 않으려면 좋은 전략으로 접근해야 한다.

기업들은 공정한 급여 결과를 창출하는 데 스스로 막중한 책임이 있다는 점을 인식해야 한다. 회사가 직원과 담당자 사이에 급여 정보를 공유하고 대화의 끈을 이어가도록 돕는다면, 직원들은 고부가가치가 높은 업무에 마음 편히 전념할 수 있게 되므로 회사 경쟁력

PART 2. 직원이 알아야 할 사실들

195

도 높일 수 있다. 반대로 구성원들이 자꾸 급여 문제로 논쟁하다 보면 생산적인 일에 더 많은 시간을 할애할 수 없다. 나를 포함한 우리 급여 담당자들은 직원의 급여가 공정한지 확인할 수 있게 정보를 제공해야 한다. 그래야 우리가 하는 일의 의미도 더욱 커진다.

전체 시스템에 책임을 물을 수 있으려면 급여에 관해 더 날카로운 질문을 제기해야 한다. 우리는 시장에서 평가되는 임금 가치뿐 아니라, 급여 인상이 마땅한 사람들의 기여도, 잠재력, 필수 생계비를 반영하면서 더욱 적절하게 평가할 방법을 찾아야 한다. 그렇다면 급여를 논의할 때 기준이 될 새로운 모델이 필요하다.

공정 급여 믹스

1960년 제롬 매카시Jerome McCarthy 마케팅학 교수가 『마케팅의 기초 Basic Marketing: A Managerial Approach』라는 교재를 출간했다. 이 책은 지금까지 가장 많이 팔린 대학 교재 중 하나가 되었으며, 전 세계의 경영대학원에서 교재로 쓰이고 있다. 매카시가 고안한 개념 중 가장 오랫동안 전승되고 있는 '마케팅 믹스Marketing Mix'는 현장과 학계 사이의 간극을 해소함으로써 기업이 고객에게 더 나은 서비스를 제공할 수 있게 하는 데 기여했다.

매카시는 마케팅 업계가 과거에는 구매와 판매 같은 독립적인 활동에 초점을 맞추었다면, 이제는 통합적 문제 해결에 초점을 맞추는 쪽으로 발전해야 한다고 생각했다. 그는 이 변화를 '기능적 접근Functional Approach'에서 '관리적 접근Managerial Approach'으로의 이동이라고 일컬었다. 마케팅 믹스는 관리자가 제품Product, 가격Price, 유통 경로Place, 판촉Promotion 등 4P라는 개념적 프레임워크를 사용해 의사 결정을 내리도록 도움을 주었다.

예컨대 어떤 회사가 세제를 판매하려 할 때 기능적 접근 방식에서는 각 활동에 대한 계획을 독립적으로 설계한다. 가격은 생산 원가에 통상적인 이윤을 더해서 매기기도 하고, 아니면 매장 진열대의 다른 비누 가격에 맞춰 고정할 수도 있다. 광고는 가장 구매 가능성이 높은 소비자 시장을 겨냥해 설계한다. 그리고 유통은 다른 세제와 마찬가지 방식으로 관리되고 포장되어 시내 모든 상점으로 보내지는 과정이다.

반면에 새로운 관리적 접근 방식에 따르면 자사 제품이 고객의 어떤 문제를 해결해 줄 수 있는지 먼저 연구를 마치고 나서야 세제를 출시할 것이다. 마케팅팀은 타깃 시장에서 인기 있는 용기 디자인(제품), 소비자의 지불 의사 금액(가격), 해당 제품을 취급할 매장 종류(유통 경로), 소셜미디어 인플루언서를 섭외해 그들이 근사한 조리대에 자사 세제를 놓고 사용하는 사진을 퍼뜨리게 할지 여부(판촉) 등을 통합적으로 결정한다. 가령 친환경의 간소한 라벨 디자인이나 천연 성분을 내세우는 어떤 세제는 특정 매장에서만 취급된다든지, 또 오염을 제거한다는 본연의 기능은 일반 세제와 똑같은데도 값은 두 배 비싸다든지 등의 이유는 이러한 관리적 접근 방식으로 설명할 수 있다.

고객 문제를 해결한다는 것은 세제 선택의 결과에 따라 자신이 특별한 존재가 된 듯한 느낌이 얼마나 즐거운지 겪어보지 못한 소비자들에게 새로운 경험을 제공하는 것이라고 봐도 좋을 듯하다.

공정 급여로 가는 과정도 고객 문제를 해결하는 것과 비슷하다. 고객(즉, 직원)이 제대로 대접받지 못하는 이유는 여러 가지가 있다. 회사가 기능적 접근 방식으로 문제를 해결하고, 급여 설문조사를 완료하거나 연간 성과 평가를 실행하는 식의 독립적인 활동을 통해 급여를 관리하며, 인재를 유치하고 붙잡기에 필요한 최저액인 최소기능 급여를 목표로 세우기 때문이다. 직원의 필요를 통합적으로 이해하려는 노력은 기껏해야 우선순위에서 밀리든지, 심지어 아예 고려되지 않는 경우가 더 많다.

나는 마케팅 믹스의 긴 생명력과 더불어 두운법을 유독 좋아하는 내 취향을 감안해, 각 기업의 보상팀들이 이와 비슷한 모델을 채택할 것을 제안하고 싶다. 그렇다면 독립적인 사업 활동의 기능적 결과에서 벗어나 기업과 직원의 요구를 모두 고려하는 통합 프레임워크로 전환할 수 있을 것이다. 급여 체계는 단지 인재를 유치하고 붙잡는 목적을 넘어, 직원들이 직면한 문제를 해결해 주는 목적에 따라 관리되어야 한다. 기업은 시장 경쟁력이 곧 직원 관리라는 잘못된 믿음에 집착하지 말고 직원을 우선시하는 사고방식으로 경영해야 한다. 이 모델에서는 사람들이 자신의 가치를 잘 알고, 성별이나 인종을 이유로 더 적은 급여를 받는 일이 절대 있을 수 없다. 정규직 근로자라면 정부에 푸드 스탬프를 신청해야 할 만큼 턱없이 적은 급여를 받지 않으며, 보육 시설을 이용할 형편이 안 돼 교대 근무 시간을 막판에 바꿨다고 해고되는 사람도 없어야 한다. 누구나 자신과 가족을 부양할 필수 생계비를 충족할 수 있으며, 앞으로 나아갈 경력 경로에 걸림돌이 없으므로 내일이 오늘보다 더 나으리라는 희망을 품을 수 있다. 효과가 떨어지는 세제는 금방 실패하고, 유해한 화학물질이 포함된 세제는 법에 따라 판매 금지될 것이다.

이 모델을 신의성실의 급여 원칙에 충실하게끔 도입하고 유지하려면, 우리에게 필요한 4P의 자체 버전, 즉 공정 급여 믹스Fair Pay Mix라는 접근법이 급여 제공자(회사)와 수령자(직원) 양쪽에 필요하다. 이 4P는 절차Process, 허용Permission, 우선순위Priority, 힘Power으로 구성되어 있다. 각 'P'는 나름의 논거에 따라 급여 문제를 해결할 실마리를 제공한다. 급여 인상이나 급여 운영 방식의 시정을 요구할 때는 급여에 구체적으로 어떤 문제가 있는지 진단하는 것부터 시작해야 한다.

다음 공정 급여 믹스 중 여러분의 상황을 정확히 설명하는 P가 한 가지 이상 있는지 살펴보기 바란다.

- 여러분이 다니는 회사가 급여를 결정하고 인상할 때 사용하는 절차에 관한 정보를 얻지 못하고 있다. 혹은 그 절차로 인해 남보다 뒤처지거나 불이익을 받고 있다.
- 채용, 승진 혹은 그 밖의 특별한 사정으로 급여에 관해 이야기할 기회가 생겼지만 인사상 불이익 없이 급여 인상을 요청하는 게 허용되는지 확신할 수 없다.

- 회사는 공정 급여에 우선순위를 두지 않고, 약속, 가치, 보상 철학도 제대로 이행하지 않고 있다.
- 자신의 필수 생계비가 충족되지 않을 정도로 적은 급여를 받고 있으나 회사에 변화를 촉구할 힘이 없다.

급여 인상을 설득력 있게 요구하려면 공정 급여 믹스 중 각각의 P에 해당하는 시나리오를 어떻게 진행할 것인지 논리 전개 방법을 설명하겠다. 대화의 물꼬를 트는 적절한 방법을 결정할 실용적인 지침을 각 P에 붙여놓았다. 이제 각 예를 살펴보면서 하나 이상의 P를 선택해 어떻게 적용할지와 각 예에서 어떤 순서로 논지를 전개해야 할지를 생각해 보기 바란다.

자신의 급여 사정을 이야기할 때는 간결하고 단순해야 한다. 다시 말해 하나의 P를 선택해 대화를 시작하되, 적절한 타이밍에 나머지 세 P를 언급해 살을 붙여야 한다. 앞서 언급한 세제의 예를 들자면, 특정 유형의 소비자에게는 가격이 너무 비싸거나 시내까지 차를 몰아야 할 만큼 구매 과정이 번거롭지 않은 이상, 용기 디자인이 예쁘다는 점만으로도 충분히 구매 이유가 될 수 있다. 이와 달리 이사를 앞두고 집을 철저히 청소해야 하는 소비자를 가정해 보자. 그에게는 전세 보증금을 돌려받는 것이 우선이므로 천연 성분 여부는 따지지 않고 가장 저렴하면서 효과가 강력한 세제를 원할 것이다.

공정 급여 믹스에서도 각각의 P를 언제, 어떻게 사용할지 아는 것이 아주 중요하다. 모든 P를 한꺼번에 거론하면 메시지가 뒤죽박죽

되어 대화에 과부하가 걸린다. 그리고 각 기업은 상대편으로서 이러한 요청을 하는 직원들의 입장을 헤아리고, 직원이 (그로 인해 기업도) 자신들의 우려 사항을 조정하고 급여 관련 대화를 더 원활하게 진행할 방법을 생각해 봐야 한다. 공정 급여 믹스 전략을 시작하기 전에 먼저 다음 세 단계를 순서대로 수행하라.

1. 자신의 직무기술서를 살펴보고, 거기에 표기된 직무와 직급이 본인이 실제로 하는 일과 일치하는지 확인하라.
2. 해당 직무의 급여 범위, 그리고 자신의 급여가 그 범위 내에서 어느 위치에 있는지 파악하라.
3. 자신의 경력에 대해 관리자나 인사 담당자와 솔직한 대화를 나누되 일단 급여에 관한 언급은 보류하라.

회사가 공식적인 직무와 급여 범위를 정해두지 않았거나, 정보가 비공개여서 1, 2단계를 실행하기가 불가능한 회사나 근무 환경이라면 3단계부터 시작해야 한다. 1단계와 2단계에 관한 정보를 요청할 때는 경력에 초점을 맞추되 급여는 거론하지 말아야 한다.

대부분 회사는 연간 목표 설정 과정의 일부로 직원의 경력 포부를 기록해 문서로 남긴다. 당연히 이때가 급여로 이어지는 대화를 시작하기에 좋은 시기다. 하지만 연중 다른 시기에 경력에 관한 대화를 해야 한다면 한 가지 방법은 자신의 장기적 목표를 달성할 수 있게끔 도움을 요청하는 것이다. 당장 변화를 요구하면서 경력 문제를 상담하면 뜬금없겠지만, 이 두 주제를 분리하면 관리자는 상대방의 다양한 경력 경로에 대해 더욱 열린 마음으로 이야기할 수 있을 테고 최후통첩을 받는 듯한 기분이 들지 않을 것이다. 경력은 대화 주제로서 위험도가 낮으며, 나중에 급여라는 더 어려운 주제로 대화를 이어가기에도 좋은 디딤돌이다. 만약 실패하더라도 차라리 실패 시기를 앞당겨서 기회비용을 최소화하는 게 나을 수 있고, 자신의 경력에 대한 현실을 직시함으로써 처음 계획과 다른 급여 전략을 세울 수도 있다.

여러분의 관리자도 마찬가지로 당황하고 급여에 관한 대화를 불편해한다. 여러분과 관리자는 공통점이 있다. 둘 다 회사의 직원이며, 경력을 개발하고 공정 급여를 받기 원한다. 관리자들이 여러분의 급여와 경력에 대해 일방적인 결정권을 가진 회사의 대표가 아닌 이상, 그들도 스스로 같은 의문을 품고 있으므로 급여 관련 대화가 어렵기는 매한가지다.

마치 트로이 목마가 침투하듯, 경력 문제로 대화를 시작해 자연스레 급여 문제로 이어지게 하는 것이 중요하다. 여러분이 처음부터 급여를 언급하는 순간, 많은 관리자는 경계심이 발동할 것이다. 스스로 결정권이 없는 그들이 여러분의 입장을 대변해 급여 인상을 윗선에 건의한다면 자신들의 경력 위험을 자초하는 셈이 된다. 예산도 확인하고, 임원들의 승인도 받고, 기안도 작성해야 한다. 결국 여러분은 메시지가 지체되거나 왜곡되지 않고 윗선까지 전달될 수 있도록, 급여 인상의 근거를 단순 명료하게 제시해야 한다. 몇 퍼센트포인트의 미미한 급여 인상을 요청하거나, 요청 타이밍을 잘못 맞추거나, 잘못된 공정 급여 믹스 접근법을 취하면 급여 인상의 기회를 놓치게 된다. 코미디언 스티브 마틴Steve Martin의 말을 빌리자면, 급여 인상을 요구하기 위해 "그들이 당신을 무시할 수 없을 정도로 훌륭한" 주장을 펼쳐야 한다.

공정 급여 믹스: 절차

공정 급여 믹스의 첫 번째 P인 '절차'는 매년 급여를 재검토하고 채용자와 승진자를 심사하는 등, 급여 결정과 인상에 관련된 지속적인 유지 관리 활동을 의미한다. 절차 문제를 급여 인상에 대한 근거로 삼으려면 회사의 표준 급여 프로그램으로 해결할 수 없는, 자신의 급여와 회사의 보상 철학 사이의 간극을 찾아내야 한다. 다시 말해 여러분은 회사의 절차상 문제 때문에 불공정한 급여를 받고 있다고 말하려는 것이다.

절차를 근거로 내세우면 먼저 회사의 연간 일정을 파악하고 이를 이용하는 것으로 시작해야 한다. 모든 회사에는 급여를 재검토하는 일종의 연례 절차가 있다. 특히 회계 연도가 끝난 직후 인사 부서에서 매년 관리하는 게 통례다. 많은 회사에서 한 해의 절반이 지난 후 급여를 재검토하기도 하지만, 대개 이 경우는 앞으로 최고의 고성과자나 리더 역할이 기대되는 소수의 인재를 위한 특별 승급에 해당한다. 그 외에도 대부분 회사가 중요하고 시급한 문제가 있는 등 특별한 이유가 생기면 급여를 재검토한다(공정 급여 믹스의 세 번째 P인 우선순위를 참고하라).

절차를 근거로 주장을 펼치려면 먼저 회사의 급여 프로그램이 작동하는 방식, 그리고 여러분이 아무 조치를 취하지 않을 때 자신에게 예상되는 결과를 기본적으로 알아야 한다. 회사에 매년 급여를 재검토하는 공식 절차가 있다고 가정하면, 여러분이 가장 먼저 하는 생각은 거의 전 직원이 정기 승급에 따라 어느 정도 급여 인상을 받을 것이라는 예상이다. 그래서 그저 회사에 채용되고 주어진 일을 문제 없이 수행하면 이러한 타성의 혜택에 묻어갈 것으로 기대할 것이다. 그러나 더욱 의미 있는 급여 인상이 목표라면 정기 승급 때 통상적인 인상분 이상으로 의미 있는 인상 근거를 찾아야 한다.

회사의 재정 사정이 매년 건실하다고 가정하면, 급여 인상분에 쓰일 예산을 따로 마련할 것이다. 연례 승급 시기가 되면 마치 전기료 납부하듯 회사에서 급여 인상을 꼬박꼬박 해주니, 대부분 직원은 조금이라도 자기 급여가 인상되리라 기대하는 게 당연지사다. 그런데 조명을 계속 켜는 것은 물론 차양에 네온사인으로 내 이름을 화려하게 표시하기도 원한다면, 이 연례행사는 일상적인 전기료 이상의 특별한 의미가 필요하다. 게다가 어쨌든 실제 전기료도 아마 올랐을 테니, 겸사겸사해서 돈이 좀 더 필요하다.

이 자금은 여러분이 일하는 국가(혹은 타국에서 근무하고 있다면 급여를 지급하는 회사가 소재한 국가)에 따라 결정된다. 어떤 회사는 경영진이나 기술직과 같은 특정 집단에 차등을 두기도 하지만, 대부분 회사는 모두에게 조금씩 균등하게 인상해 준다(피넛버터를 빵에 얇게 펴 바르는 것에 비유해, 전문 용어로 '피넛버터링Peanut-Buttering'이라고 한다). 급여 인상분에 쓸 예산액은 설문조사 업체에 올해 예상되는 지출 금액을 제출해야 하므로 통상적으로 회계 연도 직전의 봄에 결정된다. 대개 이 금액은 조사 업체에 제출한 날로부터 최대 1년 후까지 회사가 얼마나 지출할지 전혀 알 리가 없는 보상팀의 하급 직원 중 한 명이 최선을 다해 추측한 값이다. 경제 전문가 여러분은 기업의 급여 인상 모델이 예상만큼 믿음직하지 않다는 점에 유의하기 바란다.

미국의 연간 '시장' 임금 인상률은 적어도 10년간 3%로 일정했다(참고로 실업률은 4% 미만에서 14% 이상까지 들쭉날쭉했다). 이를 통해 임금 인상률은 시장 조건보다 타성에 더욱 영향을 받는다는 사실을 다시금 알 수 있다. 세계적 사건, 조세 정책, 집권 정당과 같은 요인은 전반적인 정서의 변화 외에는 별 영향을 미치지 않았다. 세계의 다른 국가, 특히 인플레이션이 심한 지역에서는 임금 인상률이 훨씬 높고 변동성도 큰 편이다. 대부분 유럽 국가가 2~4% 범위를 안정적으로 유지하고 있는 반면, 중국은 5~8%, 인도는 곧잘 10% 이상을 기록하기도 한다. 물가 상승률이 100만%를 넘긴 베네수엘라는 조사 기관이 보고를 포기했을 정도다.

어쨌든 임금 인상률은 여러분이 물어봐도 답해주지 않는 회사가 대부분일 것이다. 회사 실적이 안 좋게 나올 경우 회사는 급여를 인상함으로써 비용을 증가시킨 것처럼 비치기를 원하지 않기 때문이다. 그러나 계산하기는 어렵지 않다. 일반적으로 회사들이 시장에 발표하는 급여 인상 예산액은 매년 실질 임금이 최소한으로 인상되는 수준, 즉 물가 상승률보다 살짝 높은 수준이다. 따라서 회사 전체의 예산 규모를 알고 나면 급여 인상을 요청하지 않고 가만있을 때 예상되는 기본 인상액을 짐작할 수 있다. 또한 거기에서 가능한 최대 인상액도 추정할 수 있다.

기존 모델은 급여 범위상 위치와 해당 위치에서의 성과 등급을 고려한 매트릭스를 기반으로 한다. 여러분의 '범위 위치Range Position'는 여러분의 급여가 해당 직무의 급여 범위에 얼마나 들어맞는지를 보여주는 비율이다. 계산하는 방법은 자기 급여를 급여 범위의 중간값으로 나누면 된다. 예컨대 급여가 10만5,000달러이고 급여 범위 중간값이 10만 달러라면 범위 위치는 105%다. 표현은 회사마다 달라서 이 수치를 '비교 비율Compa-Ratio'이라고 부르는 곳도 있다. 아니면 0에서 100까지를 범위로 하고 50을 중간값으로 잡는 '범위 침투도Range Penetration'라는 약간 다른 방식으로 계산하는 곳도 있다. 표현이야 어찌 됐든, 급여를 회사 내의 기준점과 비교하는 방식이라는 기본 아이디어는 모두 동일하다.

당신의 급여			
연간 급여	최솟값 범위	중간값 범위	최댓값 범위
105,000	80,000	100,000	120,000

당신의 위치		
계산 유형	계산	결과
범위 위치	(연간 급여)/(중간값)	105.0%
범위 침투도	(연간 급여-최솟값) /(최댓값-최솟값)	62.5%

급여 매트릭스의 예는 인터넷으로 널리 검색할 수 있지만, 대부분의 경우 다음의 표와 같이 생겼다. 이 회사는 하나의 사례로, 세 가지(높음, 평균, 낮음)의 성과 평가 척도를 사용하고 평균 인상률을 3%로 잡아 편성한 총예산을 분배한다고 가정하겠다. 다른 회사들은 이 구분을 3등분 대신, 4등분이나 5등분으로 나눌 수도 있고 아예 나누지 않을 수도 있다.

당신의 범위 위치			
여러분의 성과	하위 3분의 1	중위 3분의 1	상위 3분의 1
높음	6%	5%	4%
평균	4%	3%	2%
낮음	2%	1%	0%

최고 성과자이면서 급여 범위에서 낮은 위치에 해당하는 상단 왼쪽 칸은 6%, 즉 이 경우에는 예산 대비 두 배이지만 배수는 회사마다 다르다. 앞에서 계산했던 105%의 범위 위치(즉, 62.5% 범위 침투도)는 아마 중위 3분의 1에 들어갈 것이므로 표에 따르면 연간 인상률은 성과에 따라 1%, 3%, 5% 중 하나가 될 것이다. 보상 방식은 대개 관

리자의 재량이므로 이러한 수치는 권고 사항에 불과하다. 문제는 개인의 인상률이 얼마로 결정되든 총액 분배는 제로섬 게임이라는 점이다. 여기서 한 사람이 5%에 들어가려면 예산 균형을 맞추기 위해 다른 누군가는 인상률 1%에 들어가야 한다. 매년 모든 국가에서 이와 같은 매트릭스가 만들어지고 고위 임원들의 결재를 거쳐 총비용이 결정된다. 전체 평균 인상률이 3%에 맞춰지는 한, 최종 결재권자는 세부 사항에 별로 신경 쓰지 않을 것이다.

다시 매트릭스를 살펴보면 가장 높은 급여 인상률이 6%에 불과한 것을 확인할 수 있다. 생각해 보면 별로 큰 폭이라고 하기 어렵다. 한 사람의 인상률을 더 올리기 위해 다른 사람들의 인상률을 낮춰야 한다는 점을 감안하면 더욱 그렇다. 어려움은 여기서 끝이 아니다. 연례 정기 인사에 때맞춰 승진하는 경우에는 6%라는 총 승급액에 회사 전체의 평균 인상분이 포함되므로 사실상 무색해질 수 있다. 게다가 회사의 급여 전략이 시장 후행적이라면, 여러분의 올해 인상률은 내년까지 가장 높은 위치에 있게 되어 다시 급여 인상을 제약한다. 한 가지 좋은 기술이 있다. 회사가 연중 승진을 허용하는 기간을 엄격히 고정해 두지 않는다는 가정하에, 가능한 한 큰 폭의 인상률을 이끌어내려면 연례 정기 승급 시기의 정반대 시점에 승진이나 급여 인상을 노리는 것이다. 회계 연도가 12월에 끝난다면 6월에 연봉 인상을 요청하는 것이 좋다. 연례 인사 고과 때 너무 임박해서 요청하면 마치 크리스마스 일주일 전에 생일을 맞는 아이처럼 손해를 볼 것이다.

급여 범위가 상향될수록 급여 인상률은 실제로 줄어드는 것을 알 수 있다. 여러분이 고성과자이고 범위의 하위 3분의 1에 속한다면 예상 급여 인상률은 6%이지만, 상위 3분의 1이라면 4%에 불과하다. 또는 평균 성과자라도 급여 범위에서 하위에 속한다면 고성과자와 인상률이 같다는 것도 확인할 수 있다. 당연히 급여 담당자들은 이러한 결과가 나오는 이유를 무척 흔하게 질문받는데, 충분히 그럴 만도 하다. 이 결과는 이상하고 불공평해 보이지만, 이러한 구분은 꼭 필요하다.

우리는 '시장 평균인'을 언급한 바 있다. 시장 평균인의 임금은 몇 년 동안 한 직무에서 근무한 전형적인 근로자가 벌어야 할 시장 임금 수준이라고 가정했다. 연간 인상률에도 같은 아이디어가 적용된다. 임금의 범위 위치는 하위이지만 성과는 시장 평균 수준인 사람에게는 본인 위치보다 능가하는 실적을 낸 것이므로 매트릭스상 더 높은 인상률이 적용될 것이다. 같은 맥락에서 임금은 상위 범위에 있으면서 이미 시장 평균인보다 높은 인상률이 적용된 사람들은 시장 평균인보다 더 좋은 성과를 낸 것이라고 짐작할 수 있다. 가장 피하고 싶은 위치는 상위 범위에 있는 저성과자다. 여기에 해당한다면 회사에서 여러분의 입지가 좋지 않다는 신호이므로 이력서를 다듬어야 할 때다.

연례 정기 승급 때 급여가 오르기를 기다리면 최대 인상률은 6%다. 중국에서는 시장 평균이 6%인 매트릭스가 가능할 테니, 최대 12%의 급여 인상률도 기대할 수 있겠다. 자신이 채용됐을 때와 가장 최근에 승진했을 때 다음 단락에서 설명할 '허용'의 P를 강력히 설파하고 합당한 급여를 요구했다고 가정하면, 대부분 이 정도 인상률로 충분할 것이다.

그러나 때로는 이 시스템이 제대로 작동하지 않기도 한다. 특히 자신이 있어야 할 위치에 비해 한참 뒤처져 있거나, 연례 급여 승급이 급여 범위를 만들어두고 그에 따라 차등을 둔 방식이 아닌 모두에게 균등한 인상률을 적용하는 회사라면 더욱 그러하다. 이러한 상황에서는 시간이 지날수록 자신의 급여가 시장보다 뒤처지게 될 것이다. 또한 회사의 절차에 흠이 있다는 징표이므로 정기 승급 시점에 상관없이 명백한 절차의 문제점을 근거 삼아 급여 인상을 요구해야 한다.

정기 승급이나 정기 인사 때 급여를 균일하게 인상하는 회사는 그것이 최선이라고 생각할 것이다. 같은 수준의 업무 성과 내에서 차등 대우를 제거한다는 점에서 균등한 인상은 공정해 보인다. 하지만 회사에서 해명하기 쉬운 방법일 뿐이지, 시간이 지날수록 잘못된 급여 결과가 누적되게 하므로 결국 공정하고 공평한 급여를 원하는 직원은 물론 회사까지 양쪽에 해를 끼친다.

예를 들어 알렉스라는 재무 분석가가 있다. 그의 연봉이 매년 3%씩 인상된다고 가정하고 앞으로 5년간 얼마나 증가하는지 살펴보겠다. 그의 급여 범위 중간값은 6만 달러에 연 2%씩 증가한다고 가정한다. 과거 시장 데이터에 기반해 설정한 급여 범위는 현재의 실제 시장치를 약간 하회하는 경향이 있기 때문에 이러한 숫자는 미국에서 흔히 볼 수 있는 수치다.

연차	급여	범위 중간값	범위 위치
신규	50,000	60,000	83%
1년 차	51,500	61,200	84%
2년 차	53,000	62,400	85%
3년 차	54,600	63,600	86%
4년 차	56,200	64,900	87%
5년 차	57,900	66,200	88%

같은 직무에서 5년을 보낸다면 알렉스는 경력상 '시장 평균인'의 최상위에 올라가서 맡은 일을 훌륭하게 수행하고 그에 상응하는 급여를 받아야 한다. 안타깝게도 5년 후 그의 급여는 예상 시장 중간값보다 훨씬 낮은 88%에 불과하다. 뭔가 잘못되었다. 88%라면 대개 최근에 승진하거나 고용되어 해당 직무에 필요한 기술을 배우는 단계에 있을 법한 위치다. 하지만 알렉스는 이 단계를 이미 지났다.

급여 매트릭스는 알렉스의 문제 해결에 도움이 안 된다. 만약 그에게 시장 임금률의 두 배이자 주어진 매트릭스에서 가능한 최대 금액인 매년 6% 인상률이 주어져도 범위 위치는 101%에 불과하기 때문이다. '공정한' 의도였음에도 회사의 잘못된 의사 결정이 낳은 복합적인 영향으로 알렉스의 급여는 현재 시장가치에 비해 현저히 적다. 근처 다른 회사에 알렉스의 직무와 비슷한 수준의 일자리가 있다면 그는 그곳에서 쉽게 경력을 쌓고 같은 직무로 7만 달러 이상을 받을 수 있다. 알렉스는 이 논거를 들어 관리자에게 자신이 적절한 범위 위치에 있지 않은 이유를 물어봐야 한다. 회사가 알렉스의 급여를 조정하지 않으면, 알렉스는 곧바로 20% 많은 연봉을 주는 새 직장으로 옮기면 되므로 이를 전화위복 삼으면 된다.

절차를 급여 인상 주장의 근거로 삼으려면 우선 회사의 연간 일정과 급여 체계를 파악하고, 인상을 요청하지 않을 시 시간이 지날수록 자기 급여가 얼마나 오를지 따져봐야 한다. 저임금 노동자들에게 적용하자면, 이는 최저임금 인상률을 자동으로 물가 상승률과 연동시키는 등의 법제화가 필요한 이유를 방증한다. 회사의 잘못된 절차로 인해 현재 지급받는 금액과 지급받아야 할 금액 사이에 유의미한 격차(10% 이상)가 나타난다면 회사에 급여를 인상하고 절차를 개선해야 한다는 주장을 표명하는 것이 좋다. 그래도 효과가 없다면 공정 급여 믹스 중 나머지 세 개의 P를 고려해야 한다.

공정 급여 믹스: 허용

공정 급여 믹스 중 다음 P는 '허용'이다. 허용을 급여 인상 논거로 제시하려면 채용되거나 승진했을 때, 아니면 누군가에게 급여에 대해 질문을 받았을 때와 같이 무슨 특별한 계기가 있어야 한다. 하지만 인상을 요청할 때 손해나 인사상 불이익의 위험 없이 어떻게 말을 꺼내야 할지 확신이 서지 않을 것이다. 공정 급여 믹스의 마지막 P인 힘이 급여 제공자와 수령자 간에 불균형하면, 수령자인 직원은 대개 대화를 불리한 위치에서 시작하기 쉽다.

이 힘의 역학이 직원에게 유리하게 작용하고 급여 인상을 기대해 볼 만한 절호의 기회가 드물게나마 있다. 적절한 시기를 놓치면 몇 년간 기회가 찾아오지 않는다. 그러면 뒤처진 채 몇 년을 보내다가 나중에 절차를 근거로 인상을 요청하는 훨씬 큰 위험을 감수할 수밖에 없다. 만약 알렉스의 초봉이 5만 달러 대신 5만5,000달러였고, 매트릭스의 범위 위치상 인상률이 평균 5%였다면, 5년 후 그의 급여는 5만7,900달러가 아닌 7만 달러가 되었을 것이다. 그러면 알렉스는 외부 채용 담당자의 이직 제안을 거절해도 된다.

허용 논거를 써먹을 가장 흔한 기회는 채용되었을 때와 승진했을 때다. 바로 이때는 회사에서도 직원이 발언권을 행사하리라 예상하는 시점이다. 승진과 채용은 회사가 이미 여러분의 경력에 투자하기로 결정했다는 뜻이므로, 여러분은 공정 급여를 주장할 수 있는 이 기회를 놓쳐서는 안 된다. 승진이든 채용이든 새로운 급여는 범위 위치를 기반으로 해야 한다. 승진했을 때는 항상 새로운 직무가 급여 범위 내에서 어느 위치에 있는지 확인해야 한다. 현 직급으로 승진한 지 얼마 안 되었다면, 중간값 아래의 범위 위치와 '시장 평균'이 적절하다. 하지만 앞 단락에서 설명한 대로 회사의 통상적인 급여 절차에 따라 급여 범위의 상위에 도달하지 못할 만큼 급여가 지나치게 적지 않은지도 확인해야 한다. 대개 회사는 승진 시 급여 인상률을 최대 10%나 15%로 제한한다. 다시 말하지만 고정 인상률은 겉으로 공정해 보이나 실제로는 문제가 있다. 고속 승진자라면 사내 정책 한계를 훨씬 초과하는 큰 폭의 '추격^{Catch-Up}' 인상률이 필요할 수 있다.

허용 논거를 사용할 수 있는 특별한 케이스는 새 직장으로의 이직이지만, 이때는 먼저 정확한 이해가 필수다. 그동안 구직자의 관점에서 급여 협상법을 다루는 책은 많이 발표되었다. 대부분은 본질적으로 고용주의 마음을 읽는 법과 제다이의 마인드 트릭 같은 요령을 제시한다. 대신 이 책에서는 급여 담당자들의 실제 속마음, 그리고 포스를 사용하지 않고 그들과 협상하는 방법을 설명하겠다.

최소기능급여가 얼마인지를 아는 것은 늘 중요하지만 특히 채용 시점에는 더 중요하다. 앞선 예에서 저평가된 전문가 알렉스는 절대 급여 인상을 요청할 생각도 못하고 자신이 목표해야 할 금액이 얼마인지도 몰랐을 것이다. 이제 그가 절차를 논거로 급여 인상을 요청했다가 거부되었거나, 너무 겁이 나서 요청조차 하지 못했다고 가정하겠다. 그는 다른 회사의 같은 직급으로 수평 이동하는 이직 제안을 받아들일지 고민 중이다.

이직할 회사의 채용 담당자와 대화하다 보면 어느 시점에 (아마도 적격 판단의 목적으로 아주 일찌감치) 급여 기대치를 질문받을 것이다. 이제 여러분이 실력을 발휘할 때다. 누군가 여러분에게 다음 문장을 확성기로 목청껏 외친다고 상상하며 머리에 입력해 두기 바란다.

채용 제안을 받기 전까지는 최소기능급여 액수를 절대 공개하지 말라. 자신이 편안하게 여기는 범위도 알려주어선 안 된다. 그리고 나서도 제안 금액이 너무 낮아서 꼭 필요한 상황이라면 액수를 공개하라.

여러분은 원하는 액수를 알려줄 의무가 없다. 채용 담당자가 채용 절차를 진행하기 위해 액수를 알아야 한다고 말하면 이는 절차가 잘못되었거나 결함이 있다는 증거다. 그 회사의 인사 부서가 어떤 곳인지, 그로 인해 그곳에서 여러분의 경력과 급여의 미래가 어떨 것인지 곰곰이 생각하기 바란다. 원하는 액수를 알려줘도 여러분에게는 아무런 득이 없다. 채용 절차에서 원하는 연봉 액수를 밝히지 않는 것이 불성실한 태도는 아니다. 급여 투명성은 구직자의 일방적인 희생으로만 달성할 수는 없기 때문이다. 회사가 공정 급여를 지급하도록 하는 궁극적인 책임은 급여 수령자인 직원이 아니라 지급자인 회사에 있다. 그 이유를 알기 위해 다시 4P 중 절차 논거와 알렉스의 사례를 살펴보겠다. 알렉스는 자신의 가치가 7만 달러라는 것을 알고 있다. 또 편의상 현재 회사의 보상 철학이 대부분 회사처럼 50번째 백분위수로 급여를 설정한다는 것도 알고 있다고 가정하겠다. 채용 담당자에게서 듣게 될 답변으로 세 가지 시나리오가 예상된다.

첫째, 가령 6만 달러라는 썩 내키지 않는 금액으로 제안이 들어올 것이다. 알렉스는 현재 5만7,900달러를 벌고 있다. 따라서 새 직장이 더 흥미를 자극하거나, 현재 상사가 싫거나, 제안된 총보상 패키지가 상여금, 주식 보상, 경력 기회 등의 측면에서 더 매력적이지 않다면 굳이 이직하지 않을 것이다. 알렉스의 현 직장은 알렉스가 6만 달러의 제안을 받았다는 사실에 별 반응을 보이지 않을 것이다. 유의미한 격차라고 볼 만한 10% 인상률에 못 미치기 때문이다. 만약 반응을 보인다 해도, 알렉스가 겨우 그 정도 더 벌기 위해 그렇게까지 수고를 감당하는지 의아하다는 반응이 전부일 것이다. 그들은 은퇴 후 해변의 별장에서 보내고픈 알렉스의 마음까지는 생각하지 못한다.

새 회사가 신의성실의 급여 원칙에 반하는 낮은 금액을 제시하는 이유가 고의적 전략일 수도 있다. 하지만 그보다는 급여 범위가 잘못 설계되었다든지, 혹은 의도적으로 원하는 급여 위치를 낮게 설정하고 총보상제에서 상여금 비중을 늘리는 등 다른 수단으로 보상해 줄 가능성이 더 크다. 이유가 어느 쪽이든, 알렉스는 자신의 가치가 7만 달러라는 것을 알고 있으므로 자신 있게 그만큼 요구해야 한다. 회사가 동의하지 않아도 알렉스는 아무것도 잃은 게 없다. 그는 현 직장이 정신 차리고 잘못을 깨닫든지 더 좋은 이직 기회가 올 때까지 기다리면 된다.

둘째 시나리오는 알렉스가 상상한 것보다 훨씬 큰 금액으로 제안이 들어오는 것이다. 회사는 자신들이 원하는 급여 범위를 떠들고 다니지 않는다. 그러므로 알렉스는 시장 중간값보다 높은 위치에 있는 회사를 우연히 발견했을 때 기회를 스스로 제한할 이유가 없다. 하지만 새로운 회사가 알렉스가 생각하는 최소기능급여보다 더 많은 액수를 제한한 것만으로 끝이 아니다. 이 외에도 알렉스는 미래의 고용주에게 자신의 급여를 어느 범위에 배치할지 물어야 한다. 알렉스의 경력이 '시장 평균인'을 훨씬 능가한다면, '그 회사'의 급여 범위에서 상위에 놓이기를 기대해야 한다. 같이 일하게 될 비슷한 경력의 동료들도 그 회사에서 정한 범위의 급여를 받을 것이기 때문이다. 새 회사가 제안을 바꿀 생각이 없어도 이미 최소기능급여 액수를 초과했으므로 알렉스는 자축할 일이다. 일단 새 직장에서 몇 년 동안 근무하고 신뢰를 얻을 만큼 자리를 잡으면, 알렉스는 4P 중 절차를 논거로 들어 그 회사의 급여 범위와 자신의 기여도에 비해 급여가 너무 적다는 것을 효과적으로 입증할 수 있다.

셋째 시나리오는 구직자가 현 직장에서의 급여나 최소기능급여 기대치를 이미 면접 중에 공개한(이런!) 경우에만 해당한다. 새 회사가 그 금액에 단지 약간만 더 얹은 연봉을 제시한다면 십중팔구 불공정 임금이 만연한 회사라고 보면 된다. 거듭 이야기하지만, 고정 인상률은 대개 처음에는 공정해 보이나 다른 회사의 보상 철학과 급여 범위를 그대로 베껴서 위험을 초래한다. 한 기술 기업이 소프트웨어 외에 실물 제품까지 제품 범위를 확장하기를 원한다고 가정하자. 이제 그들은 비슷한 직무를 두고, 남직원이 대다수인 기술 기업은 물론 여직원이 대다수인 소비재 업종에서도 직원을 데려오려 한다. 이때 고정 인상률 접근 방식을 적용하면 남직원에게 더 높은 초봉과 계약금 Sign-On Bonus을 줄 가능성이 높다. 또한 기술 산업과 소비재 산업은 급여 구성에서 성과금이 차지하는 비중도 서로 다르다. 특히 정상급 기술 기업들은 급여 패키지에서 주식 보상의 비중이 크다. 구인하는 입장에서 기술 회사는 고정 인상률 방식으로 다른 회사의 인재를 적은 연봉에 데려올 수 있다는 사실에 설렐 것이다. 하지만 이러한 관행은 불평등을 초래해 신뢰와 충성도 하락으로 훗날 대가를 (아마 말 그대로 소송을 통해) 치르게 된다. 반면에 회사가 개인의 총보상 패키지를 알지 못하거나 처음부터 급여 계획을 투명하게 세웠다면 모든 후보자에게 일관성 있는 급여 계획을 짤 수밖에 없다.

전 직장이 초래한 실수나 격차를 직원이 영원히 짊어져야 하는 이 셋째 시나리오를 방지하기 위해, 많은 주정부에서 과거 급여 이력을 묻는 회사의 관행을 제한하는 법률을 통과시켰다. 캘리포니아주와 앨라배마주는 정치적, 사회적으로 다른 점이 많지만, 공정 급여를 확립하는 데 이러한 관행의 중요성, 그리고 급여의 투명성에 대한 부담을 직원만 짊어져서는 안 된다는 인식을 같이하고 있다.

회사의 관점에서 과거 급여 이력을 질문하지 못한다는 것은 성가신 규제로 여겨졌다. 이러한 과한 장벽은 (알고 보면 불완전한) 자유시장의 보이지 않는 손의 효율적 작동을 막는다는 논리다. 이는 근시안적 사고방식이다. 게다가 채용 담당자로 일해본 적도 없거나, 규제라 하면 무엇이든 치를 떠는 사람들이 대개 이런 주장을 한다. 물론 단기적으로는 급여 이력 금지법이 채용 담당자의 일을 더 피곤하게 만들 것이다. 특히 채용 담당자가 건수나 시간 지표로 실적이 평가된다면 더 그렇다. 회사가 한 제안이 구직자의 최소기능급여보다 훨씬 낮으면, 채용 담당자의 할 일이 두 배가 되는 것은 사실이다. 그러나 장기적으로 보면 회사가 급여 이력을 묻지 않고 공정 급여를 지향하는 마음으로 채용 관행과 보상 프로그램을 공들여 재정비해야 모든 사람의 일이 훨씬 더 편안하고 효율적으로 된다.

요약하자면, 여러분은 꼭 필요한 상황이 아니면 최소기능급여 액수를 공개해선 안 된다. 채용 담당자가 압박하거든 "귀사와 함께 일하게 된다면 매우 기쁠 것입니다. 귀사의 보상 철학과 제가 이 직급에서 쌓은 중요한 경력을 감안해 공정한 급여를 제시해 주실 거라 믿습니다"라는 식으로 대답하면 된다. 자신이 원하는 급여가 상대 회사의 예상보다 대개 높은 수준임을 감안하면서, 그 회사의 급여 범위 내에서 본인이 정확히 어디에 위치하기를 바라는지 새 회사에 넌지시 암시해야 한다.

일단 회사가 공정 급여로 전환하기 위해 내부를 쇄신하고 나면, 급여를 협상할 필요도 없어진다. 대부분 이직 제안에서 고용주와 구직자가 동등한 정보를 가지고 상호를 신뢰하므로 협상할 필요가 없을 것이다. 과거에는 채용이 협상이었다면 이제는 거래다. 구직자는 어떤 종류의 세제를 구입할 것인지 정확히 알고 그에 따라 선택하는 소비자와 같다. 물론 공정 급여 체계로 성공적으로 전환한 회사들도 여전히 해결해야 할 숙제를 피할 수 없을 테고, 이사회 승인이 필요한 예외적인 경우도 계속 나오기 마련이다. 보상 방식도 인간이 하는 일이기에 완벽할 수 없으니 말이다. 그래도 협상이 줄어든다는 것만으로도 충분히 좋은 현상이다.

연봉 협상에 대한 흔한 고정관념, 더 폭넓게는 동일 노동 동일 임금에 대한 고정관념은 여성이 남성만큼 적극적으로 급여 인상을 요청하지 않기 때문에 인상을 얻어내지 못한다는 것이다. 그러나 최근 연구에 따르면 여성도 남성 못지않은 빈도로 급여 인상을 요청하지만 인상률은 15%에 불과한 반면, 남성은 20%라고 한다. 신의성실의 급여 원칙이 사람들의 기여도와 잠재력에 따라 완전히 보상받게 하는 방식을 뜻하는 만큼, 여성보다 남성에게 유리한 협상이라는 절차가 굳이 있어야 할 필요성을 줄이는 것은 중요한 목표다. 어쨌든 협상에서 직원이 고용주를 이길 가능성은 희박하므로, 협상은 공정 급여를 보장받고자 할 때 기댈 만한 관행이 아니다.

하지만 급여 방식이 개선되고 직원들이 고용주를 완전히 신뢰해 급여 협상이 무의미해지는 날이 오기 전까지는, 급여 협상을 더 잘하는 법이라도 알아야 한다. 그러려면 우선 회사를 상대로 협상 가능한 대상과 불가한 대상을 구별함으로써 가장 중요한 것에 에너지를 집중해야 한다. 일반적으로 직장이 대기업일수록, 또는 직급이 낮을수록 협상 능력에서 불리하다. 대기업에서 급여를 협상할 때는 사측이 시간이 지날수록 상황에 따라 급여 프로그램에 사소한 변화라도 있을 때 이를 직원들에게 확실히 알려주는 시스템이 갖춰져 있는지를 생각하는 것이 도움이 된다. 유감스럽게도 대부분 회사, 특히 대기업의 급여 프로그램 시스템은 안경알 갈아 끼우듯 융통성이 크다.

상여금과 주식 보상, 복리후생 등은 임원급이 아닌 이상 대개 협상 불가 대상이다. 회사는 이러한 시스템에는 되도록 변화를 주지 않는 편이며, 가끔 예외적 경우를 처리하려면 법적 근거나 이사회 승인이 필요하다. 대신 기본급과 계약금에 집중해 협상을 이끄는 것이 좋다. 이런 협상은 단판으로 끝나기 때문에 시스템상 수년에 걸쳐 특별히 관찰하거나 유지 관리할 필요가 없다.

기본급 협상은 최소기능급여 전략을 따르기 마련이지만, 계약금이나 주식 보상은 구직자가 영향력을 행사할 수 있다. 회사들이 취하는 일반적인 접근 방식은 이직하려는 구직자가 향후 1년간 직전 직장과 비교해 전혀 손해 보지 않도록 보장하는 것, 한마디로 '전 직장에서 받던 전액을 지켜주는' 것이다. 회사는 구직자가 현 직장을 떠나면 현재의 상여금과 미행사 스톡옵션을 상실하게 된다는 점을 이해하고 인식해, 그가 향후 1년간 놓치게 되는 기회비용만큼을 현금이나 주식으로 보상하겠다고 제안할 것이다. 이직하려는 구직자가 현직장의 급여를 새 회사에 밝히는 실수를 저질렀고 그로 인해 새 회사가 이미 자신들이 제안한 급여가 상당한 액수임을 알게 된 경우가 아니라면, 총보상 기준으로 적어도 전 직장 수준만큼은 온전히 유지되리라 기대해야 한다.

1년 차 이후부터는 이 구직자에게 자기네 급여 체계를 적용해도 꿀릴 것이 없다고 회사는 생각한다. 구직자로서는 이때가 총보상의 함정이 없는지 판단이 필요한 시점으로, 특히 스톡옵션 행사 시기에 따른 손익을 계산해야 한다. 즉, 지급을 약속한 현금이나 주식의 전체 가치를 획득하기까지 몇 개월 또는 몇 년이 걸릴지 따져봐야 한다. 내가 아는 어떤 유명 대기업은 신입 사원에게 눈이 휘둥그레질 만큼 엄청난 스톡옵션을 제공하지만, 입사 후 첫 2년 동안 매해 5%씩만 제공하도록 설계했다. 이는 3~4년에 걸쳐 균등하게 제공하는 일반적인 시장 관행보다 소유권 취득에 훨씬 오래 걸리는 구조다. 다시 말해 입사 후 처음 2년 동안은 많은 돈을 벌게 해준다고 약속하는 것이지, 실제로 주는 것은 별로 없다. 이 대기업은 이렇게 해야 자신들에게 유리하고 안 그래도 입사하려는 지원자가 줄을 섰다는 것을 안다. 따라서 그들은 무슨 수를 써서라도 스톡옵션 만기가 되기 전에 직원들을 기진맥진하게 혹사한다는 소문이 자자하다. 주주 우선주의 관점에서 보면 병적인 수준이 아닌 이상 정말 똑똑한 방법이다.

구직자는 이직으로 자신이 무엇을 포기하고 무엇이 필요한지 확실히 알아야 하며, 채용 시 이를 물어보는 것도 허용되어야 한다. 기회는 이때뿐이다. 임원이 아닌 이상 기본급이나 계약 보너스, 주식 보상, 전근 비용 청구, 건강보험 지급 대기 기간 같은 사항을 논의할 기회는 이때가 유일하다. 이 기회를 놓친 후에는 부탁을 들어줄 것으로 기대하기 어렵다.

4P 중 허용 논거는 공정 급여를 보장받기에 가장 위험이 적은 절호의 기회다. 자신의 가치를 알면 상대방을 설득하기 위해 연습해야 할 비밀스러운 대본은 필요하지 않다. 급여 담당자들이 이직을 결심할 때 어떻게 행동하는지 관찰하고 본받으라. 그들은 자신의 가치가 얼마인지 잘 알기에 협상하지 않는다. 새 직장으로 이직하거나 승진 제안을 받으면 필요한 사항을 요구할 수 있는 기회이니 이를 놓치지 말기 바란다.

공정 급여 믹스: 우선순위

공정 급여 믹스 중 '우선순위' 논거는 회사에 대대적인 개편이 필요할 때 적용된다. 이러한 상황에서는 회사가 자기반성을 하고 공정 급여를 우선시하도록 설득해야 한다. 관리자는 여러분이 공정 급여 아이디어를 설득해야 할 대상이기도 하지만, 동시에 자신의 상급자인 임원들을 상대로 계획을 추진해야 하는 등 결실을 맺기까지 몇 년이 걸릴지도 모를 험난한 변화를 주도할 사람들이다. 다음 징후가 나타나면 우선순위 논거를 꺼내야 할 때가 왔음을 알 수 있다.

- 직원들이 현 직장을 떠나 다른 직무로 수평 혹은 하향 이동한다.
- 정규직 직원조차 기본 생계를 잇기 위해 분투한다.
- 회사에 보상 철학이나 그 외 책임을 물을 수단이 없다.
- 직속 관리자보다 재무팀의 급여 통제권이 더 강하다.
- 임원들의 급여만 큰 폭으로 인상된다.
- 팀에서 아무도 승진하지 못하는 가운데 외부 영입 직원은 늘어난다.
- 직원들에게서 급여와 관련한 피드백을 전혀 들으려 하지 않는다.
- 동일 노동 동일 임금에 대한 분석을 실행한 적이 없다.
- 급여 체계가 전혀 투명하지 않다.

우선순위 논거가 통하려면 과감한 리더가 필요하다. 이 리더십은 남에게 위임하거나 위촉할 수 없다. 이것은 선의와 자비에 의해서든 지치고 마지못해서든, 회사의 경영자가 직원을 위해 상당한 돈을 투자하겠다고 결정하는 자발적 행동이다. 회사가 공정 급여를 우선순위에 놓기로 결정했다면 그들은 스스로 시장 경쟁력이 있다고 생각하는 이인삼각 경기에 합류해야 할 수도, 반대로 이탈해야 할 수도 있다. 우선순위 논거에 따르면 회사는 새로운 주차장 건설이나 배당금과 같은 다른 투자를 포기하는 한이 있어도 예산 할당의 우선순위에서 급여 인상을 위로 올려야 한다. 그들에게 이러한 결정은 내키지 않을 것이다. 주주 우선주의 모델에 따르면 급여 인상은 마지막까지 보류해야 할 투자 수단이다. 따라서 급여 인상에 대한 승인을 얻으려면 배당을 더 선호하는 주주를 경영진이 설득할 수 있어야 한다.

타깃의 CEO인 브라이언 코넬Brian Cornell은 우선순위 논거에 따라 최저임금을 몇 년에 걸쳐 시간당 15달러로 인상하겠다는 계획을 공개적으로 발표했다. 경쟁사인 월마트와 아마존보다 한발 앞선 행보였다. 이 회사들의 급여 인상이 뉴스거리가 된다는 것은 인상액이 그만큼 시장 평균치와 확연히 떨어져 있었다는 징표였다. 타깃의 보상팀이 시장조사 데이터에만 의존했다면, 임금을 15달러로 올리는 결정이 옳다고 판단할 이유가 없었다. (몇 년이 지난!) 오늘날에도 이 액수는 일반적인 급여 조사에서의 시장 표준과 거리가 멀다. 코넬은 연중 성수기에 고객 서비스를 원활히 제공할 수 있도록, 급여 인상을 회사의 계절적 고용 목표와 직접적으로 연관시켰다고 설명했다.

"우리가 급여에 투자하기로 하면서 구직자들이 우리 회사에서 일하기로 선택하기 시작한 것 같습니다. 우리의 제안에 그들이 긍정적 반응을 보이는 신호라고 생각합니다. 직원들의 반응도 좋습니다. 우리가 자신들의 미래에 투자하고 있다는 것을 알게 된 거죠."

공정 급여의 선결 조건은 최고위직에서도 이 문제의 우선순위를 중요시해야 한다는 것이다. 대개 급여를 인상하는 결정은 윗선의 지시가 필요하고 전 구성원에게 영향을 미치기 때문이다. 아무리 현명한 결정을 내려도 관리자 개인의 노력으로는 공정 급여를 회사 전체에 정착시키기에 충분하지 않다. 이것은 연봉이 많든 적든, 모든 구성원에게 사실이다. 한 개인이 절차 논거를 들어 문제를 제기하면 (즉, 회사의 잘못 설계된 절차로 인해 적은 급여를 받는다고 정확하게 지적하면) 전 직원의 급여를 재검토해야 한다. 그 후 더 많은 사람이 같은 이유로 적절한 급여를 받지 못한다는 사실을 깨달으면 기업 경영에 차질이 생긴다. 그러면 고위 임원들이 나서서 해결책을 지시해야 한다. 여러분이 절차를 논거로 명확하게 급여 인상을 주장했음에도 여전히 회사가 급여 인상을 주저하는 이유를 모르겠다면, 이처럼 다수가 얽혀 있다는 점이 걸림돌로 작용하기 때문이다.

이러한 상황에서 기업들, 특히 대기업의 경우라면 직원 급여 인상의 기회를 대신할 전혀 다른 수단을 찾을 것이다. 예컨대 연례 정기 승급 때 추경 예산을 편성하거나, 조직을 개편하거나, 임시로 전반적인 '직무 평가' 계획을 세우는 등의 형식이 될 수 있다. 그래서 본인이 그동안 늘 저평가된 급여를 받지는 않았는지 진지하게 생각해 보는 직원이 아무도 없다. 결국 대부분 회사가 대규모 급여 인상을 추진하게 하는 원동력 중 하나는 신의성실의 급여 원칙보다 자기 보존 본능이다. 항상 70/20/10 규칙을 기억하라. 신의성실의 급여 원칙이 결여된 회사가 생각하는 급여 정보 공개의 목적은 체면 유지가 70%, 소송 방지가 20%, 직원의 생활 수준 향상이 10%다.

우선순위 논거를 명백히 내세울 수 있는 동시에 많은 기업의 근본적인 변화가 필요한 분야는 다수가 일률적으로 동일 업무를 수행하는 저임금 노동 분야다. 소매업, 외식업, 콜센터, 제조업, 유통업이 모두 이에 해당한다. 이들 직종의 급여 여건은 전문직, 사무직과 다른 양상을 보인다. 전문직, 사무직은 예상되는 재직 기간이 훨씬 길고 같은 직무 내에서도 사람마다 실력 편차가 훨씬 크다고 인식된다. 사무직은 직속 관리자가 급여 범위 내에서 급여를 결정하는 등 더 많은 재량이 허용된다. 반면에 다수 인원이 몰려 있는 저임금 직종의 경우 근무 기간과 같은 좀 더 객관적인 지표를 기반으로 차별화가 까다로운, 정형화되고 고정된 급여를 지급하는 것이 시장 관행이다.

다수 인원의 저임금 직종의 경우 회사는 재직 연차에 따라 (예: 신규 시급 + 매년 1달러) 객관적이고 고정된 공식을 통해 자동화된 급여 계산에 의존하기도 하고, 아니면 성과 평가 결과에 따라 조정할 수도 있다. 자동 계산 방식은 동일 노동 동일 임금을 보장한다. 또한 매년 전 직원이 바뀌거나 최저임금 인상 또는 단체 교섭의 영향을 전 직원이 받는 환경에서 급여를 공평하게 관리할 수 있는 유일한 방법이다. 소프트웨어 업체인 버퍼Buffer 등 일부 중소기업은 이러한 자동 계산 방식을 모든 직무로 확장하고 급여 산정 공식을 온라인으로 공개했다. 또한 이 글을 쓰는 현재 버퍼는 많은 회사가 이용 중인 컨설팅 회사 래드퍼드의 시스템을 기반으로 한 직급 설정 지침도 공개해 놓은 상태다. 내가 알기로 대기업 중에는 급여 계산을 완전히 자동화에 맡긴 곳이 없지만, 대기업도 공정하고 효과적으로 성과를 평가하고 인재를 관리한다면 자동화를 채택하지 못할 이유가 없다.

공식을 이용한 자동 계산 방식이 어느 회사에나 적합하지는 않을 테고, 실제로 이러한 방식을 고려 중인 회사도 거의 없을 것이다. 인재를 유치하고 유지하는 자기네만의 고유한 방식을 훼손하고 싶지 않기 때문이다. 그러나 어떤 회사든 더욱 투명하고 객관적인 방식으로 급여를 지급하는 방법을 놓고 직원들과의 갈등으로 씨름해야 할 날이 분명 올 것이다. 이것이 회사들이 직면한 미래이고, 자발적으로든 법 때문에 억지로든 피할 수 없는 현실이기 때문이다.

그렇다면 다수 인원의 저임금 직종에서 급여 지급 방식은 자동화로 해결할 수 있으니 문제가 되지 않는다. 진짜 문제는 그들에게 지급하는 액수다. 경영진이 저임금 노동자를 우선순위에 두도록 하려면 어떻게 해야 할까? 내 경험상, 경영진의 마음을 돌리기는 굉장히 지난한 과정이다. 게다가 경영진이 변화를 주도해야 하는데, 그들은 다른 일에 시간과 예산을 투입하기를 바라므로 진행에 몇 년이 걸리기도 한다. 전 세계적으로 우선순위 논거로 저임금 직종의 급여 수준 개선에 성공한 사례를 보면 다음과 같은 공통점이 있다. 첫째, 급여 인상이 회사에서 주도한 전략적 계획과 직접적으로 연결되어 있다. 둘째, 문제를 무시하면 회사가 명시한 가치관에 명백히 반한다는 점을 인식한다. 셋째, 고위 경영진이 대의를 지지한다. 넷째, 실세라 할 수 있는 인사팀이 계속 압박한다. 다섯째, 타이밍에 약간의 운도 작용한다. 마지막 두 가지는 더 자세히 짚고 넘어갈 필요가 있다.

여기서 잠깐 여담이지만, 인사 업무에 종사하는 나의 동료들에게 직접적으로 한마디해야겠다. 우리 급여 담당자 중 적잖은 사람들이 회사 전략에 중요한 역할을 담당한다는 인상을 주고 중요한 회의에서 자리를 차지하는 데 신경 쓰면서도, 솔직히 회사에서 커다란 영향력을 행사하는 일원이 되는 법은 깨치지 못했다. 2005년 잡지 「패스트컴퍼니Fast Company」에서 키스 해먼즈Keith H. Hammonds 부편집장은 '우리가 인사팀을 싫어하는 이유'라는 신랄한, 그리고 기고 당시는 물론 오늘날에도 유효한 제목의 기사에서 다음과 같이 말했다. "인사 부서는 회사 내에서 형식적으로는 기업의 성과를 좌우하는 핵심 동인이자, 한결같이 실망스러운 성과를 낼 가능성도 가장 큰 부서다."

한때 나와 같이 일했던 어느 인사 책임자는 인사팀의 역할을 간 기능에 비유하며, 몸에서 노폐물을 걸러내고 배출하는 것이 유일한 임무라고 자랑스럽게 말했다. 여기서 경력을 보내야 하는 직원은 얼마나 재미없고 암울할까? 역시나 그 회사는 직원을 어떤 원칙도 없이 채용했다가 뒤늦게 인건비 부담이 지나치다 싶으면 해고하는 습관이 있었다. 잔류 직원들에게 시장 경쟁력 있는 급여를 유지하려다 보니 자금이 부족해진 탓이다. 인사 책임자에게는 불가해한 인간 행동과 비즈니스 환경 변화가 자신들의 업무를 가장 어렵게 하는 애로점일 것이다. 그래도 인사 부서에서 근무하는 사람들은 자신의 역할이 회사의 경찰이 아니라 직원의 처우 개선과 회사의 발전을 모두 도모하는 옹호자임을 잊지 말기 바란다. 직원의 고충을 방치하거나 그들을 함부로 대하면 시간이 지날수록 간뿐 아니라 온몸이 병들 것이다.

인사팀 책임자는 희소한 자원과 프로젝트의 우선순위를 두고 타 부서와 경쟁한다. 그리고 이 경쟁은 출발점에서 앞선 다른 모든 팀이 유리하게 시작한다. 애꿎은 인사팀은 늘 예산 고려 대상에서 목록의 마지막에 있다. CEO와 주주들의 눈에는 투자할 구미가 당기는 더 멋지고 돋보이는 프로젝트가 항상 생기기 마련이다. 그래서 급여 인상,

직무 훈련, 내부 체질 개선 등에 대한 투자는 뒷전으로 밀리기 쉽다. 인사 책임자가 예산을 더 끌어오고 직원 급여를 올리려면, 기업 관점으로 통찰력을 발휘해 회사의 재무 상태를 이해하고 급여 인상에 따르는 상충 관계와 회사의 장기적 이익에 대한 논리를 부단히 펼칠 수 있어야 한다. 여기서 인사 책임자는 자기 부서에서 가장 큰 비용 항목인 급여 예산을 처리하는 수장으로서 빛을 발할 수 있다. 자신이 '수학 포기자'라는 이유로 급여 문제를 전담팀에 위임하고 나 몰라라 하면 회사의 건전성에 기여할 중요한 기회를 놓친다. 그러면 팀원들에게도 회사에도 떳떳한 존재가 될 수 없다. 적극 나서지 않으면 아예 소외된다.

인사 책임자가 아무리 설득의 달인이라도 타이밍이라는 운의 도움도 받아야 한다. 모든 회사는 연중 내년도를 위한 투자 요청을 집중적으로 검토하는 시기가 있다. 대개 3/4분기에 진행하며, 이때 장기 전략 계획도 수립하는 회사가 대부분이다. 즉, 타깃의 사례에서 보았듯 대규모 인건비 투자를 계획한다면 회사 전체의 전략 계획과 수년간의 사업 전망에 부합하는 방향으로 장기 계획을 세워야 한다. 또 예상 밖의 히트 상품, 특별 세제 혜택, 환율 여건 등 재정적 행운이 찾아오면, 이때를 기회로 삼아 임원들에게 급여 인상이 위험도가 낮고 시기적절한 투자라고 설득할 수 있다. 인건비 투자가 기업에도 유익하다는 논거를 만들고 그 긴급성을 임원들에게 설득해 전체 조직의 옹호자 역할을 하는 것은 인사 책임자가 노력하기 나름이다. 비용, 조정, 평판, 세 가지를 모두 책임져야 한다. 인사 책임자의 역할이 단순히 간 기능에 머물러서는 안 된다.

그래도 인사팀의 노력이 소용없고, CEO가 공정 급여를 진지하게 받아들일 의지나 능력이 없다면 어떻게 해야 할까? 개인의 노력으로 회사의 우선순위에 영향을 끼치기에는 한계가 있으므로 이제는 직원이나 시민이 세력을 규합해야 한다. 그렇다면 공정 급여 믹스의 마지막 P인 힘이라는 카드를 꺼내야 할 차례다.

공정 급여 믹스: 힘

공정 급여 믹스의 마지막 P는 '힘'이다. 구성원 사이에 집단적으로 변화를 요구하는 분위기가 고조되고 있음에도 경영진이 (직원 또는 회사를 위해) 공정 급여로 나아가는 의미 있는 조치를 취하지 않는다면, 우리는 힘이 회사나 업계에서 어떻게 작용하고 변화를 유도하는지 판단해야 한다. 특히 미국을 중심으로 현재의 고용 관계에서는 회사 쪽에 훨씬 힘이 쏠려 있지만, 이 권력 불균형이 영원히 지속되리라는 법은 없다. 또 영원히 지속되지 않아야 모든 사람이 더 나은 삶을 살 수 있다. 경영의 선구자 메리 파커 폴렛Mary Parker Follett의 흔히 인용되는 명언 중 "누군가를 위해 일하는 것도, 누군가의 임금을 지급하는 것도 상대방에게 권력을 행사할 수 있다는 의미는 아니다"라는 말이 있다.

이쯤 되면 좌절감에 두 손 들 독자들이 많을 것 같다. 노조가 퇴조한 요즘 세계에서 근로자들이 자신의 급여에 어떤 힘을 행사할 수 있다는 순진한 생각이 가당한가 싶어 고개를 가로저을지도 모른다. 그리고 이기심에 따라 움직이는 중간급 사업가가 "하지만 우리 모두 급여 문제를 진지하게 다루기 시작하면 상황이 나아질 것입니다!"라고 말하면 헛웃음만 나올 것이다. 이해가 간다. 공정 급여에 저항하고자 지저분한 방법을 동원하는 회사는 무수히 많다. 또 많은 회사에서 노사 간의 신뢰도가 워낙 낮아 공정 급여가 불가능하다고 생각하는 것도 당연하다. 하지만 여러분이 이 책을 여기까지 읽었다면, 나는 여러분의 신뢰를 어느 정도 얻었을 것이라고 생각한다. 그리고 나와 같은 급여 담당자들도 여러분이 급여 인상을 이끌어내기 위해 설득해야 하는 똑같은 사람 중 한 명임을 알게 됐을 것이다. 최대한 직접적으로 말하자면, 분명 기업들은 급여 체계에 이러한 변혁을 일으킬 여력이 있다. 실제로 내 눈으로 확인했기 때문에 이렇게 자신 있게 말할 수 있다. 과거는 무시할 게 아니라 공정 급여로 나아가는 변화의 시작점으로 여겨야 한다.

공정 급여 믹스 중 힘 논거는 복잡하고, 유일하게 제도적 문제가 얽혀 있다. 7장에서는 성별 및 인종과 관련된 불공정 급여에 초점을 맞추고, 8장에서는 임원, 프랜차이즈 근로자, 긱 경제 시대의 계약직 근로자, 전업 예술가와 같은 세분화된 고용 집단에서의 역학 관계를 살펴볼 것이다. 한편 이 장에서는 일상적인 기업 환경에서 직원이 급여에 힘을 행사하는 방법에 중점을 둘 것이다. 특히 급여와 관련해 질문을 제기할 때, 외부 회사에서 이직 제안을 받았을 때, 위협적일 수도 있는 단체 협약이 존재할 때 등 세 가지 상황을 다룬다.

먼저 첫 번째로, 악의적 목적이 아닌 이상 질문하는 자에게 힘이 주어진다. 현대의 직장에서 힘의 법칙은 진실한 이해를 위해 현명한 질문을 꺼내는 것으로 시작한다. 질문은 공정 급여 믹스 전술에 관계없이 중요하며, 특히 다수 인원의 저임금 직종을 위한 급여 결정이라면 더욱 그러하다. 다수 인원의 저임금 직종에서는 개인이 급여에 대해 질문할 때 감수해야 할 위험이 낮다. 자기 개인이 아닌 모든 구성원에게 적용되는 급여 프로그램의 설계 방식 자체에 주의를 환기하기 때문이다. 사람들은 경력이 쌓일수록 급여가 얼마나 오를지 예측하고 싶어 한다. 하지만 저임금 직종 근로자는 대개 재직 기간이 1년을 넘기지 않는다. 따라서 이들이 급여에 대해 질문하면, 웬만한 관리자는 이 회사에 뜻이 있는 보기 드물게 '선량한 직원' 중 한 명이라는 긍정적 신호라고 볼 것이다. 그렇다면 어떤 질문을 하는 것이 좋을까? 다음은 어떤 직무든 상관없이 누구에게나 시도하기에 적합한 (그리고 질문하는 직원이 많을수록 좋다) 질문들이다.

- 임금률을 정할 때 어떤 회사를 비교 대상으로 삼는가?
- 모든 위치의 임금률이 동일한가?
- 급여 결정에 여러분의 의견이 반영되는가? 혹은 회사에서 그 결정 과정을 공개하는가?
- 임원까지 승진하려면 얼마나 많은 단계를 거쳐야 하는가?
- 한 직무에서 다음 직무로 옮겨 갈 때 승급액은 통상 얼마인가?

- 내부 승진자와 외부 채용자 중 누가 더 많은가?
- 급여가 연 1회 이상 인상되는가(그렇지 않거든 떠나라)?

식당, 상점, 콜센터, 작업장 현장에서 연락관 역할을 하는 관리자 중 이러한 질문에 답하는 데 필요한 정보를 가진 경우는 별로 없다. 그들은 보상 철학이나 임금률, 상여금 결정 방법에 대해 교육을 받은 적이 없다. 직원을 채용하거나 해고하고 회사의 급여 정책을 전달하는 데 필요한 몇몇 행정 업무만 수행해 왔을 뿐이다. 직원들이 앞에 나열한 질문을 더 자주 입 밖에 낼수록, 회사에서 급여를 지급하는 과정과 결과를 되짚어볼 기회도 더 자주 생긴다. 그 결과 급여 투명성을 확대하고, 직원 친화적으로 급여 프로그램을 개선하며, 문제 해결에 앞장설 것이다. 급여 체계가 복잡해서 생기는 부담을 직원들이 감당하면 안 되는 이유는 복잡성은 항상 권력 있는 자들에게 유리하기 때문이다. 사람들이 현명한 질문을 던지면, 체계는 간결해질 수밖에 없고 명확성, 투명성, 공정성을 위한 발판이 마련된다.

직원이 급여에 힘을 행사할 수 있는 두 번째 상황은 다른 회사로부터 이직 제안을 받았을 때다. 이 상황은 4P 중 여러 가지가 작용하여, 허용, 힘, 우선순위, 절차 논거 사이의 어딘가에 걸쳐 있다. 직원이 이직 제안을 받는 일은 불시에 찾아오긴 해도, 일단 이야기가 나온 이상 회사는 그가 급여 이야기를 꺼낼 것으로 예상하므로 허용 논거에 해당한다고 볼 수 있다. 또한 회사에서 다른 모든 직원을 상대적 우선순위에서 밀어내고, 질서를 깨뜨려서라도 이 직원의 연봉을 올려줄 가치가 있는지 결정해야 하므로 우선순위 논거도 된다. 마지막으로 이직을 고려하고 있다는 사실을 절차 논거에 힘을 실어주는 실례로 활용한다면 가장 효과적일 테니 절차 논거와도 관련이 있다. 하지만 편의상 여기서는 이직 제안을 공정 급여 믹스 중 힘 논거로 분류하겠다. 외부의 이직 제안을 받은 직원에게는 협상을 통제할 수 있는 권한이 있다고 이해하면 쉽기 때문이다.

외부 회사와 전화 인터뷰를 너무 자주 잡으면 그 회사의 시간을 낭비할 수 있으므로 좋지 않다. 대신 자신의 직급과 최소기능급여를 정확히 이해하고, 나중에 경력에 도움이 될 만한 채용 담당자만 골라 만나기를 권한다. 외부에서 이직 제안을 받았다고 현재 직장에 밝히는 것은 위험하므로 최후의 수단이라 생각하고 신중하게 처신해야 한다. 많은 관리자는 자기 직원이 타사의 영입 제안을 받은 사실을 충성도의 결여로 간주해, 이를 빌미로 급여 인상을 노리려는 불손한 시도로 생각할 것이다. 결과적으로 직원은 이미지에 타격만 입을 것이다. 이 직원의 논리는 회사의 관점에서는 진정한 허용 논거로 비치지 않기 때문에, 양측의 대화는 감정적으로 흐르기 쉽다. 회사는 공정 급여를 받지 못한다고 생각하는 한 직원의 개인적 불만 문제로 치부할 것이다.

이직을 고민 중인 직원에게 어떤 상황에서도 카운터 오퍼를 제시하지 않는 회사도 있다. 그러니 직원은 자기 회사도 그중 하나인지 알아보기 위해 약간의 탐색전이 필요하다. 그 결과 카운터 오퍼를 거부하는 회사가 맞다면 회사 나름의 거부 이유가 있을 것이므로, 다시는 안 볼 사이처럼 섣불리 관계를 정리하면 안 된다. 회사의 관점에서는 직원이 이직을 고려하는 수고까지 감내한다면 급여가 그의 유일한 불만은 아닐 가능성이 크다고 판단한다. 인적 자원 담당자들이 지속적으로 내놓는 조사 결과에 따르면 급여 문제는 사람들의 퇴사 이유 중 상위 5위 안에도 들지 않았다(참고로 상사가 싫어서라는 이유가 부동의 1위였다). 또한 회사들은 카운터 오퍼를 제시해 직원을 붙잡는다고 해도, 그중 80%가 6개월 안에 퇴사할 것이라고 확신한다. 이 통계는 널리 신봉되고 있으나 실제로 데이터를 추적하는 회사는 거의 없으므로 검증하기는 어렵다. 아무튼 이직 카드는 승산이 적은 만큼, 먼저 외부에서 이직 제안을 받은 사실을 자신의 최소기능급여를 검증할 기회로 활용해 절차 논거를 마련한 후 절차 논거가 통하지 않아 어쩔 수 없을 때만 카운터 오퍼를 내놓는 것이 가장 좋다. 이직 제안이 들어온 사실을 공개하겠다면, 정말 그 회사로 옮길 각오가 있어야 한다.

예민한 주제: 노동조합

마지막으로 힘의 논거 중 결정판이 남았다. 바로 회사와 직원 간의 단체 교섭에 대해 이야기할 차례다. 직원들이 공정 급여를 보장받으려면 강력하고 집단적인 힘을 발휘해 변화를 꾀할 수 있는 실행 가능한 수단이 항상 있어야 한다. 최저임금법, 동일 임금법과 같은 법률이 연성권력 수단이라면, 단체 교섭은 전투력이 검증된 경성권력이라 볼 수 있다. 지금부터 노동조합 주제로 들어갈 테니, 여러분이 노사 관계 중 사용자 편에 있는 미국인이라면 조명을 어둡게 하고 창문을 가리기 바란다. 미국인이 아니라면 그게 뭐 대수라고 생각할 테니, 햇볕이 잘 드는 야외에서 남들 신경 쓰지 않고 계속 읽어도 된다.

전통적이고 공식적인 단체 교섭의 형태는 노동조합이지만, 요즘에는 부문별 교섭(같은 업종에 속한 서로 다른 회사의 직원들이 함께 교섭하는 것-옮긴이 주)이나 공동 결정 협정(회사의 중요 결정에 노조 대표를 포함시키는 것-옮긴이)도 포함된다. 부문별 교섭은 개별 회사가 아닌 업계 전체 차원에서 협상할 수 있어, 모든 경쟁 기업이 한꺼번에 행동해야 하므로 이인삼각 문제를 겪지 않아도 된다. 예를 들어 모든 패스트푸드 체인이 임금, 작업장 안전 등의 조건에 동일한 기준을 설정하고 따라야 한다. 공동 결정도 관련된 개념이긴 하지만, 직원이 더욱 전사적 차원에서 임금률과 급여 체계 등 관리자의 결정에 참여할 기회가 있음을 뜻한다. 이처럼 공동 결정은 회사 내에 권력을 재분배함으로써 외부의 정치적 변수를 줄이고, 전통적으로 노조가 시간이 지날수록 회비 징수를 통해 권력을 집중해 온 경향을 부정적 금전적 유인을 통해 억제한다.

이 새로운 아이디어를 지지하는 사람들은 진보 진영부터 보수 진영까지 폭넓게 걸쳐져 있다. 진보 성향의 대표 주자인 엘리자베스 워런Elizabeth Warren 상원은 2020년 경선 출마 당시 이를 대선 강령으로 삼았다. 또 보수 성향의 싱크탱크 아메리칸컴퍼스American Compass는 2020

년에 부문별 교섭과 공동 결정을 지지하는 성명을 발표했는데, 여기에는 트럼프 행정부에서 법무부 장관을 지낸 제프 세션스Jeff Sessions를 비롯해 다수의 저명한 보수주의자들이 서명했다. 우버 CEO 다라 코스로샤히Dara Khosrowshahi도 공동 결정을 "지지할 만한 멋진 모델"이라고 말했듯, 지지 세력이 실리콘밸리까지 확장되었다.

단체 협약에 반대하는 사람들은 권력이라는 한 가지 문제로 귀결된다. 그렇지만 현 경제 체제의 기반이 되는 자유시장의 보이지 않는 손으로 명성을 얻은 애덤 스미스는 시장도 역시 고용주에게 유리한 권력 불균형에 영향받기 쉽다는 것을 알고 있었다. 그는 노동 조건을 정할 때 "통상 고용주와 노동자 중 어느 쪽이 유리한지 예측하기는 어렵지 않다"라고 말했다.

권력 우위가 균등할 때 직원이 더 많은 임금을 받을 수 있다는 것은 데이터상 분명히 드러난다. 노조에 반대하는 정서가 강한 미국에서는 조합원들이 비조합원보다 통상 더 많은 급여를 받았다. 2013년 노동통계국의 연구에 따르면 "평균적으로 조합원의 임금 인상 폭이 비조합원보다 크고, 대체로 더 많은 임금을 받으며, 대부분의 일반적인 고용주가 지원하는 복리후생 혜택에 더 많이 접근"할 수 있다. 또한 조합원 노동자들은 같은 업무에 대해 불평등한 급여를 받을 가능성이 적다. 노조에 가입한 여성의 임금은 남성 임금 1달러 대비 94센트인 반면, 비조합원 여성은 78센트였다. 이는 공정 급여 P의 우선순위 맥락에서 의미가 있다. 특히 다수 인원의 저임금 직종에서 관리자 개인이 재량껏 급여를 정하는 관행을 노조 협약을 통해 제법 없앨 수 있기 때문이다. 또한 두루뭉술한 급여 범위 대신 정형화된 급여 산정 공식에 의존하며, 관리자의 의식 및 무의식적 편견보다 객관적인 고정 인상률을 따른다는 점도 이에 한몫한다.

미국 외의 국가에서는 단체 교섭이 더 흔하지만, 여전히 공정 급여 P는 유효하다. 급여는 어느 국가든 똑같은 역학 관계와 똑같은 방식으로 관리된다. 이는 집권 정당이 어떤 정치적 노선을 취하든 상관없이 적용되는 사실이다. 나는 자본주의 국가와 공산주의 국가, 그리고 사회민주주의 국가와 전제주의 국가의 기업에서도 급여를 짜봤다. 어느 국가든 급여 문제가 똑같이 나타나는 이유는 공정 급여가 인간의 본성이라는 더 심오한 주제를 관통하기 때문이다.

실제로 글로벌 기업은 이처럼 정치 체제가 각양각색인 국가들에서 사업을 운영하면서도 전 세계 지사에서 수익성 있는 성장세를 기록하고 있다. 급여 전략은 현지 법률과 관습 등의 이유로 국가마다 약간씩 다를 테고, 이러한 미묘한 차이를 추적하는 일은 어렵고 성가실 수 있다. 하지만 기업들의 존립을 위협할 정도로 부담이 되는 경우는 거의 없다(적어도 대기업의 경우는 그렇다. 중소기업은 대개 단체 교섭 협약에서 제외된다). 요점을 말하자면, 급여에 노조의 입김이 강하게 작용하는 환경에서는 살아남을 수 없다고 말하는 회사가 이미 글로벌 기업이라면, 그 기업은 노조의 권한이 강한 환경에서도 이미 잘나가고 있다고 봐도 무방하다. 그들은 어떤 환경에서든 대처할 방법을 알고 있다. 단지 하고 싶지 않을 뿐이다.

역사가들은 주말 근무 수당, 초과 근무 수당, 작업장 안전법과 같이 노동 여건이 개선된 계기가 대부분 과거 단체 교섭의 힘에서 비롯되었다고 인정한다. 언론인 스티븐 그린하우스Steven Greenhouse는 저서 『짓밟힐수록 더 우뚝 일어서다:미국 노동의 과거, 현재, 미래Beaten Down, Worked Up:The Past, Present, and Future of American Labor』에서 노조의 절정기에는 임금이 꾸준히 상승한 반면, 노조의 퇴조기에는 상승이 둔화되고 임금에 대한 불안이 증가하는 상관관계가 뚜렷이 나타났다고 주장한다. 마틴 루터 킹Martin Luther King Jr.도 1965년 일리노이주 AFL-CIO(미국 노동 총연맹 산업별 회의) 대회 연설에서 1938년 제정된 획기적인 공정 근로 기준법과 관련해 다음과 같은 결론을 내렸다.

> 노동운동은 비참하고 절망스러운 상황을 희망과 전진으로 바꿔놓은 원동력이었습니다. 용감한 투쟁을 통해 이룩한 경제와 사회 개혁 덕분에 실업보험, 노령연금, 공적부조 제도가 생겨났습니다. 무엇보다 중요한 것은 임금 수준이 올라가면서 우리가 단순한 생존을 넘어 삶의 질을 개선했다는 점입니다. 기업의 수장들은 이러한 변화를 주도하지 않았습니다. 오히려 그들은 대세론이 바뀔 때까지 저항했습니다.

권력자들이 권력을 억지로 내려놓아야 할 때마다 그들의 상대편에 있는 누군가는 으레 핍박을 당해야 했듯, 역사적으로 노사 간의 충돌 과정에서 많은 사람이 피를 흘리며 쓰러졌다. 콜로라도 탄전 전쟁이 한창이던 1914년, 콜로라도석탄철강회사Colorado Fuel and Iron Company

는 이권을 지키기 위해 미국 방위대를 소집했다. 방위대는 파업 노동자들의 천막에 발포했고 노동자의 아내와 아이들을 포함해 스물한 명의 목숨을 앗았다. 훗날 이 사건은 러들로 대학살Ludlow Massacre로 알려지게 된다. 회사는 기관총이 장착된 데스 스페셜Death Special이라는 장갑차까지 만들어 노동자를 탄압했다. 또 3년 후엔 이스트세인트루이스 폭동이 일어났다. 여기서 들고일어난 사람들은 알루미늄광석회사Aluminum Ore Company 노조원들이었다. 노조원들은 인건비가 저렴한 남부 출신 흑인 노동자들에게 일자리를 뺏기자, 흑인 거주 지역을 거의 전소시킴으로써 앙갚음했다. 역사에는 이와 비슷한 이야기가 많다.

러들로 대학살은 여덟 시간 노동법과 아동 노동법의 제정을, 이스트세인트루이스 폭동은 시민권 운동을 촉발했다. 우리는 더 이상 데스 스페셜의 탄압이나, '백인만 가능'이라고 노골적으로 쓰인 구인 공고 및 노조 규칙 같은 차별은 받지 않지만, 분명 그 시대의 악습은 오늘날까지 세대 간 부의 격차와 기업의 대표성 격차라는 형태로 이어지고 있다.

현재 많은 국가가 이러한 투쟁의 초기 단계에 진입해 있다. 2012년 방글라데시에서는 1911년 뉴욕에서 발생한 트라이앵글 셔츠웨이스트Triangle Shirtwaist 공장 화재를 방불케 하는 타즈린 의류 공장 화재가 발생해 100명 이상이 사망하면서 작업장 안전 개혁이 촉발되었다. 이듬해에는 라나플라자라는 또 다른 의류 공장이 붕괴해 1,000명 이상이 사망했다. 우리에게 발전할 기회는 더 많이 남아 있다. 보건 노동자의 파업 집회에 참석했다가 암살당한 마틴 루터 킹을 비롯해, 우리보다 훨씬 앞 시대를 살며 공정 급여를 위해 투쟁한 선조들에게서 더 많은 통찰력을 얻는다면, 우리는 더 멀리 전진할 수 있을 것이다.

권력 분산도 중요하다. 권력 분산이 경제 역량을 떨어뜨린다며 온갖 미사여구를 동원한 기업들의 주장은 권력 분산이 실제로 기업에 가져오는 결과를 보면 사실이 아님을 알 수 있다. 노동자 권리를 효과적으로 보호하지 못하는 국가는 이러한 문제를 자유시장이나 기업의 인심에 맡긴다고 해결되지 않는다. 매년 발간되는 「ITUC(국제 노동조합총연맹) 세계 권리 지수:세계에서 노동 환경이 가장 열악한 국가 The ITUC Global Rights Index:The World's Worst Countries for Workers」라는 보고서는 노동자 권리 보장 정도에 1에서 5까지 국가별로 점수를 매겼다. 점수가 작을수록, '노동자에게 완벽한 유토피아'까지는 아니더라도 노동자에게 우호적인 환경을 가리킨다. 그중 가장 좋은 1점은 '간헐적 권리 침해'로, 가장 안 좋은 5점은 '법제의 미비로 권리 보장 불가'로 분류된다. 2019년 순위에서 미국은 '제도적 권리 침해'에 해당하는 4점을 얻었는데, 이는 순수 자유시장주의자들에게 영원한 숙적과도 같은 베네수엘라와 같은 점수다.

1929년 대공황이 시작된 지 15년 후, 미국의 노조 가입률은 사상 최고치를 기록했다. 당시 경영자 위치에 오른 세대는 인격 형성에 가장 중요한 청소년기를 여러 번의 경제 위기가 지나간 여파 속에서 보냈다. 그들은 어린 시절에 부모가 억울하게 직장을 잃고 심지어 집까지 압류당하는 모습을 보며 자랐다. 그러나 다음 세대에 관리자가 된 그들도 이미 부하 직원들을 같은 처지에 몰아놓고 있었다. 역사가 비슷한 패턴으로 되풀이된다면 2020년대 전반에 걸쳐 노동자들이 다시 세력을 키울 것으로 예상된다. 고용 관계에서 신뢰가 무너지면, 권력 분산을 향해 꿈틀대던 욕구가 노조라는 뚜렷한 형체로는 아닐지라도 어떤 식으로든 분출될 것이다. 자신의 운명을 스스로 통제하고 싶어 하는 건 급진 세력의 전유물이 아니라, 누구나 마음에 품고 있는 인지상정이다.

노동자의 힘이 더욱 강해져야 한다는 목소리가 도처에서 높아지고 있다. 15달러 쟁취 투쟁은 최저임금의 대대적인 인상을 촉발했다. 간호사와 교사들은 전국적 파업으로 임금 인상을 이끌어냈고, 열악한 급여와 근무 환경에 주의를 환기했다. 거대 기업인 우버와 리프트의 운전기사들이 벌인 파업은 독립 계약자의 불안정한 고용 관계에 관심을 불러일으켰다. 제너럴 모터스의 파업에는 5만 명의 노동자가 참여했다. 복스Vox와 버즈피드Buzzfeed 같은 미디어 기업은 처음으로 노조를 인정했다. 수많은 회사의 직원들이 스스로 취합한 급여표를 앞다퉈 공개하며 급여 실상을 세상과 공유했다. 급여 문제를 주제로 한 책과 논문도 다수 발표되어, 이 문제를 되짚어보는 동시에 내가 책으로 쓰고 싶었던 두 가지 관심사를 동시에 충족하는 완벽한 벤다이어그램을 제공해 주기도 했다. 2020년 인도에서는 2억5,000만 명 이상의 노동자들이 세계 역사상 최대 규모의 총파업에 참여했다. 회사들에 '노조 취약성 평가Union Vulnerability Assessments'라는 유료 서비스를 제공하며 단체 교섭을 피하도록 돕는 게 주업인 IRI 등 컨설팅 회사들도 심상찮은 추세를 관찰하고 있다. IRI는 노동운동의 부활을 예고

한 2019년 보고서에서 "준비되지 않은 기업은 이미 뒤처져 있는 셈"이라고 고객사들에 경고했다.

단체 교섭에 대한 반발도 거세다. 시애틀에서 최저임금 15달러 투쟁이 가속화되는 동안, 정치 성향에서 시애틀과 반대편에 있는 인디애나주, 미시간주, 위스콘신주, 웨스트버지니아주, 켄터키주 등에서는 자신들만의 전리품을 척척 쌓아가고 있었다. 특히 위스콘신주의 스콧 워커Scott Walker 전 주지사는 임금을 제외한 모든 사안에 대해서 교사의 단체 교섭권을 법적으로 금지했다. 그나마 임금도 인상률이 물가상승률보다 낮을 때에 한해서였지만, 산술적으로 이 조건은 사실상 매년 교사 임금을 낮추는 기능을 했다. 워커는 몇 주 동안 청사 앞에 모여 항의하는 수천 명의 시민과 마주했다. 또한 그는 주민 소환 투표에 직면하기도 했지만, 결국 본 선거보다 오히려 더 많은 표를 얻었다.

정치적 측면을 차치하더라도, 우리가 공정 급여로 가기 위한 과정에서 힘이 중요한 이유를 아는 것이 중요하다. 공정 급여 믹스 중 힘의 논거는 필요와 절박함에서 비롯된다. 사람들이 똘똘 뭉쳐 힘을 과시하면 다른 P도 덩달아 강력해진다. 급여 절차가 효과적으로 개선되고, 불이익 없이 급여에 대해 이야기할 기회(및 법적 보호)가 허용되며, 공정 급여가 모든 사람에게 우선순위로 적용되도록 의무화될 것이다. 폭력과 스파이, 그리고 '밍크코트 여단Mink-Coat Brigades(JP모건의 딸 앤 모건Anne Morgan이 주도했다. 파업 노동자들을 옹호한 부유층 여성들-옮긴이)' 등 힘에 관한 역사 속의 이야기가 더 널리 알려져야 한다.

새로운 세대의 노사 관계가 불공정 급여 문제로 다시 갈등을 빚는 요즘, 우리는 과거의 잔재를 잊거나 실수로부터 배울 기회를 놓쳐서는 안 된다. 우리는 모두 2025년쯤이면 조지아주에서 긱 경제 노동자들이 봉기를 일으키지 않을지 걱정해야 할 것이다.

전통적인 단체 교섭과 조직화된 노동운동은 미래의 직장을 지배하지도, 완전히 사라지지도 않을 것이다. 대신 현대적인 방법으로 새로운 형태를 취하게 될 것이다. 가령 직원들이 계속 압박하고 새로운 법제가 정비되면, 권력 분산과 급여 투명성이 의무화될 것이다. 그러면 임금에 진정한 자유시장 경쟁이 가능해지고, 기업이 무책임한 블랙박스 안에서 급여와 근무 조건을 관리하는 관습은 더 어려워질 것이다. 기업은 암호화된 글로벌 소셜미디어의 세계에서 급여 정보를 비공개로 유지할 수 있다고 기대해서는 안 된다.

이제부터 우리가 가야 할 방향은 선택하기 나름이다. 그리고 이 선택은 급여를 수령하는 직원보다 훨씬 더 힘이 강한, 급여를 주는 회사에 달려 있다. 만약 경영자 여러분이 권력 분산도 싫고 어떤 형태의 단체 교섭도 싫다면 이를 완전히 피할 쉬운 방법이 있다. 공정 급여 믹스를 통해 당장 신의성실의 급여 원칙을 실천하면 된다.

7장

격차에
발 빠짐 주의

　회사에서 성차별, 인종 차별과 같은 체계적 문제를 드러내는 부서도, 이를 개선하거나 악화하는 데 일조하는 부서도 급여를 담당하는 보상팀일 것이다. 따라서 회사라는 집단에서 최후의 안전장치는 나 같은 급여 담당자들이다. 여러분의 급여가 불공정하다면, 전부터 직무가 평가되는 방식과 그 직무에 직원들이 배치되는 방식이 잘못되어 문제가 갈수록 누적되었기 때문이다. 보상팀의 역할은 탄광의 가스를 탐지하는 카나리아처럼 앞으로의 문제를 예고하기보다는, 수년간 방치되었다 발견된 진폐증 예후를 설명하는 쪽에 가깝다.

　급여가 여러분의 손에 들어오기 전에 근본적으로 무엇이 잘못되었는지 알려면, 지금까지 이 책에서 설명한 내용을 가장 고질적이고 거슬리는 급여 문제에 적용하면 답이 나온다. 즉, 우리는 지금의 급여 체계에 이르게 된 역사적 과정, 현재 기업이 급여를 바라보는 관점과 우선순위를 정하는 방식, 그리고 공정 급여 믹스를 통해 급여 방식을 바꿀 수 있다는 점까지 확인했다.

이 장의 주제는 성별과 인종 간 격차인 만큼, 먼저 내 신상부터 이야기할 필요가 있겠다. 나는 성별과 인종 문제를 가장 설득력 있게 대변할 입장은 못 된다. 사실 내 배경에는 모든 독자에게 한숨이 절로 날 만한 요소가 적어도 한 가지씩은 들어 있다. 나는 전통적으로 진보 성향인 오리건주 포틀랜드에 사는 백인이자 이성애자, 시스젠더, 건장한 남성이다. 의식주가 갖춰지고 안전한 환경에서 다정다감한 고학력 부모 밑에서 자랐다. 나는 스물다섯 살까지 미국 남부(어쨌든 플로리다주도 위치상 남쪽에 인접하니까)의 교외에서 보냈다. 거대 교회의 영향권 아래 마태, 마가, 누가, 요한의 4대 복음과 극우 언론인 러시 림보_{Rush Limbaugh}의 가르침이 어우러진 환경이었다. 내가 아는 모든 리더는 인상과 헤어스타일이 비슷비슷한 백인이었다. 이러한 세계에서 여성은 보육 시설 같은 제한된 분야에서만 리더 역할을 수행할 수 있었고, 어머니의 날을 제외하고는 설교가 금지되었다. 적어도 내가 어렸을 때 교회 직원 중 유색인종은 성가대 소속이거나 변두리에 있는 분교를 이끄는 부차적 역할뿐이었다. 마틴 루터 킹이 일요일 아침의 예배 시간을 "인종 분리가 가장 극심한 시간"이라고 일갈한 것은 수십 년이 지난 후에도 여전히 주 3회 예배라는 형태로 적용되었다.

이런 공동체 환경과 경험을 벗어난 적이 없는 나로서는 성별과 인종 불평등 주제를 완벽히 이해하기엔 한계가 있었다. 나는 그동안 살면서 차별을 겪은 적이 없기에 여전히 다른 사람들의 간접 경험을 참고하며 세상을 보는 관점을 깨우치는 중이다. 누구나 어떤 형태로든 이러한 맹점이 있어서, 정형화된 '무의식적 편견'에 생각과 행동이 영향을 받는다. 제약 회사 보스턴 사이언티픽Boston Scientific의 글로벌 최고 다양성 책임자인 카밀 창 길모어Camille Chang-Gilmore는 "사람은 뇌가 있는 한 편견에서 벗어날 수 없다"라는 간결한 한마디로 정리했다. 보상팀은 앞일을 예측하거나 직원들의 수행 능력을 평가하기 위해 이러한 편향을 정신적 지름길로 사용해 빠른 판단을 내린다. 가끔은, 특히 안전한 결정이 중요한 상황에서는 이 방법이 도움이 되기도 한다. 교외의 안전한 동네에 사는 나는 야밤에 조깅하러 나가도 걱정 없지만, 여성이라면 날이 밝기를 기다리거나 친구를 데려가는 쪽을 택할 것이다. 젊은 흑인 남성은 아예 나갈 생각을 안 할 것이다.

한 가지 실험을 해보자. 친구에게 눈을 감고 일반적인 CEO의 생김새가 어떤지 설명해 달라고 해보자. 이제 사회복지사, 그다음에 트럭 운전사를 상상해 보라고 말하자. 친구는 가장 먼저 어떤 이미지를 떠올릴까? 내가 CEO를 상상할 때 처음 떠오르는 이미지는 똑같은 헤어스타일의 백인 남성이다. 백인 남성들의 능력이 선천적으로 출중하다고 믿어서가 아니라, 리더라 하면 백인 남성을 떠올리는 고정관념이 형성되었기 때문이다. 이처럼 자신의 인생과 직장에서의 경험을 토대로 어떤 것의 전형을 떠올리고 이를 기본값으로 여기는 것을 '가용성 편향Availability Bias'이라고 한다.

장담하건대 이렇게 생각하는 사람은 나뿐이 아니다. 사회복지사와 트럭 운전사를 생각하는 가용성 편향도 다들 비슷할 것이다. CEO라 하면 우리가 떠올리는 이미지는 거의 같다. 「포춘」에서 매년 선정하는 세계 500대 기업의 CEO는 90% 이상이 백인 남성이다. 백인 남성이 전체 인구에서 차지하는 비중은 30%이니 그 세 배인 셈이다. 포춘 500대 기업과 같이 순위에 등재되는 대상 수가 한정된 목록에서는 대표성이 제로섬 게임이므로 특정 인구 집단이 과다 대표되면 다른 집단은 과소 대표될 수밖에 없다. 흑인 여성의 실태는 어떤지 비교해 보자. 내가 이 글을 쓰기 시작할 때 기준으로, 포춘 500대 기업의 CEO 중 딱 한 명만이 흑인 여성이었다. 메리 윈스턴Mary A. Winston은 소매업체 베드 배스 앤드 비욘드Bed Bath and Beyond의 CEO가 되었지만, 그것도 신임 CEO를 찾기 전까지 맡은 임시직이었다. 흑인 여성이 인구의 약 7%를 차지한다는 점을 감안하면 500명 중 35명은 있어야 이치에 맞다. 하지만 이제는 한 명도 없다. 메리 윈스턴의 후임자로 지목된 CEO는 백인 남성이었다.

내가 현실에서 임금 불평등이 지속되는 시스템과 상호 작용하는 방식을 이해하는 관점은 개인적인 인생 경험과 직장 생활의 영향에 따라 형성된 것이다. 성별 임금 격차라는 개념은 정치적 목적 때문에 만들어진 허상일 뿐이라고 믿는 남성이 전체 남성의 46%(그리고 남녀 통틀어 38%)를 차지한다. 내가 속한 지역 사회의 주변 지인 중에도 다수가 여기에 포함된다. 반면에 내가 속한 직장 사회에서는 임금 불평등 문제가 데이터상 분명히 나타난다고 인식하는 사람들이 대부분이다. 이 장의 목표는 이 상반되는 두 세계를 연결해 급여 격차를 더 빨리 좁힐 수 있게 하는 것이다.

대부분 독자는 '동일 노동 동일 임금'을 추구해야 한다는 데 직감적으로 찬성할 것이다. 나는 이것이 사람들의 마음속에 신의성실의 급여 원칙이 내재하기 때문이라 생각한다. 안타깝게도 우리 급여 담당자들은 '동일 노동 동일 임금'의 정확한 의미를 되새기거나 책임감을 심는 대신, 이 문구를 일종의 슬로건으로 돌려버림으로써 고귀하고 소중한 목표를 무력화했다. 이제 이 문구에는 사람들에게 "체제에 맞서 싸워라" 또는 "본때를 보여주자"라고 선동하는 힘만 잔뜩 실려 있다. 그 결과 이제 동일 임금에 대해 토론할 때면 진정한 이해와 해결책을 찾지 못하고 서로 변죽만 울리다 끝난다.

전 BBC 중국 편집장인 캐리 그레이시Carrie Gracie는 저서 『평등Equal』을 통해 동일 임금을 위해 BBC와 투쟁한 자신의 경험에서 이러한 이분법적 의미에 주목했다. 그레이시가 보기에 BBC는 그의 주장에 반박할 때 똑같은 용어를 쓰고 싶어 하지 않았다. 그는 "관리자들은 '동일 임금Equal Pay'이라는 표현을 피하는 대신 '공정 임금Fair Pay'이라는 표현을 썼다"라고 술회했다. 그리고 관리자들에게서 들은 말은 "동일 임금은 법적 권리지만 공정 임금은 그렇지 않다"였다. 회사들은 이 차이를 이용해 법적 의미 측면에서 선을 긋는다. 그러나 표현의 차이야 어쨌든, 사실은 둘 다 직원에게 대단한 법적 의미를 부여하지 않는다. 동일 임금과 공정 급여는 각자 보충 설명이 필요한 표현이지만, 일반적인 용법에서는 동일한 의미로 간주된다.

이름보다 중요한 것은

'동일 노동 동일 임금'이라는 말을 들었을 때 다음 문장 중 어느 쪽이 마음에 와닿는가?

- 유사한 직무를 맡은 집단끼리 임금의 상대 비율이 동일해야 한다.
- 한 사람의 임금 액수가 그의 동료 비교군과 동일해야 한다.

여러분이 "둘 다"라고 대답했다면 훌륭하다. 대략적인 정의지만, 첫 번째 문장은 '임금 격차Wage Gap', 두 번째 문장은 더욱 세분화된 접근 방식인 '임금 형평Pay Equity'의 의미를 설명한 것이다. 성과, 경력, 직무의 차이는 어떡하냐고 반문할지 모르겠으나 이에 대해서는 나중에 이야기하겠다. 또 다른 대답이 나올 수도 있다. "어느 쪽도 아니다"라고 답한 사람들은 근본적으로 동일 임금을 자유시장 체제에서 추구할 목표가 아니라고 생각한다. 이러한 사고방식까지 여기서 일일이 다룰 필요는 없지만, 내 경험에 따르면 대개 이 사람들은 이미 연봉이 높고 한 부모 가정에서 자라지도 않았다는 말 정도만 덧붙여 두겠다.

임금 격차의 핵심을 정리하자면, 직장에서 한 집단과 다른 집단 간 임금의 상대 비율을 구하는 것이다. 계산은 간단하며 흔히 다음과 같은 형태를 띤다.

1. 사내 여성 평균 연봉: 8만 달러

2.사내 남성 평균 연봉: 10만 달러

3. 사내 임금 격차는 8만 달러를 10만 달러로 나눈 값, 즉 80%다(흔히 달러당 센트로 표시된다).

예를 들면 임시직 등 세부적 변수를 제외하고, 여성은 남성 임금 1달러 대비 80센트, 흑인은 백인 대비 70센트, 흑인 여성은 61센트를 받는다는 식의 통계가 일반적인 계산 방식이다. 이 외에도 다양한 계산 방식이 있다. 예를 들어 연봉의 평균값 대신 중윗값을 택해 최상단의 이상값을 통제하기도 한다. 영국에서는 임금 격차 계산에 법적으로 상여금이 포함되어야 한다. 프랑스에서는 다섯 가지 격차를 토대로 100점 만점으로 지수화한다. 앞의 계산과 같은 단순 임금 격차(40점), 개인 임금 인상률(20점), 승진율(15점), 출산휴가 복직 후 임금 인상률(15점), 고액 연봉 상위 열 개 직업에 여성의 비중(10점)이 그것이다. 아이슬란드에서는 회사가 방법을 정할 수 있지만, 정부가 설정한 높은 기준을 통과한 후 마치 문신 가게에서 보일 법한 '임금 평등' 문양을 부여받아야 한다. 아이슬란드 정부는 이 문양을 "원형 차트이자 각인, 룬 문자, 그리고 두 사람의 웃는 얼굴을 반씩 합친 것으로 (중략) 두 사람 모두 자신의 진정한 가치를 인정받고 있음을 상징한다"라고 설명한다. 이렇게 일관된 표준이 없다 보니 임금 격차는 허상이라는 생각과 잘못된 방책이 난무하게 되었다.

임금 형평은 임금 격차와는 다른 유형의 잣대다. 처음부터 회사 내 모든 소수 집단의 급여를 다수 집단과 비교하는 전사적 차원의 계산이 아니라, 먼저 '동일 노동에 대한 동일 임금' 문구 중 '동일 노동' 부분을 제어하는 필터를 생성한다. 계산을 시작하기 전에 이러한 필터는 연구자가 직무, 직급, 근무 시간, 경력과 같이 급여 격차를 용인할 수 있다고 간주하는 요소를 정규화한다. 임금 형평을 계산하는 방법은 무궁무진하지만, 웬만한 분석 방식은 다음 단계를 따른다.

- **1단계** 회사는 성별이나 인종 등 임금 격차 원인으로 수용할 수 없는 요소를 먼저 골라낸다. 이론적으로 다른 요소로는 가치관 차이, 정치 성향, 장애, 종교, 성적 취향이 포함될 수 있다. 어떤 국가들에서는 특정 데이터를 수집하는 것이 불법이다. 예를 들어 프랑스는 제2차 세계 대전 당시 소수 민족을 식별하기 위해 데이터가 사용되었다는 전력 등의 이유로 현재 기업이 직원의 인종 관련 데이터를 추적할 수 없다.
- **2단계** 직무, 성과, 경력, 직위, 근무 시간 등 임금 격차를 용인할 만하다고 판단되는 요소를 골라낸다. 운영 방식이 복잡한 대기업에서는 이러한 목록이 수백 가지가 되기도 한다.
- **3단계** 유사한 범주의 직원끼리 코호트를 묶는다. 같은 직급, 위치, 또는 같거나 유사한 직능에 있는 정규직 직원끼리 묶는 식이다.
- **4단계** 각 코호트의 통계 분석을 거쳐 코호트 내 다수 집단의 기준치와 비교한 후, 각 개인의 예상 급여 가치를 구한다.
- **5단계** 통계적으로 유의미한 이상값이 발견된다면, 어떤 직원의 예상 급여가 실제 급여보다 높거나 낮은지 확인한다.
- **6단계** 회사는 예상 가치 미만의 이상값에 있는 직원을 꺼내주기 위해

그의 급여를 어떻게 인상할지 결정한다. 다만 이것은 이상값으로 간주되는 직원들이 비교군과 똑같은 임금률이 적용된다는 뜻이 아니라, 통계상 예상 가치의 정상 범주 내에서 급여를 받게 된다는 의미다.

그런 다음 각 코호트 및 회사 전체의 임금 격차와 유사한 비율로 집계하면 임금 형평 분석이 된다. 결과는 회사마다 다르지만 임금 격차 분석보다 차이가 작게 나올 것이 거의 확실하다. 이는 고연봉에 백인 남성이 많은 임원 집단이 데이터상 과다 대표되는 왜곡을 제거했기 때문이다. 임금 형평과 임금 격차의 계산 방식은 혼동되기 쉬워, 사람들은 '실질 임금 격차가 80센트가 아니라 98센트라고 주장하는 등 사실을 부인하기도 한다. 자세한 내용은 다음 단락에서 설명하겠다.

두 계산 방식에는 공통점이 있는데, 가장 중요한 점은 둘 다 특정 시점 데이터를 기반으로 한다는 것이다. 임금 격차 분석에서는 붙박이 직원의 경우 이번 달에 74센트로 나타날 수 있지만, 특히 회사에 붙박이 직원이 거의 없는 경우 누가 회사에 들어오고 나갔느냐에 따라 다음 달에는 82센트가 될 수도 있어 결과가 변동적이다. 마찬가지로 포괄적인 임금 형평 분석에서는 텍사스주 오스틴에서 활동하는 P2 수준 여성 소프트웨어 엔지니어의 임금이 분석 데이터를 추출할 당시에는 남성 임금 1달러 대비 98센트였다가, 또 다음에는 남성보다 많은 101센트를 가리킬 수 있다.

대부분 회사에 임금 격차가 존재하고, 또 격차가 있다고 해서 무조건 급여 관행이 차별적이고 이 사회에서 퇴출되어야 하는 것도 아니다. 휴가 시즌 유통업체나 여름철 놀이공원과 같이 대부분 매출이 성수기 특수에 의존하는 사업이라면, 계절에 따라 한시적으로 직원 수가 쏠리는 시기가 있으므로 직원 구성의 연중 편차가 크게 나타날 것이다. 회사가 대대적 인사이동으로 직무를 재편했거나 신규 입사자가 아직 완전히 통합되지 않았다면, 유사한 직원끼리 묶을 분석 대상 코호트가 아직 정확하게 정해지지 않았을 수 있다. 또한 고질적 급여 격차 문제가 상존했다가, 대망의 퇴직을 앞둔 주요 임원들이 물러나면서 경영진이 대거 교체되고 신임 경영진에 의해 더욱 공평한 방식으로 급여 체계가 개편되면 변수가 다시 달라진다. 중요한 것은 시간이 지나도 일관된 방법론을 사용해 개선 정도를 측정해야 특정 시점의 예외 값을 억제하고 더욱 정확한 값을 얻는다는 것이다.

임금 격차와 임금 형평 분석의 가장 중요한 차이점은 통계적 유의성을 판단하는 능력이다. 이 맥락에서 통계적 유의성이란 한 개인이나 집단이 예상 급여보다 많거나 적은 급여를 받을 때 그것이 인정될 만한 요소를 회사에서 전부 철저히 검토했다는 뜻이다. 따라서 테스트 결과 격차가 발생한다면 이것이 무작위나 우연이 아니라, 성별이나 인종 등 인정되면 안 될 요소 때문이라고 확신할 수 있게 된다. 통계적 유의성이 그 회사에 차별 관행이 있는지를 직접 증명하지는 않지만, 비교적 수용 가능한 격차 요소가 테스트 결과에 반영되지 않게끔 막아주는 역할은 한다.

예컨대 내가 동네 아빠들 앞에서 덩크 슛을 뽐낼 수 없는 이유를 뭐라고 확실히 단정할 수는 없다. 하지만 내가 덩크 슛을 하지 못하는 이유를 설명할 수용 가능한 요소로 나의 작은 키를 가장 중요하게 꼽을 수 있겠다. 그러나 키가 유일한 요인이라고 '증명'할 수는 없다. 나와 키가 같은 코호트의 다른 사람들은 더 훌륭한 기술, 수년간의 연습, 그 외 다른 여러 변수를 가지고 코호트 내 격차를 충분히 설명할 수 있기 때문이다. 하지만 충분한 데이터가 모이면 각 사람에 대한 수직 점프의 예측값을 모델로 구축할 수 있다. 단신이면서 덩크 숏으로 유명한 전 NBA 스타 스퍼드 웹^{Spud Webb}이 코호트에 있었다면, 나와 비슷한 키인데도 더 좋은 점수를 기록했을 것이다. 모델에 '테스트 전 휴식 여부'와 같은 변수도 들어가지 않는 한, 나는 통계 분포상 내 위치에 수긍이 갈 것이다.

반면 점프를 측정하기 전에 내가 코호트에서 마라톤을 뛰도록 지시받은 집단에 속했다면, 나는 응당 이 불리한 조건에 항의하고 실력을 최대한 발휘할 수 있게 휴식할 기회를 요청할 것이다. 그래도 어차피 나는 덩크 숏을 못할 테고, 스퍼드 웹은 여전히 나를 이기겠지만, 나는 적어도 측정 과정이 공평했다는 건 인정할 수 있다. 이처럼 임금 형평 분석을 통해 동일 임금을 달성하는 것은 개인의 잠재력을 가로막는 불공정한 장벽을 찾아 해결하려는 취지다.

임금 형평 분석이 더 엄격하기 때문에 임금 격차 계산보다 더 뛰어나다고 결론짓기 쉽다. 그러나 엄격성이 무조건 정확성이나 유효성을 의미하지는 않는다. 외과의사가 멀쩡한 사지를 절단했다거나, 군대가 민간인 거주지를 적의 기지로 오인해 폭격했다는 사례도 많다. 둘 다 자기 일을 엄격히 수행했지만 최선과는 거리가 먼 결과가 나왔다. 프랑스의 경제학자 겸 물리학자인 모리스 알레Maurice Allais는 "이론은 가설의 수준에 좌우된다A theory is only as good as its assumptions"라고 말했다. 임금 형평 분석에도 분명 들어맞는 말이다. 형식적인 임금 형평 분석의 엄격성을 내세워, 불공정 급여 문제를 해결했다거나 문제가 있다는 증거를 발견하지 못했다고 자축할 일이 아니다. 그보다 임금 형평 모델에 적용되는 가설에 대해 생각해 보자.

- 인사팀은 직무를 어떻게 평가하는가? 일부 직무에 더 많은 급여를 매기고 있다면 타당하고 진정한 시장 논리에 따라서인가, 아니면 적어도 직간접적인 차별의 누적 효과, 혹은 자기 팀 급여가 유독 높다고 투덜대는 상사 때문은 아닌가?
- 동일 노동이란 무엇을 의미하는가? 여기서 직급 설정과 비교군 선택이 중요하다. 크리에이티브, 닌자 같은 직함의 서열 구조는 어떻게 되는가?
- 구성원들이 애초에 적절한 직무에 배치되었는가? 직무기술서를 가장 마지막으로 검토한 지 얼마나 지났는가?
- 회사에 새로운 일들이 벌어지고 있지 않은가? 예컨대 올해 신사업 부문이 출범하면서 기존 직원과 상당히 다른 유형의 인재들이 회사에 들어왔는가?
- 급여 및 보고 시스템이 깔끔하고 정확한가? 특히 글로벌 대기업에서는 이 질문에 절대 확실하거나 쉽게 답하기 어렵다.

급여 불평등을 바라보는 관점은 여러 가지가 있다. 어떤 분석 방식을 택하든 우리의 편향은 오직 투명성을 강화하고 직원에게 이익이 되는 쪽으로만 향해야 한다. 이러한 분석 방식에 마치 오픈소스 모델처럼 누구나 자유롭게 기존의 가설에 도전하고 이를 개선할 수 있는 여지를 열어둔다면, 법적 제약 못지않게 공정 급여 목표에 더 빨리 도달할 수 있다. 각 기업이 쓴소리도 환영하는 자세로 급여 방식을 투명하게 공개한다면, 직원과 정보와 피드백을 주고받고 책임과 권력을 분산함으로써 두터운 신뢰를 쌓는 선순환 구조가 형성된다.

급여 투명성을 높임으로써 당장 기대되는 기회로는 두 가지가 있다. 첫째는 성별이나 인종에 따른 임금 격차가 존재하느냐는 논란에 종지부를 찍는 것이다. 이는 두말할 나위 없다. 회사 직원 명부에 접근할 권한이 있는 사람이라면 격차가 존재한다는 사실에 아무도 이의를 제기하지 않을 것이다. 권한이 없는 사람이라도 회사 조직도의 상단에 누가 있는지만 보면 대부분 백인 남성으로 구성되어 있음을 쉽게 확인할 수 있다. 임금 형평 분석에서 1달러당 98센트라는 작은 격차의 결과를 얻더라도, 1달러당 80센트라는 더 큰 임금 격차의 현실이 덮어지지는 않는다. 이것은 한 카메라에 있는 두 개의 렌즈와 같다. 둘째 기회는 급여 투명성이 불평등 문제를 해결할 수 있는지 여부다. 놀랍게 들릴지 모르지만, 내 대답은 "아니오"다. 임금 불평등을 해결할 하나의 궁극적인 방법은 없다. 다만 꾸준히 문제를 발견하고 대처할 수 있을 뿐이다. 하지만 그렇다고 "예"라고 주장하는 많은 사람의 목소리를 막을 수는 없었다.

P.E.T.E.

또 한 가지 실험을 해보자. 링크드인으로 들어가 과소 대표되는 유형의 인물이 고위 직책에 임명되었다는 내용의 게시물을 검색하라. 제목은 "제너럴 모터스, 최초로 흑인 CEO 지명"과 같은 식이면 된다. 자, 이제 마음의 준비를 하시라. 여러분이 다음에 할 일은 온라인에서 지켜야 할 예의범절을 무시하는 댓글들을 읽는 것이기 때문이다. 다음은 내가 실험 삼아, 한 여성이 (여기서는 미셸이라고 하자) 전자제품 회사의 CEO로 임명되었다는 게시물을 올린 후 발견한 댓글 중 일부다.

"그게 뭐 어쨌다고?"

"이래서 기준을 낮추면 안 된다니까."

"역차별이다!"

이 정도까지만 하자. 이러한 댓글이 놀랍지도 않은 이유는 무엇일까? '그런데', '사실은' 등으로 딴지를 걸면서 다른 사람의 능력을 뭉뚱그려 지레짐작하거나 업적을 깔아뭉개며 위안을 얻는 댓글 워리어들이 왜 이토록 많을까? 분명 소셜미디어 알고리즘에 의해 의도적으로 활성화된 필터 버블Filter Bubble, 그리고 사회의 인구 구성이 변화하면서 기존의 주류 집단이 느끼는 상실감도 원흉이긴 할 것이다. 하지만 이 두 가지는 모두 내 전문 분야에서 한참 벗어나 있기에 자세히 거론하기는 좀 그렇다.

사실 나는 대부분 사람이 임금 불평등 문제가 존재한다는 주장에 공감한다고 생각한다. 다만 그런 문제는 오래전에 해결되었으며, 아직 남아 있는 격차는 오로지 사람들이 선택한 유급 노동 시간, 특정 직업, 자녀 양육 역할 때문이라고 생각하는 것 같다. 그런 생각 때문에 마이크라는 이름의 누군가는 나 같은 사회 공학자들이 어떻게든 급여 방식을 바로잡겠다고 노력하면, 이를 자신들의 희생을 수반하는 짜증스러운 일로 여긴다. 하지만 이는 사실이 아니다.

임금 불평등 문제가 이미 해결되었다고 주장하는 사람들이 종종 있다. 그들은 그 근거로 1963년 동일 임금법, 1978년 임신부 차별 금지법Pregnancy Discrimination Act, 2010년 영국의 평등법Equality Act과 같은 법률을 든다. 이처럼 성별이나 인종에 따라 급여를 차등 지급하는 것은 이미 불법이므로 새로운 해결책이 필요하지 않다는 것이다. 아니면 앞서 언급했듯 임금 격차와 임금 형평의 계산 방식 차이 때문에 아무도 급여 문제를 정확히 진단할 수 없다는 결론을 내릴 것이다. 하지만 이처럼 사람들의 이해가 부족하다 해도, 임금 격차는 엄연한 현실이다. 격차를 계산하는 방식이 다양하다 보니 결과에 일관성이 없을 뿐이다. 누군가가 '실질' 임금 격차 결과(임금 형평 분석 방식을 사용해놓고)가 가령 달러당 98센트라는 식으로 자신 있게 주장한다면, 그들은 주제를 제대로 이해하지 못했다고 자백하는 것과 같다. 사람들은 이미 평등의 목표에 거의 다 왔다고 믿으면, 이것이 최선인지 의문이 들기 마련이다. 구성원의 다양성을 점점 존중하는 요즘의 추세에 안주해도 되는지, 소위 '역차별Reverse Discrimination' 같은 부작용이 생기지는 않을지 불길한 신호를 끄집어내기 시작한다. 여기서 편견과 차별은 엄연히 다르다. 편견은 권력의 역학에 관계없이, 어떤 상황에서든 누구에게나 생길 수 있다. 차별은 권력이 더 센 집단이 다른 집단의 이익에 반하는 행동을 할 가능성을 함축한다. 역권력Reverse Power이라는 게 없듯이, 역차별(또는 그 사촌격인 역인종차별)도 존재하지 않는다.

동일 임금법은 차별 철폐를 목적으로 제정된 다른 법률과 마찬가지로 성과와 능력 또는 유사한 직무의 분류에 따라 직원들에게 급여를 차등 지급할 재량권을 기업에 폭넓게 부여한다. 다시 말하지만, 고성과자에게 급여를 더 많이 주는 것은 잘못이 아니다. 훌륭한 성과는 보상받아야 마땅하다. 실제로 어떤 직무는 다른 직무보다 더 복잡하고 회사의 성과에 중요한 기여를 하기도 한다. 이 재량 자체가 본질적으로 잘못된 것이 아니라, 고용주에게 모든 재량권이 쏠려 있는 게 문제다. 우리가 법 제정을 통해 임금 불평등 문제를 해결하기 위해 할 수 있는 모든 노력을 다한 상태라면, 여전히 임금 격차가 존재하는 현실을 설명할 수 있는 선택지는 좁아진다. 수용 가능한 모든 요소가 통제된 임금 형평 분석에 따르면, 여성(그 외 어떤 과소 대표 집단이든)이 남성에 비해 임금이 적은 이유는 선천적으로 성과를 잘 내지 못하거나 저부가가치 직무에 종사하기 때문이라는 결론이 나올 수밖에 없다. 아마도 마이크는 자신의 이러한 댓글을 동료 여직원의 면전에 말로 표출하기는 편치 않을 것이다.

지식인층 중에서 임금 차별이 과장된 허상이라고 주장하는 명목상 최고 권위자(원조는 아니지만)는 캐나다 출신 심리학자 조던 피터슨Jordan Peterson이다. 그에게는 극과 극을 달리는 수식어가 붙는다. "서구

세계에서 가장 영향력 있는 대중 지식인"으로 불리는 동시에, 파시스트라는 평가도 받는다. 피터슨은 세계에서 가장 인기 있는 작가 중한 명이다. 유튜브 강연에서 수백만 건의 조회수를 기록했고, 강연때마다 대강당을 꽉 채우는 청중을 동원했다. 피터슨이 좋든 싫든, 그의 견해가 많은 사람에게 영향을 미쳤음은 부인할 수 없다.

피터슨의 열혈 팬 중 한 명이자, 임금 격차를 허상으로 보는 관점을 지닌 전 구글 엔지니어가 있다. 이름은 피트^{Pete}라고 하자. 내가 자칭 사회에서 '임금 평등의 진실을 해명하는 사람^{Pay-Equality Truth Explainer}'의 줄임말로 사용하는 P.E.T.E.라는 의미도 있다. 피트는 본의 아니게 유명해지고 싶은 마음이 없었을 테니 그의 실명은 공개하지 않겠다. 게다가 유출된 비공식 문서에 대해 회사에서 집중적으로 조사받은 적이 있기에, 이제는 사생활을 조용히 보내고 싶을 것이다. 요점은 우리 급여 담당자들은 모두 주변에 피트 같은 지인을 두고 있다는 것이다. 어떤 회사에서는 그들이 경영자일 수도 있다. 급여 담당자라면 누구나 피트 같은 사람을 만난 적이 있거나, 그와 같은 부류와 회사에서 함께 근무하고 있다.

피터슨과 피트는 둘 다 정평 난 지식인들로, 각자의 분야에서 최고 위치에 올랐다. 그러나 두 사람은 용어를 혼동하고, 임금 형평과임금 격차를 피상적으로 이해한 나머지 두 개념을 뒤섞는 똑같은 함정에 빠졌다. 결과적으로 그들은 이 주제 전체가 별로 중요하지 않다고 결론짓는다. 나는 피터슨 앞에서 최신 임상 심리학 연구를 설명하거나, 피트가 개발한 소프트웨어 코드를 품질 테스트하는 것은 꿈도 꾸지 않는다. 둘 다 내 전문 분야 밖이기 때문이다. 그 대신 두 사람도 보상 분야는 자신의 전문 분야를 벗어난다는 점을 인정하고, 급여가 전체적으로 돌아가는 방식에 대한 자신들의 고정관념을 기꺼이 다시 생각했으면 좋겠다.

피트는 구글에서 문제의 발단이 된 그 비공식 문서를 통해, 젠더와 관련해 (점잖게 표현해서) 논란의 여지가 있는 주제 중에서도 특히 성별 임금 격차가 왜 허상일 수밖에 없는지 논거를 제시했다. 그는 임금 격차가 좌파 성향 사회과학자들의 확증 편향에 따른 결과라고 주장했다. 그의 말대로라면 아마 피트가 지목한 그 사회과학자들은 피트 같은 사람이 모두 찍소리 못할 데이터를 만들기 위해, 나 같은 대기업 급여 전문가들을 시켜 급여표를 싹 세탁하고 자신들의 편향을 숨기는 거대한 음모에 가담했을 것이다.

피트는 자신의 말에 수위를 낮추려는 듯 "물론 전국적으로 여성은 다양한 이유로 남성보다 급여가 낮다. 하지만 동일 노동에 대해서는 남녀가 동일한 급여를 받고 있다"라고 조심스레 부연했다. 피트는 임금 격차를 인정하되, 그 원인을 평균 남성과 비교해 평균 여성의 타고난 선호 탓으로 돌렸다. 하지만 이를 임금 형평성의 격차가 존재하지 않는다는 의미로 해석하는 우를 범했다. 그가 인터넷으로 얻은 지식에 따르면 문제는 이미 해결되었거나, 행여 아직 해결되지 않았더라도 자연의 명령 때문에 바뀔 수 없다고 한다.

피트가 단순히 사내 보상팀에 자신의 가설을 검증하도록 요청했다면 온갖 어려움에서 벗어나고 다니던 직장을 계속 다닐 수 있었을 것이다. 구글은 임금 형평 분석의 선두 주자다. 그들은 분석의 방법론을 대중에게 자세히 공개하고, 리워크Re:Work라는 자체 블로그에 자신들이 임금 형평 분석을 설계하는 방법에 대한 전체 지침을 게시했다. 피트가 여전히 구글에 있었다면 보상팀에 시간 낭비하지 말라고 큰소리칠 수 있을 만큼 자신의 결론에 자신 있을지 궁금하다. 그가 먼저 가설을 직접 검증하고, 그 결과를 엉터리라고 믿었을 테니 말이다.

피트 같은 사람들이 알고 있는 정보는 당연히 잘못되었다. 여기에는 그동안 급여 담당자들이 급여가 어떻게 작동하는지 제대로 설명하지 못했고, 개선하려는 의지에 소극적이었던 탓도 크다. 그렇기에 나는 피트를 비난하고 싶지 않다. 다만 피터슨은 학문적 역량과 어마어마한 영향력을 고려할 때 너그러이 봐주기 힘들다. 그는 영국 채널4 뉴스에서 앵커 캐시 뉴먼Cathy Newman과의 긴장감이 감도는 인터뷰에서 "다변수 분석Multivariate Analysis에 따르면 임금 격차는 존재하지 않습니다"라고 주장했다. 학식이 깊다고 정평이 난 학자의 말답게 들리며, 그의 시종들에게 한 수 가르치려는 듯 권위가 느껴지는 한마디다. 그런 그의 말에 어떻게 반박할 수 있겠는가?

여기 반박할 방법이 있다. 다변수 분석은 그 명칭에서 알 수 있듯, 앞서 설명한 분석의 6단계에 따라 여러 가지 요인을 한꺼번에 설명한다. 하지만 우리가 보았듯, 회사가 임금 형평 이상값 여부를 판단하는 데 사용할 수 있는 통일된 표준 다변수 모델은 없다. 각 회사의 결과는 각자의 가설, 방법론, 데이터, 전략적 목표에 따라 다르게 나온다. 그래서 수용 가능한 급여 요소를 정의하고 설명해야 한다고 했던 것이다. 피트의 주장처럼 여성이 '상냥한 기질Agreeableness'과 같은 천성 때문에 협상에서 불리하고 그 결과 급여를 더 적게 받는 거라면, 사람들의 의견 불일치는 이 문제가 수학으로 증명될 사안이 아니라는 방증이다. 실제로는 사람들의 성공 요인을 판단할 때 회사가 사용하는 가설이 중요하게 작용한다. 어떤 가설을 선택하느냐가 채용과 승진 결정에 영향을 미친다. 또 그 결과가 다시 우리가 수용 가능한 임금 격차를 설명하기 위해 사용할 모델을 결정하고, 급여 협상과 같은 회사의 특정 관행에 영향을 미친다.

피터슨은 알 만큼 아는 사람이다. 나는 그가 자신의 분야에서 수많은 다변수 분석을 실행했고, 방법론에 정통하리라 믿어 의심치 않는다. 그는 다변수 분석의 목적이 무언가의 존재를 증명하거나 반증하기 위한 것이 아니라, 특정 요인이 특정 모델의 결과를 유의미하게 유도하는지를 입증하는 것임을 안다. 다만 그가 회사의 직무가 서로 어떻게 관련되어 있는지 잘 아는 사람의 도움을 받아, 완전한 회사 급여 데이터를 가지고 직접 수학적으로 계산해 봤는지는 의문스럽다. 여기서 나는 배우 겸 프로듀서 티나 페이Tina Fey의 발언에서 위안을 찾는다. 그는 굵직굵직한 TV 프로그램의 제작자로서 자신이 일터에서 겪은 경험에 대해 "저는 이 바닥에 '관행화된 성차별'은 존재하지 않는다는 것을 깨달았습니다. 사람들은 말 그대로 그게 뭔지도 모르니까요"라고 이야기했다.

급여는 전통적으로 블랙박스에 갇혀 있다는 특성상, 잘못된 개념과 부정확한 가설이 나오기 쉽다. 신의성실의 급여 원칙은 인사상 불이익을 걱정할 필요 없는 대화의 장을 마련하고, 이 대화를 상호의 신뢰 속에 이어가면서 모든 사람에게 공정 급여를 어떻게 보장할 것인지 깨닫는 과정을 의미한다. 피트가 처음에 격렬한 항의를 들었다가 수정한 버전의 비공식 문서를 인용해 보자. "이 문제를 터놓고 대화하지 않으면 결코 진정한 해결책을 내놓을 수 없다." 이번에는 피트가 맞는 말 했다.

똑같이 1달러

혼동은 잘못된 논쟁을 유도하고 개선을 가로막는다. 따라서 다양한 유형의 동일 임금 분석 방법을 아는 것이 중요하다. 임금 격차 분석과 임금 형평 분석은 급여 문제의 서로 다른 면을 드러낸다. 이러한 차이가 갈등의 불씨가 될 수 있으므로 회사는 서로 다른 결과를 동시에 해명할 방법을 찾아야 한다. 있는 그대로의 임금 격차 분석에 따르면, 회사는 남성 임금 1달러당 여성 임금이 85센트라고 보고하겠지만, 임금 형평 분석에서는 당당하게 드러낼 수 있는 최상의 결과, 즉 똑같이 1달러를 달성할 수도 있다. 이처럼 회사가 개념 정의를 느슨하게 놔두어 직원들의 혼동을 방치하면, 회사의 의도와는 달리 직원들은 공정 급여를 향한 진척 상황이 여전히 충분하지 않다고 여기고 회사의 급여 방식에 더욱 신뢰를 잃게 된다.

그렇다면 회사들이 임금 형평 달성에 먼저 노력을 집중하고, 그

다음에 임금 격차 계산으로 보완하는 쪽을 선호하는 이유를 설명하겠다. 이 계산 방식은 더 총체적이고 적절한 개선 지표이기에 나도 개인적으로 더 선호하는 방법이다.

사실 임금 형평에 초점을 맞춘다는 것은 어떤 회사도 임금 격차를 적어도 직접적으로는 줄이려고 하지 않는다는 의미다. 한 회사가 자사의 임금 격차 분석을 실행했더니, 미국 전체 평균과 비슷한 남성 임금 1달러당 여성 임금 80센트의 결과가 나왔다고 가정하겠다. 이 회사가 나머지 20센트의 임금 격차를 직접 메우려면 불가능까지는 아니더라도 어려운 메커니즘을 마주하게 될 것이다. 여성 임금(또는 다른 과소 대표 집단)을 분자에, 남성 임금(또는 다른 다수 집단)을 분모에 놓았을 때 이 비율을 조정하는 방법은 다음 두 가지다.

1. 남성의 급여를 낮춘다.
2. 여성의 급여를 올린다.

대부분 회사에서 1번 선택은 (합법성은 둘째 치고) 남직원의 대거 퇴사로 이어질 것이므로 바람직하지 않은 해결책이다. 직원의 최저임금을 7만 달러까지 올려주려고 본인 급여를 자진 삭감한 댄 프라이스 같은 CEO이거나, 이윤을 희생해서라도 공동선을 추구하는 유형의 회사를 창립한 기업가가 아닌 이상 누군가의 자발적인 임금 삭감은 기대하기 어렵다. 경영자는 자기 회사 직원에게 얼마의 급여를 주든, 그 액수에 따라 직원들의 생활 수준이 결정되고 그 이하로는 직원이 받아들이거나 감당할 수 없다고 생각해도 무방하다. 게다가 우리의 목표는 모든 사람이 더 많은 돈을 벌자는 것이다.

이제 2번 선택이 남았다. 그런데 격차를 좁힐 만큼 여성 임금을 늘리려면 어떻게 해야 할까? 평균 급여만 놓고 계산한다면, 산술적으로 여성 CEO를 임명하고 그에게 막대한 연봉을 주면 해결된다. 하지만 이것은 여성 CEO 본인만 이득이지, 누구에게도 의미 있는 해결책이 아니다. 아니면 여성에게 표적화된 접근 방식을 취해 모든 여성 임직원의 급여를 인상할 수도 있다. 여기서 문제가 시작된다. 미국 남성 인구의 15%가 흑인이라는 사실은 어떻게 해야 할까? 이 회사에도 비슷한 비율의 인종 간 임금 격차가 있는 경우, 이 격차를 줄이기 위해 흑인 남성에게 표적화된 인건비 투자를 지출한다고 가정해 보자. 그러면 남성 임금에 해당하는 분모가 커지므로 성별 간 임금 격차를 더 악화할 것이다. 신의성실의 급여 원칙을 실천하려는 경영자가 진정으로 옳은 일을 하고자 해도, 자금의 한계 때문에 딜레마에 빠지게 된다.

대신 직원들 간의 임금 격차를 발견한 회사는 급여에 투입되는 예산에 초점을 맞추는 해결책을 찾을 것이다. 채용 관행을 재검토한다든지 일관된 직급 체계를 사용하는 등의 방법을 통해 격차를 간접적으로 줄이고, 표적 집단의 급여를 앞으로 인상할 여지를 마련할 수 있다. 그러면 회사가 보기에 가장 먼저 눈에 띌 것은 고위직의 대표성이다. 2019년 포춘 500대 기업을 이끄는 여성 CEO의 수가 사상 최고치를 기록했다. 하지만 안타깝게도 그 기록은 500명 중 서른세 명,

즉 6.6%였다. 흑인 CEO는 500명 중 네 명, 즉 1% 미만으로 상황이 더 안 좋았다(앞서 언급했듯이 흑인 여성은 한 명도 없다).

CEO 데이터는 고위급 임원의 다양성이 어느 정도인지를 거의 완벽히 반영하는 공개 정보지만, 「포춘」의 조사에 따르면 500대 기업 중 3%만이 경영진의 다양성 데이터를 전부 공개한 것으로 나타났다. 이 데이터를 직접 봐온 내 생각엔, 대부분 기업이 자신들의 성과를 자랑스러워하지 않기 때문에 이 정보를 비공개로 유지하는 듯하다. 급여 격차를 줄이는 일은 먼저 회사 경영진의 대표성 격차를 좁히지 않고서는 불가능하다.

회사가 이러한 문제를 자체적으로 처리할 때는 임금 격차 데이터를 직급과 같은 요인에 따라 표적 집단으로 축소해 자신들의 상태를 합리화하기 시작한다. 그러고 나면 그룹 간 평균 급여를 비교한 단순 임금 격차 분석보다는 통계적으로 통제된 6단계 임금 형평 분석에 가까워진다. 그러면 임금 격차 문제는 사라진 것이 아니라 회사의 재량에 따라 새로운 외형으로 탈바꿈할 뿐이다. 회사들은 표준화된 일반 회계기준GAAP, Generally Accepted Accounting Principles 및 비일반회계기준 순이익 Non-GAAP (흔히 '부적합 요소를 걸러낸 이익Earnings Before the Bad Stuff'이라고 한다)을 통해 실적 보고서에도 비슷한 장난을 치는 것으로 유명하다.

여기서 부적합 요소를 적용하자면, 자체 데이터를 유리하게(또는 수상하게) 선별하는 행위가 포함될 수 있다. 예컨대 특정 문제를 불거지게 할 우려가 있는 직원 그룹을 제외한다든지, 통계의 사각지대에 있는 거액의 상여금이나 주식 보상을 빼고 기본급만 포함해 이상값이 나오지 않게 하는 식이다. 또는 통계적 신뢰 구간을 아주 좁게 설정하면 가장 극단적으로 적은 급여를 받는 사람들만 저평가 임금 그룹으로 잡힐 수 있다. 정해진 규칙이 없으니, 불손한 회사가 임금 형평 비율을 가지고 장난칠 방법은 얼마든지 많다.

자금이 넉넉한 대기업들은 이러한 종류의 장난을 방지하기 위해 독립된 업체에 의뢰해 공식적인 임금 형평 분석을 추진할 수 있다. 외부 컨설팅 업체는 통계학자와 변호사가 동등한 비율로 구성된다. 반면에 자금에 여유가 없거나 통계 표준을 충족하기에 직원 수가 충분하지 않은 중소기업은 이 방법을 택하기 곤란하다. 따라서 임금 격차 분석에만 집중하는 대신 자신들의 데이터를 신중하게 추리는 방법을 선택할 수 있다.

6단계 과정에 따른 공식적인 임금 형평 분석은 실행에 몇 달이 걸리기도 한다. 설상가상으로 데이터를 추출하고 결과를 다시 얻기까지 기업 운영은 멈추지 않는다. 인사이동으로 직무가 바뀌고, 신규 직원이 들어오고, 팀이 재편되는 사이 회사는 자신들이 찾은 결과가 몇 달 전의 문제를 해결할 수 있는지, 또는 그 이후로 새로운 문제가 발생하지 않았는지 확신할 수 없다. 이러한 타이밍 차이를 극복하기 위해 대형 컨설팅 기업들은 물론 신디오Syndio 같은 스타트업들도 믿을 수 있는 실시간 솔루션을 제공하기 시작했다. 그래도 당연히 동일 임금 분석은 항상 특정 시점을 기준으로 한다. 게다가 회사는 신규 채용이나 퇴직 발생 시마다 급여를 재검토하거나 조정하는 것도 아니고, 정해진 시기까지 기다렸다가 일괄 처리한다. 따라서 공정 급여를 받으려면 먼저 회사 일정을 파악해야 한다.

컨설팅사가 임금 형평 분석을 통해 통계적으로 유의미한 이상값을 찾았다고 해서 임무가 완수된 것은 절대 아니다. 컨설팅사는 문제를 해결하기 위해 급여를 올려줘야 할 직원 목록과 그 인상액까지 알려주지는 않는다. 이제 격차를 '어떻게' 좁힐 것인지 결정하는 일은 회사 몫이며, 이 과정에서 새로운 난관에 봉착한다.

이는 급여 인상 대상이나 액수를 늘리는 것만큼 단순하지 않다. 회사가 음의 이상값을 '전부' 조정하기로 결정하면 그 사람이 과소 대표된 그룹에 속해 있는지 여부에 관계없이 동일 임금의 전체 기준이 높아진다. 밀물이 몰려오면 모든 배가 떠오르지만, 계류장의 정박료는 오르는 셈이다. 또는 회사가 과소 대표된 그룹의 급여만 조정하는 쪽을 선택하면 같은 목표를 달성하면서도 더 적은 비용을 지출할 수 있다. 이 경우는 몇 척의 배만 선체의 구멍을 막아 수리하는 셈이다. 두 방법 모두 효과가 있다. 다만 한 방법이 더 비용이 적게 들며, 구성원들을 설득하기 쉽지 않기는 둘 다 마찬가지다.

동일 노동 동일 임금을 진지하게 받아들이려면 격차를 해소하는 일이 한 번의 사건이나 성과로 끝나는 것이 아니라 꾸준한 분석과 투자가 반복되는 과정임을 깨달아야 한다. 세일스포스Salesforce의 설립자이자 CEO인 마크 베니오프Marc Benioff는 저서 『트레일블레이저』에서 이렇게 말했다. "정면으로 싸워야 할 한 명의 적이 있는 것도 아니고, 그와 대적하기 위한 단순하고 보편적인 해결책도 없다. 대신 이 문제는 의사결정이 내려지는 폐쇄된 회의실 뒤에서 시작되어, 언제 어디서나 소리 없이 회사 전체를 잠식한다."

이어서 그는 회사에서 처음으로 동일 노동 동일 임금에 투자한 이후에 일어난 변화와 이러한 투자가 지속 가능하다는 사실을 깨달았다고 설명한다. "첫 감사를 실행하고 투자액을 300만 달러로 수정한 지 1년 후, 우리는 수치를 다시 계산했다. 그랬더니 마지막 감사 이후 급여가 턱없이 부족하다고 밝혀진 직원들의 급여도 조정하려면 300만 달러를 '추가'로 지출해야 한다는 것을 알아냈다." 그는 지속적인 조정이 필요한 이유를 설명하면서 세일스포스가 어떻게 20여 곳이나 되는 회사를 인수했고 통합이라는 남은 과제를 수행했는지 이야기한다. "우리는 그들의 기술뿐 아니라 급여 관행과 문화도 통합했다."

세일스포스는 비용을 아끼고 더 좋은 결과를 생성하기 위해 신입 사원을 분석 대상에서 제외했을 수도 있겠지만, 모든 정황으로 보건대 그들은 신의성실의 원칙하에 책임감 있게 공정 급여를 실천했음을 알 수 있다. 세계 최고의 기업 성과 소프트웨어를 공급하는 세일스포스가 임금 불평등은 존재하며 이것이 반복되는 문제라고 말했다면, 그 말은 충분히 신빙성 있다. 물론 여러분이 다니는 회사에도 똑같은 문제가 있다.

동일 노동 동일 임금을 약속하는 회사들은 역사적으로 누구에게나 똑같이 1달러라는 목표 달성에 집중했다. 이것은 임금 형평 1.0 버전의 정점이라고 보면 된다. 다음에 2.0 버전이 등장한다면 새로운 대상에 초점을 맞춰야 한다. 특정 비율을 달성하는 식의 목표는 회사가 선택한 측정 방법의 진정성에 따라 결괏값이 달라진다. 따라서 비율을 목표로 삼는 대신, 예상 급여 가치보다 급여가 적다고 밝혀진 직원의 수와 그들의 급여를 정상 궤도로 올리기 위해 올해 지출한 투자액을 공개해야 한다. 동일 노동 동일 임금은 이제 엄격하고 꾸준하며 공개된 방법론을 따르는 유지 관리 활동으로서 새로운 표준으로 자리 잡아야 한다. 회사는 동일 노동 동일 임금을 달성했다고 말하는 대신 "동일 노동 동일 임금을 '유지'하기 위해 올해 우리는 이러이러한 일을 했다"라고 말해야 한다. 직원의 저평가된 급여를 바로잡기 위한 투자액이 마침내 0에 이르고 그 상태를 계속 유지하는 것은 그럴 가치 있는 바닥치기 경쟁Race-to-The-Bottom이다.

여성의 자발적 이탈, 혹은 회사의 책임 회피

1938년 공정 근로 기준법에 따라 미국에 최저임금제가 도입했을 때, 농업, 숙박업, 요식업과 같이 흑인 노동자가 과다 대표되는 부문은 대상에서 제외되었다. 형식적으로나마 인종 분리가 사라진 1967년에야 마침내 이 부문의 노동자들에게도 최저임금이 적용되었다. 최근 조사 결과에 따르면 인종 간 소득 격차 감소의 20%가 오직 최저임금제의 개편만으로 가능했던 것으로 나타났다.

이후 수십 년간 이들 업종의 임금 인상을 촉진하기 위한 추가 입법은 거의 없는 가운데, 이 업종의 종사자들이 여전히 시장에서 최하위 소득계층에 속한다는 사실은 놀랍지도 않다. 잔존하는 임금 격차를 줄이려면, 각 기업이 자기네의 직무를 내부적으로 평가하는 방식, 그리고 그 방식이 정해진 지난날의 과정 등 껄끄러운 질문을 계속 던져야 한다. 유의미한 임금 인상에서 여전히 소외되고 있지만, 당장의 변화에 따라 잔존하는 임금 격차가 앞으로 사라질 수 있는 집단을 위해 우리에겐 어떤 결정이 필요할까? 먼저 미국의 경우엔, 현재 차별 금지법상 보호 대상에서 제외되어 있는 독립 계약자까지 고용 보호를 확대 적용하는 것부터 시작해야 한다.

보상팀이 급여 결정 과정에서 신뢰를 얻으려면, 잔존하는 급여 격차를 어떤 변명으로도 정당화해선 안 된다. 소위 공평무사하다는 자유시장이 문제를 해결해 줄 것이라는 믿음으로, 분석 방식의 미세한 차이를 아무리 공들여 설명하더라도 마찬가지다. 기업이 동일 임금을 제공해야 한다는 사람들의 기대치가 그 어느 때보다 높아졌다. 하지만 대부분 기업은 태생적으로 위험을 회피하는 종족이고, 그들이 내부에서 계산하는 동일 임금은 사회 구조적 관점에서의 동일 임금보다 뒤처질 것이다. 임금 형평 비율이 정확하고 완벽히 1달러당 1달러라도, 10%의 임금 격차가 떡하니 버티고 있는 회사라면 더 큰 노력이 요구될 것이다. 이러한 문제는 하루아침에 해결되지 않겠지만, 그렇다고 기업들이 지금 노력을 멈춰서는 안 된다. 불가사의한 이유로 항상 완벽한 형평 비율을 달성하면서도 결과가 의심스럽고 직원들이 체감하는 경험과 일치하지 않는 회사보다는, 형평 비율이 완벽하진 않더라도 그것을 고치려고 노력하는 성의와 진정성을 보이는 회사에서 일하려는 사람들이 대부분일 것이다. 나도 한 명의 직장인으로서, 내 뒤에서 무슨 일이 일어나는지 의문스러운 직장보다는 완벽하지 않아도 내 뒤를 지켜주는 든든한 직장에서 일하는 게 좋다.

각 회사는 급여와 직원 경력을 관리하는 관행을 데이터로 자세히 살펴보고, 직원에게 각 데이터가 공평한지 또는 숨겨진 불이익은 없는지 물어봐야 한다. 가장 시급한 문제는 자녀를 낳은 여직원에게 생기는 불이익, 그 필연적 결과로 가족을 부양해야 하는 남직원과의 충돌을 해결하는 것이다. 티나 페이의 말을 다시 인용하자면 "워킹맘이라는 주제를 꺼낸다는 건 지뢰밭에서 탭 댄스 추기"와 같지만, 공정 급여에 대해 대화하려면 언제나 지뢰를 터뜨릴 각오를 해야 한다.

연구에 따르면 자녀를 둔 남성은 회사에서 보상을, 자녀를 둔 여성은 불이익을 받는다고 한다. 자녀를 둔 여성은 회사에서 성별 불이익이 사라지는 지점인 상위 10%의 고위직에 속해 있지 않은 한, 자녀 한 명당 급여 면에서 4%나 불리하다. 남성의 경우는 그 반대로, 자녀가 생기면서 위상이 올라가 급여가 6% 오른다. 어쩌면 이런 현상이 어떤 악의에 의해서 초래된 것은 아닐 것이다. 남성은 아빠가 되면서 더 성숙해지고, 그 결과 직장에서도 더 책임감 있는 직원이 된다. 이는 서서히 성과 향상으로 이어져 임금 인상에도 도움이 된다(물론 이 이유로 여성의 임금 상승 폭이 줄어드는 것은 아니다). 어쩌면 남성이 집안의 가장 역할을 했다는 기존 관습 때문에 남성의 임금이 여성의 임금보다 더 중요하다는 고정관념이 생겼을 가능성이 크다. 역사적으로도 이것이 명백히 사실인 이유는 (특히 백인) 남성은 가족을 부양하는 '주수입원'으로, 여성은 '부수입원'으로 간주되어 왔기 때문이다.

여성은 소득 절정기가 44세로, 남성의 55세보다 11년 일찍 도달한다. 이 차이는 그 유명한 유리천장 효과를 나타낸다. 즉, 여성의 경력과 급여가 남성과 같은 속도로 오르다가 고위직에 이르러 한계에 막히는 것이다. 또한 승진 심사, 연봉 재검토, 주요 프로젝트를 맡을 기회 등에서 임금 인상을 가로막는 장벽을 회사가 제거하지 않은 경우, 엄마 역할에 따른 불이익이 누적되어 경력 전반에 걸쳐 여성의 임금 상승 폭이 완만해진다는 의미이기도 하다. 그러면 여성은 더 이상 다음 단계의 중요 직책을 맡을 '준비'가 되지 않은 것으로 간주된다. 그 후 여성의 임금 상승 폭이 남성보다 훨씬 둔화되고 그 격차는 더욱 벌어지는 악순환이 일어난다. 자녀를 둔 여성의 70% 이상이 유급 노동에 종사한다. 따라서 여성이 단순히 부모 역할 하느라 노동 인구에서 '자발적으로 이탈Opting Out'한다고 보기엔 그 이상의 훨씬 많은 사정이 얽혀 있다.

많은 연구에 따르면 여성과 남성의 급여 격차는 여성이 경력상 유리천장에 도달하거나 자녀를 낳을 때가 아니라, 대학 졸업 직후에 시작되는 것으로 나타났다. 여기에는 로스쿨과 MBA 출신의 고연봉 정규직도 예외가 아니다. 심지어 아이들의 용돈에도 성별 격차가 있다는 증거가 있다. 2011년 찰스슈왑Charles Schwab에서 시행한 조사에 따르면, 10대 소녀들이 집안일과 바깥일을 통해 버는 돈은 10대 소년들의 1달러 대비 약 73센트로 나타났다. 대부분 대졸 엄마들이 인생에서 아이를 갖기 전에 학교생활을 먼저 한다는 점을 감안하면, 초기부터 임금 격차가 나타나는 결과를 여성이 향후 양육을 염두에 두고 저임금 회사에 취업하지 않는 한, 여성의 '자발적 이탈' 논리로는 설명할 수 없다는 것을 다시금 알 수 있다.

개별 회사들이 경력 초기의 여직원들에게 남직원보다 대놓고 적은 급여를 지급하지는 않겠지만, 기업계 전체적으로 보면 성별에 따라 구분 효과Sorting Effect가 어느 정도 존재한다는 것은 분명하다. 이에 대해 임금 차별이 존재한다고 생각할 수도 있고, 아니면 여성이 총보상의 함정을 의도적으로 감수하면서 애초부터 공정 급여를 희생하고 더욱 유연한 근무 방식이나 복리후생을 택한다고 생각할 수도 있다. 법대 출신들은 이것을 불리 효과Adverse Impact라 부르고, MBA 출신들은 '둘 다 지는 싸움Lose-Lose'이라고 부른다.

각 기업의 경영자들은 이제 막 엄마가 된 직원들에게서 신뢰를 구축하는 방법을 신중하게 생각해야 한다. 검증되지 않은 운영 관행으로 불이익을 받는 사람이 아무도 없도록 하는 것은 그들의 책임이다. 자신이 경영하는 회사에서는 육아휴직자가 휴직 기간에 급여 심사 대상에서 제외되지 않는지, 상여금 계산에 포함되는지, 유급 휴가제를 시행하는지 등을 다시 살펴봐야 한다. 미국 근로자의 4분의 1(대부분 저임금 직종 종사자이자 사회적 소수자)에게 이 질문들의 답은 "아니요"다. 미국은 법적 유급 휴가가 보장되지 않는 유일한 선진국으로 남아 있기 때문이다. 유급 휴가가 시행되지 않으니 여성(또는 양육을 주로 도맡는 쪽)은 잠재 소득의 절정기에 급여 삭감을 (그리고 영구적 경력 단절 가능성도 함께) 감수해야 하는 셈이다. 당연히 여성도 회사의 성과와 팀의 전략 개발에 기여했다. 그런데도 보상에서 배제되는 이유는 무엇일까? 여성의 '자발적 이탈'이라는 변명은 곧 회사의 '책임 회피 Copping Out'와 동의어일 때가 많다.

어쩌면 우리는 임신Pregnancy도 공정 급여 믹스의 다섯 번째 P로 추가해야 할 것 같다.

동일 임금 달성(그리고 유지)

동일 임금을 달성하고 그 후로도 유지하는 것은 회사의 보상팀만의 책임이 아니다. 공정 급여로 가는 길에는 통합된 접근 방식이 필요하며, 그 외에도 바로잡아야 할 것들이 많다. 법제화는 기업에 최소한으로나마 유의미한 일관된 표준을 따르도록 강제할 수 있다. 가령 각 기업이 적어도 연 1회 통계적 이상값을 검토하고, 투명하고 직원이 접근 가능한 방법론을 만들며, 그 결과를 실적 보고서와 함께 공개하게 하는 식이다. 여기서 한 발짝 더 나아가는 기업은 인재 모집에서 채용, 성과 관리, 승진, 마지막으로 퇴사에 이르기까지 직원의 재직 기간 전 단계를 공평하게 보장할 수 있다. P.E.T.E.가 할 일은 가장 쉽다. 열린 마음만 있으면 된다.

우리는 동일 임금 문제를 해결하기에 기업에 일방적으로 지나치게 의존한다. 권력을 분산한다는 개념은 열정만으로 충족되지 않는다. 캐리 그레이시는 다음과 같이 말했다. "임금 문제는 권력관계다. 직원은 엄청난 권력 비대칭을 의식하면서 급여 협상에 임할 수밖에 없다. 고용주는 직원의 직무, 소득, 직업적 평판을 쥐락펴락한다. 모든 정보, 경험, 변호사도 갖추고 있다. 그들은 게임에서 승리하는 방법을 알고 있다."

그레이시의 말이 옳다. 실제로 회사들은 그렇게 한다. 황금률을 살짝 변형한 "금을 가진 자가 규칙을 만든다"라는 말이 있다. 이를 동일 임금에 적용하자면, 회사는 금만 가지고 규칙을 정하지 않는다. 그들은 금광, 곡괭이, 유일한 지도, 환경 평가를 작성할 펜도 소유하고 있다. 그동안 급여 담당자들의 보이지 않는 노고로 많은 진전이 이루어지긴 했다. 하지만 회사들은 동일 임금에 대한 기존의 법적 의미에 여전히 연연하고 있어서, 설령 어떤 진전이 있더라도 진전 상황을 투명하게 밝히려 하지 않는다. 솔직히 말하자면, 많은 회사가 책임에서 해방되기 위해 비공개 방식을 선호한다. 개선은 의지만으로 되는 것이 아니다. 규칙을 위반해도 대가를 치르지 않는 권력자들이 모든 규칙을 정해서는 안 된다. 입법을 통해 경영자들이 힘을 합치게 하지 않으면, 진전은 더디고 임금 불평등은 사라지지 않을 것이다. 프레더릭 더글러스Frederick Douglass는 말했다. "권력은 요구하지 않으면 아무것도 내주지 않는다."

권력의 분산으로 힘이 균형을 이루면 급여에 관한 대화를 금기시하던 편견을 깨고, P.E.T.E 부대의 세력에 맞대응할 수 있다. 기존의 구조적 힘의 불균형을 자발적으로 인식해 통제권을 일부 양도하고, 블랙박스를 열어 급여 체계를 투명하게 설명해야 한다. 불이익 걱정 없이 급여에 대해 이야기할 기회를 만들되, 동일 임금 이행 실태를 분석하고 공시하는 가장 기본적인 기준의 법제화를 피하려고 발 버둥 쳐서는 안 된다. 이러한 노력이 뒤따른다면 잔존하는 급여 격차 를 우리 생각보다 훨씬 빠르게 좁힐 것이다.

한 종단 연구에 따르면 급여 체계에 조직적 책임감과 투명성을 도입한 한 기업에서 실제로 이런 결과가 나타났다. 급여 격차를 일으 키는 모든 수용 가능한 인자를 통제한 후 과거 급여 데이터 이력을 분석한 결과, 이곳 직원의 연 급여 인상률은 여성이 남성보다 0.4%, 흑인이 백인보다 0.5%만 낮았다. 이 기업은 책임감과 투명성을 강화 하기 위한 일련의 조치를 도입했다. 급여 체계의 공식 기준과 절차를 정하고, 급여 결정을 조정, 감독, 파기하는 임무를 전담하는 위원회 를 설치했다. 그러자 원인 불명의 격차가 사라졌다. 에밀리오 카스티 야Emilio Castilla MIT 교수는 "의사 결정권자가 자신들이 공정한 결정에 책임져야 한다는 것을 알게 되면 인구 통계학적 편향이 덜 발생할 것" 이라고 결과를 요약했다.

이처럼 내부 정책 변경의 영향을 측정하기 위해 학자들에게 통제 연구를 의뢰하거나, 전문 업체에 공식적이고 통계적으로 엄격한 임금 형평 분석을 의뢰할 여력은 오직 대기업들만 있다. 그러나 급여 격차 데이터 테이블을 쉽게 구성해 전체 실태를 확인하는 일은 어떤 기업 이든 할 수 있다. 임금 불평등은 "메이브는 여자니까 급여를 덜 줍시 다"라는 이메일을 보내는 식의 노골적인 형태로는 절대 나타나지 않 는다. 대신 임금 차별의 더 흔한 형태는 잘못된 관행의 축적, 내부 관 리의 부재, 내부의 잡음을 인식하지 못하거나 외면하는 경영진의 태도에서 비롯된다. 감독받지 않는 관행은 나중에 급여 조사 데이터에 고스란히 반영된다. 그리고 불공정 급여와 시장에 대한 왜곡된 인식이라는 끊임없는 악순환을 만들고, 직원들은 왜 상황이 절대 변하지 않는지 의문을 품는다.

대기업이든 중소기업이든 모두 단순 임금 격차 분석을 최소한의 기준으로 사용할 수 있다. 이 이유로 나는 임금 격차 분석 방식을 지지한다. 그리고 겉으로만 엄격해 보이고 결과 조정이 가능한 임금 형평 분석을 따르겠다고 임금 격차 분석을 섣불리 무시해서는 안 된다고 생각한다. 급여 격차 분석을 사용하면 산업 전반에 걸쳐 대기업과 중소기업을 비교하고, 각 산업에 공통되는 문제를 짚어낼 수 있다. 물론 고위직의 대다수가 남성이라면 급여 격차가 클 것이다. 그렇다면 왜 고위직의 대다수는 남성일까? 여성이 남성보다 근무 시간이 적어서라면, 회사의 근무 일정 편성과 휴가 정책이 급여 결정에 어떤 영향을 미치지는 않았을까? 회사에서 남성이 여성보다 생산성이 더 높다는 것을 증명할 수 있을까? 아니면 배우자가 집에서 절반 이상의 무급 노동을 담당하는 동안, 남성은 단순히 참여 빈도와 승진의 유리함을 바탕으로 보상을 거둬가는 것은 아닐까? 사회적 소수자에 대한 급여 격차는 실제로 '파이프라인 문제Pipeline Issue(여성, 유색인종, 성 소수자 등 과소 대표되는 그룹에는 숙련자가 적기 때문에 다양성 정책은 실패한다는 주장-옮긴이)'일까, 아니면 형평성에 어긋난 승진 관행, 경력 개발 프로그램의 지원 부족, 내부 추천과 학연 등 채용 과정에서의 편향 때문은 아닐까? 과소 대표되는 그룹의 전도유망한 인재가 회사를 떠나고 있다면, 그들은 회사에서 분석에 들어가기 전에 이미 분석의 예상 결과를 몸소 경험했다고 보면 된다.

지금까지 대부분 대기업은 전 세계 지사의 임금 격차 결과를 발표하는 것을 모른 체하거나 적극적으로 반대했다. 2020년 페이스북 이사회는 주주들에게 전 세계 자사 직원의 중위 임금 격차 데이터를 공개하는 안건에 반대표를 던지도록 독려하는 문서를 배포했다. 이사회는 이 발상을 "불필요하고 주주들에게 이익이 되지 않는다"라며, "지난 네 번의 주주 총회에서 유사한 제안이 부결되었다"라고 언급했다. 페이스북 이사회는 장황한 서문을 통해 수년간 전 세계 임금 형평 성과가 100%(누구나 똑같이 1달러)를 기록했다고 선전하고는, 다양성과 대표성을 높이기 위한 각 계획을 주주들에게 조목조목 설명했다. 페이스북은 현재의 표준인 임금 형평 1.0버전에 부합하는 리더십을 보여주지만, 공개를 강요하는 사람이 아무도 없기 때문에 결과를 완전히 공개하지는 않는다. 아마 암묵적 이유는 그 결과가 회사에 창피스러울 뿐 아니라, 무심한 주주들에게 논란과 혼란을 일으키기 (그러나 이 책을 읽은 독자 여러분에게는 그렇지 않다) 때문이라 짐작된다. 현재 상황에서 다른 기업들도 대부분 비슷한 태도를 취하고 있다.

여기서 비즈니스 라운드테이블이 앞장서서 주도할 수 있는 또 다른 기회가 있다. 임금 격차 분석의 방법론을 구성하는 만국 공통의 필수 요소에 합의를 이끌어내고, 전 세계 지사의 결과를 한꺼번에 공개하면 된다. (수학적으로) 피를 보게 될 것이다. 그러나 그들이 부끄러운 부분까지 공개한다면 시장의 나머지 기업들도 따를 것이고 개선을 위한 새로운 기준이 만들어질 것이다. 지금 당장 임금 격차를 좁히겠다고 진지하게 약속한다면, 기업들의 정당한 이기심 측면에서만 생각하더라도 나중에 정부 규제라는 더 비싼 대가를 치르지 않아도 될 테니 더 이득일 것이다.

• • •

내가 지금까지 본 면접 중 가장 수월했던 면접은 면접관 중에 한 임원이 나와 같은 플로리다대 출신이라는 사실을 알게 되었을 때였다. 우리는 25분 동안 플로리다대 농구부와 그들이 2년 연속 우승을 차지한 역사적 위업에 대해 이야기하다가 나머지 5분 동안 업무의 기술적 부분을 이야기했다. 어쩔 수 없었다. 우리는 배경과 언행이 비슷했고, 솔직히 둘 다 백인 남성이라는 점도 무시할 수 없었다. 나는 내 업무 역량이 합격의 가장 큰 이유였으리라 믿고 싶지만, 면접관과 같은 배경을 토대로 즉시 공통의 관심사를 찾아낼 수 있었던 내 능력(또는 운)도 틀림없이 도움이 되었다. 내 동료들도 대부분 비슷한 방식으로 일자리를 얻었다. 일자리는 온라인으로 이리저리 뒤섞여 제출된 이력서를 통해 뽑기보다, 개인적인 연줄로 맺어지는 게 적어도 70%는 된다.

연구 결과에 따르면 협상에서 유대감을 강조하는 것이 아주 중요하다고 한다. 협상까지 아니더라도 취업 면접이라고 별다를 게 있겠는가? 특히 난해한 '조직문화 적합성'과 자신의 역량을 동시에 입증해야 하는 자리이니 당연한 사실이다. 다만 당연히 여겨서는 안 될 점은 여기서도 남성이 유리하다는 점이다. 가벼운 잡담으로 시작해 협상을 이끄는 남성은 곧바로 본론으로 들어가는 사람보다 상대방에게서 더 호감을 얻고, 이어서 더 유리한 조건이 형성될 가능성이 더 큰 것으로 나타났다. 우리의 예에 적용하면, 그것은 곧 그들에게 일자리가 돌아간다는 의미다. 반면에 연구 결과에서 여성은 같은 행동을 통해 얻는 이점이 거의 또는 전혀 없는 것으로 나타났다.

유색인종 구직자들은 면접 연락을 받기까지 추가 장애물에 직면한다. 그들은 이력서를 '백인스럽게' 만들고, 인종을 유추할 만한 출신 학교나 직장을 기입하지 않은 채 제출하면 면접 기회가 두 배로 늘어난다. 공공연히 다양성을 표방하는 진보적인 기업조차도 그렇지 않은 기업과 별반 다르지 않은 결과를 보였다. 또 다른 연구에 따르면 에밀리, 그렉과 같이 지원자 이름이 백인 느낌을 주는 지원서는 라키샤, 자말 등의 이름이 맨 위에 적힌 지원서보다 면접 답신을 받을 가능성이 50% 더 높다. 앞서 언급한 수직 점프 측정에 비유하면, 유색인종들은 휴식은커녕 '테스트 전 마라톤'을 뛰어야 하는 셈이다.

이러한 문제를 해결하려면 절차가 느려지는 한이 있어도 모든 구직자가 공평하게 대우받을 수 있도록 강력한 내부 후원자 프로그램을 마련하고, 대표성을 고려해 면접관을 다양하게 구성해야 한다. 주요 기업의 여성 경영자 중 90%는 직장에 공식 후원자가 있다. 내 경험을 돌이켜 보면, 내게는 농구를 좋아하던 비공식 후원자가 있었기에 지금의 경력에 이르렀고, 결국 이 책까지 쓸 수 있게 된 것일지도 모른다.

기업의 모든 고용 단계에 상존하는 격차 중에서도, 특히 궁극적인 격차의 지표는 심각한 임금 격차다. 임금 형평은 절차와 경력의 형평성이 받쳐줘야만 가능하다. 그 해결책은 특정 관행을 따로 떼어 바꾼다고 되는 게 아니라, 직원의 경력상 전체 경험을 아우르는 총체적 접근법이어야 한다. 회사의 진정한 변화는 모든 임원이 힘을 합쳐 구성원과 고객 기반의 대표성을 확실히 보장해야 비로소 시작될 것이다. 우리가 공정 급여로 가는 부단한 노력에서 놓치기 쉬운 사각지대를 들추어내고 방지하려면, 신중한 가외성을 통해 다양한 구성원을 통합해 대표성의 기회를 확장해야 한다. 충분한 대표성은 권력을 만든다. 권력은 머릿수에서 나오기 때문이다.

여럿이 소리를 높이는 것이 얼마나 강력한지 확인하려면 아이슬란드를 생각해 보자. 1975년 아이슬란드 여성의 90%가 파업에 참여했다. 직장에서의 유급 노동뿐 아니라, 가사와 육아 등 무급 노동까지 손을 놓았다. 당시 여성 임금은 급여 격차 분석 기준으로 남성 임금의 60%가 채 안 되었다. 이듬해 아이슬란드는 역사상 처음으로 동일 임금법을 제정했다. 이제 매년 파업 기념일이 되면 아이슬란드 여성들은 정해진 때에 정확히 맞춰 모든 노동을 중단하고 행진을 시작한다. 그 시점은 하루 노동 시간 중 유급 노동에 해당하는 시간만큼 지난 시각이며, 그 후의 남은 시간은 무급 노동 시간을 가리킨다. 아이슬란드 여성들은 자신들의 처우가 개선된 것을 자축하면서도 아직 할 일이 남아 있다고 인식한다. 2005년에는 오후 2시 8분에 행진했고, 2008년에는 2시 25분, 2016년에는 2시 38분에 시위를 시작했다. 이 속도로 간다면 행진은 2068년이 되어서야 끝날 것이다. 대부분 다른 국가에서는 마지막으로 행진할 세대가 아직 태어나지도 않았다.

임금 격차가 존재하는지, 또는 해결할 가치가 있는 문제인지에 대한 논의는 여기서 마무리하겠다. 우리는 임금 격차가 급여가 지급되기 훨씬 전부터 이미 시작되지만, 직원의 전체 경력까지 좌우한다는 사실을 인식해야 한다. 또한 거의 무용지물이 될 정도로 매끈하게 다듬은 보고서 대신, 솔직한 진척 상황을 공개함으로써 회사도, 그리고 직원과 그들 가족의 생계에도 회복탄력성을 구축할 수 있게 도와야 한다. 계속 정진하면 우리가 더 이상 피켓을 들고 신발 끈을 동여매지 않아도 되는 날은 예상보다 훨씬 빨리 찾아올 것이다.

8장

공정 급여의
방해 요인

일의 미래가 빠른 속도로, 특히 우리의 직업 세계를 침투하며 다
가오고 있다는 말이 자주 들린다. 이제 인공지능의 발달로 인류는 반
쯤 전지전능하면서 반쯤 퇴화한 존재로 전락할 테고, 우리의 직장은
근본적으로 변화할 것이다. 이런 분위기 속에서 우리가 미래를 헤쳐
나가도록 도움을 줄 휘황찬란한 콘퍼런스, 정부 태스크포스, 컨설팅
회사들도 생겨나고 있다. 시간 경과에 따른 인터넷 검색 빈도를 나타
내는 도구인 구글 트렌드에서 '일의 미래'라는 문구는 2013년 5월 이
전에는 3점에 불과했다가 2019년 5월에는 100점 만점을 기록했다.

이런 추세라면 우리의 직업은 완전한 자아실현이 가능해질 것이
다. 물론 상사가 허락해 줘야 하긴 하지만, 우리는 원하는 시간에, 원
하는 곳에서, 원하는 방식으로 일할 것이다. 이 정도 자유로도 충분
하지 않다면, 스스로 자기 기업을 차려 사장이 되면 된다!

일의 미래는 단순히 상향식 혁명에 그치지 않는다. 기업들도 계

획의 우선순위에 올려놓고 있다. 참신한 목표를 늘 찾아나서는 중간 관리자는 이 미래를 기업 민첩성을 '잠금 해제'할 궁극적인 해결책으로 치켜세우는가 하면, 경영진은 묵묵히 비용을 전가하고 리스크를 완화할 기회를 계산 중이다. 일의 미래는 수십 년 동안 우리의 시험대에 오르곤 했다. 실제로 2004년 4월에도 '일의 미래'의 구글 트렌드 점수가 거의 100점에 도달한 바 있다. 그때와 달라진 점이 있다면 이제 우리에겐 미래를 내다볼 수 있는 기술이 있으며, 이 새로운 미래를 모든 직업, 모든 영역에 현실적으로 적용하기 시작했다는 것이다. 일의 미래는 이제 고유 명사 '일의 미래™'가 되었다. 꼼짝 말고 손, 아니 키보드를 들라. 우리는 이미 포위되었다.

일의 미래를 한쪽에서는 쌍수 들고 환영하는가 하면, 또 다른 쪽에서는 경각심으로 바라본다. 긍정적인 시각에서는 우리의 미래가 앱으로 구동하는 「로빈슨 가족^{Swiss Family Robinson}」처럼 보인다. 로봇이 이메일과 불로소득을 관리하는 동안 우리는 노을을 채색하고 아이들과 놀면서 행복한 나날을 보낼 것이다. 한편 부정적인 시각에서는 인간이 자기 인생을 살기 위해 태어난 것이 아니라, 마치 영화 「매트릭스」의 태아 배양소처럼 기계 군주에게 전력을 바치기 위해 수확되는 존재로 전락할 것이라고 생각한다. 어쩌면 두 가지 풍경이 미래에 공존할지도 모른다. 소수의 특권층은 붓을 들고, 나머지 사람들의 몸에는 전원 플러그가 꽂힐 것이다. 이 멋진 신세계로 인도할 컨설팅 업체들은 밥 로스^{Bob Ross}의 관리 수업 같은 유료 강좌를 제공해, 고용 불안이라는 우리의 실존적 문제에 로스의 말마따나 행복한 작은 나무를 그려넣는 법을 알려줄 것이다.

일의 미래™는 진정한 권력의 미래로 규정할 수 있다. 직장에서 권력관계는 곧 급여의 형태로 조정되는 만큼, 무엇이 공정 급여와 불공정 급여를 낳는지 우리는 이미 답을 알고 있다. 그러나 일의 미래가 직장의 해체(파괴!)를 의미한다면, 다니엘 핑크Daniel Pink가 오래전에 고안한 프리 에이전트의 시대Free Agent Nation라는 개념대로 우리는 각자 근무 조건을 스스로 설정하게 될 것이다. 또 그렇다면 뒤따라 급여 개념도 해체될 것이다. 이 새로운 업무 방식의 진정한 신봉자를 편의상 '일의 미래를 추진하는 리더Future of Work Leaders', 즉 FOWL이라고 부르겠다. 그들의 모델이 현재 규칙에 따라 어떻게 작동하는지, 그리고 이 미래가 우리에게 여전히 추구할 가치가 있는지 확인하기 위해, 이미 FOWL에 들어간 집단을 살펴보기로 하자.

예나 지금이나 급여의 미래는 우리가 생각하기 나름이다. 사회구조와 법제가 어떻게 변화하느냐에 따라 우리가 원하는 미래를 만들기가 가능해질 수도, 불가능해질 수도 있다. 우리가 디스토피아로 가지 않으려면, 그 누구보다 일의 미래에 적극적으로 가담하는 고용주들에게 초점을 맞춰야 한다. 그리고 공정 급여 믹스가 이미 활용되고 있거나 위기에 처한 영역, 즉 임원, 프랜차이즈 근로자, 긱 경제 노동자, 예술가들의 세계도 살펴볼 것이다. 먼저 임원들은 네 개의 P가 각각 제대로 작동하고 급여도 거리낌 없이 계속 오르리라는 점에서 우리의 이상에 가까울 것이다. 한편 다른 그룹에서는 네 가지 P 중 하나도 작동하지 않는다. 먼저 힘이라는 기본 기준이 갖춰지지 않으면 절차, 우선순위, 허용 등 나머지 3P를 통해 공정 급여를 달성하려 노력해도 효과가 없기 때문이다.

직장의 해체가 초래할 급여 문제는 새삼스럽지 않지만, 아직 직접적인 영향권 밖에 있는 대다수의 사무직 직장인들은 오랫동안 자신과 별로 상관없는 문제로 여겨왔다. 그러나 FOWL은 이제 상황이 달라졌다고 말한다. 일의 미래™가 우리 곁에 와 있으며, 이제 과거로 되돌아갈 수 없다고 한다.

그들이 옳다면 우리가 내려야 할 선택은 명백하다. 일의 미래를 말 그대로 미래에 적합하게 만들면 된다. 우리는 공정 급여를 기업 경영의 기본 조건으로 포함할 수 있다. 신의성실의 원칙과 급여 투명성을 도입해 과거의 실수를 바로잡고, 현대 법제하에서 권력을 더욱 적절하게 분산한다면, 우리는 앞으로 새로운 기술 도구와도 쭉 공생할 수 있을 것이다. 아니면 신기술이 일의 미래를 가속화하도록 내버려 두어, 고용주와 직원 간에 힘의 간극을 더 깊어지게 할 수도 있다. 그러면 최저임금제, 직원 보상, 유급휴가, 건강보험, 퇴직연금 등 우리가 전체 시스템의 회복탄력성을 위해 수년 동안 (말 그대로) 투쟁해서 얻은 모든 안전장치가 물거품이 될 것이다.

세계 최대 헤지펀드의 설립자이자 『원칙』의 저자인 레이 달리오 Ray Dalio는 우리가 이미 태아 배양소 방향으로 너무 멀리 갔다고 우려한다. 그는 "현 시스템에서 가진 자는 더 위로 올라가고, 가지지 못한 자는 아래로 내려가는 자기 강화적Self-Reinforcing 소용돌이가 생성되고 있다"라고 말했다. 나도 동의하긴 하지만, 달리오가 '자기' 강화적이라고 표현한 시스템에 대해서는 생각이 다르다. 나는 이러한 소용돌이가 저절로 생성된다기보다는 우리의 선택에 따른 결과라고 믿는다. 댄 히스Dan Heath가 저서 『업스트림Upstream』에서 말했듯, 모든 시스템은 그 결과가 좋든 나쁘든 "철저히 얻을 법한 결과를 얻게끔 설계"되었다. 일의 미래™에는 더 개선된 급여 시스템이 필요하다.

FOWL을 대놓고 무시하거나 너무 냉소적으로 그리려는 의도는 아니다. 실제로 일의 변화는 '현재 진행형'이다. 새로운 세계에서 현대판 러다이트(반기계주의자)들은 먹고살기 위해 힘겹게 분투할 것이다. 기술의 발전으로 모든 사람의 일하는 방식이 근본적으로 급변하고 있으며, 한때 설마라고 생각했던 질문은 이제 현실이 되었다. 우리는 한 번에 한 직장에서만 일해야 할까? 일정한 요일과 일정한 시간에 일하는 이상적인 근무 일정이 보장될까? 우리는 모두 도시에 갇혀 살면서 교통 체증으로 몇 시간을 도로에서 허비하며, 우리가 즐겨야 할 행성의 수명을 단축해야 할까? 모든 사람이 부업을 해야 먹고살 수 있게 될까? 재택근무가 일상화되면 컴퓨터의 스파이 픽셀과 동공 추적 영상 통화로, 우리 집이 내부가 빤히 들여다보이는 교도소처럼 바뀌지 않을까? 우리는 권력층 대 주문형 가사도우미, 배달 기사, 보육 교사 등 새로운 하인 계급으로 양분된 디스토피아를 피할 수 있을까? 이런 미래가 정말 이미 시작되었다면, 나는 걱정스럽다.

우리의 선택은 더 이상 가장자리에 있는 취약계층에게만 영향을 미치는 것이 아니라, 가장자리의 한계 자체를 고정함으로써 직장에서 모든 사람에게 힘의 기반을 완전히 바꿔놓을지도 모른다. 2014년 페이스북은 스타트업 시절부터 사용하던 "빨리 움직이고 틀을 깨라Move fast and break things"라는 모토를 폐기하고, "안정적인 인프라로 빠르게 움직여라Move fast with stable infrastructure"라는 더욱 유연한 모토로 대체했다. 이것은 모든 직장인과 급여에도 적용되어야 할 아이디어이자 정확한 신호다. 급여 모델의 개선에는 더 안정적인 인프라가 필요하며, 안정성은 의도적인 힘의 균형에서 비롯된다. 나는 힘이 지나치게 불균형한 곳에서 이미 일의 미래가 어떻게 진행되고 있는지 앞 좌석에서 (때로는 운전석에서) 목격한 바 있다. 그래도 나는 일의 미래와 급여의 미래 둘 다 훨씬 더 나아질 수 있다고 믿는다. 하지만 우리가 경계하지 않으면, 이제는 모두에게 돌이킬 수 없을 정도로 악화할 수 있다.

CEO들의 노조 대표

역사적으로 임금은 고정되어 있지 않았다. 전시 상황에서는 수년 동안 임금에 상한선을 두며 규제했다가, 전쟁이 끝나면 규제가 풀리기도 했다. 이렇게 학자들의 오락가락하는 견해를 좇아 조정되었고, 세법이 개정되면 또 그에 따라 바뀌어야 했다. 계략으로 점철된 시절이 지나고 요즘 경영자들은 가시선의 범위 내에서 성과를 입증하고 그에 따라 보상을 받는다. 보상 금액은 주가 상승에 대한 보답으로 주주들에게서 받는 일종의 대가라 볼 수 있으며, 동시에 하방 리스크로부터 어느 정도 안전한 편이다. 이것이 현재 각 기업의 보상팀이

CEO 역할에 보수를 지급하는 방식으로 설계한 시스템이다.

사람들은 경영자를 마치 유명 인사 보듯 '나와 다른' 부류로, 나아가 어떤 사람들은 거의 신의 경지에 다다른 듯 바라보며 특별 대우한다. 경영자들은 일자리를 창조하고 세계를 건설하는 자로 칭송받으며, 우주의 진정한 주인으로 신화화된다. 그들은 '창조자Maker'고, 나머지 사람들은 '수용자Taker'다. 여기서 창조자는 과장법이 아니다. 노스캐롤라이나대 채플힐 캠퍼스에서 실시한 설문조사에서는 미국 기독교인들에게 자신이 믿는 하나님의 모습이 어떤지 상상해 보라고 요청했다. 그 결과가 실린 「포브스」의 머리기사 제목은 다음과 같았다. "과학이 밝혀낸 신의 얼굴은 일론 머스크를 닮았다."

어떤 사람들은 경영자들을 더 고귀한 목적에 따라 우리 삶의 선을 진두지휘하는, 개인의 구세주로 생각한다. 많은 경영자도 스스로 그렇게 생각한다. 한편 기존 방식으로 사고하는 다른 사람들은 가뭄 끝 단비를 내리는 대가로 무고하고 수많은 백성의 피를 제물로 바칠 것을 요구하는 신처럼 생각한다. 이 두 가지 믿음은 서로 양립할 수 없는 사고방식이다. 이처럼 경영자를 바라보는 시각은 단호하고 극심히 분열되어 있다. 특히 다음 세대에 기업의 리더가 될 내 동년배들은 부모님 세대의 경제적 안정을 경험하지 못했다. 그 대신 우리는 급속한 경제 성장의 혜택이 소수에게 편중되는 현상, 그리고 과거 역사 속의 '정상적인' 침체기보다 훨씬 골이 깊었던 글로벌 경제 붕괴로 더 나은 미래라는 위대한 약속이 무너지는 광경을 목격했다. 많은 선진국에서 현재의 추세가 계속된다면, 우리는 부모 세대보다 교육을 더 많이 받았음에도 일해서 버는 소득이 부모보다 적은 첫 번째 세대가 될 것이다. 이에 대응하고자 우리는 월가 점령 운동을 벌였고, 개혁의 기회가 오면 "억만장자의 부를 회수^{Cancel Billionaires}"하자고 다짐하기도 했다. 이 글을 쓰는 지금, 우리는 전 세계적 팬데믹, 대공황 시대를 방불케 하는 실업, 수십 년 만에 가장 극심한 인종 갈등을 동시에 겪는 중이다. 좌파, 우파 가릴 것 없이 많은 사람이 개혁을 원한다. 이 와중에 우리 급여 전문가들은 우리가 얼마나 불평등한 세상을 살고 있는지 대부분 과소평가하고 있다.

미국인들에게 CEO가 평직원에 비해 얼마나 더 번다고 생각하는지 질문한 결과, 그들의 대답은 30배였다. 이 대답은 50년 전에는 옳았다. 현재는 그 금액의 열 배, 다시 말해 평직원의 300배 정도다. 그렇다면 이상적인 비율은 '어느 정도여야' 바람직하냐는 후속 질문에 응답자들은 약 일곱 배 정도가 적당하다고 답했다. 21세기 미국인의 생각은 놀랍게도 기원전 4세기 아테네인과 비슷하다. 플라톤은 상위층 소득이 하위층 소득의 다섯 배를 넘지 않아야 한다고 믿었다. 더 최근 인물과 비교하자면 피터 드러커가 있다. 1984년에 그는 20배가 적정 비율이라고 말했다. 전 세계적으로 CEO 대 직원 급여의 비율은 높은 게 일반적이지만 미국만큼 극단적이지는 않다. 자신의 능력이 전 세계에 통하는 인재라고 생각하는 경영자는 기준이 정해지는 곳 (미국)이 어디가 됐든 나머지 세계도 그 기준을 으레 따른다고 기대한다. 이미 부자를 잡아먹고^{Eat The Rich}(장 자크 루소가 "사람들이 더 이상 먹을 것이 없어지면 부자들을 먹을 것이다"라고 했다는 설에서 유래했으며, 오늘날에는 부의 불평등과 관련된 정치적 슬로건으로 자주 쓰이는 표현이다-옮긴이) 싶어 하는 사람들이 실제로 눈앞에 감질나는 애피타이저만 놓여 있다는 걸 깨닫는다면 무슨 일이 벌어질까?

오늘날 기업은 플라톤이나 드러커 시대보다 더 크고 복잡하지만, 경영진 급여의 가파른 상승세를 회사 규모, 성과, 업계 특성만으로는 완전히 설명할 수 없다. 미국 상장 기업의 주요 임원NEO, Named Executive Officer, 즉 급여 공개 대상인 최고 연봉 상위 5인의 급여는 회사 규모, 성과, 업계 특성만 따졌다면 절반에 불과한 액수였을 것이다. 현재의 엄청난 급여를 회사 규모에 따른 책임의 증가와 같이 확실한 산술적 계산으로 설명할 수 없다면, 방정식에 더 많은 변수가 포함되어야 한다. 이러한 퍼즐의 빈 조각은 공정 급여 믹스로 설명할 수 있다.

경영진 급여 패키지를 구상하는 일이 본업인 급여 전문가치고 현재 경영진 급여 생태계의 문제점을 제대로 아는 사람은 아무도 없다. 이 생태계는 달리오가 경고한 자기 강화적 소용돌이를 생성하기에 딱 맞게 설계되어 있다. 우리는 이것이 모든 회사가 함께 내리기 전까지는 내릴 수 없는 회전목마라는 것을 알고 있다. 현존하는 시스템을 해체하는 것은 거의 불가능하니, 대신 경영진 급여를 통해 얻을 수 있는 교훈과 이를 다른 모든 직원의 급여에 적용할 방법에 더 관심을 두어야 할 것이다. 따라서 정확히 얼마가 충분한지 또는 CEO 대 직원 급여 비율은 얼마가 적절한지 (더 낮아져야 하는 건 분명하다) 등 경영진을 위한 공정 급여의 절대적 구성 요소에 대한 논의는 생략하겠다. 대신 공정 급여 믹스로 임원 급여의 특이점을 설명하는 방식과 그것을 경제적 법칙으로 성공적으로 길들인 방법을 집중적으로 살펴본 다음, 여기서 얻은 교훈을 나머지 사람들에게 적용해 보겠다.

급여 조사를 개척한 아치 패튼의 시대 이후로 많은 일이 있었다. 요즘 시대에는 회귀 방정식으로 무장하고 정확한 '시장' 임금률을 산정하는 임원 보상 조사 기관이 생겼을 뿐 아니라, 보상 위원회, 컨설팅 회사, 그리고 글래스루이스Glass Lewis와 ISSInstitutional Shareholder Services 같은 제삼자 자문 기관들도 설립되어 운영 중이다. 이러한 전문 업체들은 각자 자체 방식으로 계산해, 시장 평균에서 너무 멀리 간 회사가 보이면 얼른 그 회사에 알려준다.

경영진 보상에서 가장 중요한 역할은 일부 이사들로 구성된 보상 위원회가 담당한다. 이들은 주요 고위 임원의 급여와 회사의 전반적인 보상 철학을 설정하는 임무를 맡는다. 그다음 사내 보상팀은 이 보상 철학을 믿는 구석으로 삼아 나머지 모든 직원의 급여를 정한다. 위원회를 구성하는 이사들은 임무의 대가로 현금과 주식을 받지만, 그보다 훨씬 수익성 좋은 본업은 대개 다른 회사의 CEO 직책이다(혹은 그러한 직책 출신이다). 따라서 보상 위원회 구성원들은 대개 자신의 이익을 간접적으로 대변하기 때문에 급여 절차를 너무 자세히 캐묻지 않으려는 경향이 강하다. 보상 위원회를 경영자들을 위한 노동조합에 비유하면 이해가 쉽다.

공정 급여 믹스가 보상 위원회에 어떻게 적용되는지, 그리고 여기서 우리의 4P 중 실제로 얼마나 작동하는지 살펴보자.

- **우선순위** 보상 위원회라는 명칭에서 바로 알 수 있다. 위원회에는 목표가 있고, 그 목표는 보상이다. 확인 완료.

- **허용** 이사회가 새로운 CEO를 결정할 때 보상은 마지막 난관이다. 이사회는 오래전부터 CEO 후보자에게 구애 작전을 펼치다가, 마침내 승낙을 이끌어낸다. 인수인계 계획을 세우고, 왜 이 사람이 우리 회사의 차기 왕(대개 남자니까) 혹은 여왕이 되어야 하는지 주주를 설득하기 위해 문서를 작성한다. 아마 후보자는 밑져야 본전이란 심정으로 더 많은 급여를 요구할 것이다. 그러면 이제 와서 돈 같은 사소한 문제 때문에 CEO 지명을 없던 일로 하기엔 양쪽 모두 체면이 서지 않는다. 포커 용어로 치면 이를 팟 커밋^{pot committed}(팟에 들어간 칩이 너무 많아 기권하기에 이미 늦은 상황-옮긴이)과 같은 상황이다. 이사회는 새로 들어올 후보자와 주요 계약 보너스를 포함한 급여를 협상하는 것은 물론, 훗날의 퇴직 조건에 대해서도 사전 협상을 해두기로 하는 경우가 많다. 때로 차기 CEO는 개인적으로 근무지를 옮겨달라고 요구하기도 한다. 이는 와인 컬렉션과 말을 운송하는 데 능한 기업 이사 전문 업체들이 생겨나는 계기가 되었다. 경영자들에게 보내는 메시지는 이것이다. 구하라. 그러면 얻을 것이니. 확인 완료.

- **절차** 보상 위원회는 임원 급여의 책정에 종국적 책임은 있지만, 엄밀히 말해 급여표 자체를 작성하는 일을 하지는 않는다. 그보다 아치 패튼처럼 전문 지식과 독립성이 보장된 컨설팅 업체에 의뢰한다(그리고 컨설팅 업체들은 재계약을 염두에 두고 일한다). 회사 자체 보상팀에서도 권고안을 내놓을 수 있다. 하지만 역시나, 회사 보상팀 직원들은

자기 상사의 상사의 상사의 상사가 받아야 할 급여 액수를 권고하는 셈이다. 이 정도면 말 다 했지 싶다. 어차피 급여 검토를 요청받지 않아도, 비교군 회사를 직접 선택하고 유사한 규모와 업종의 회사와 비교해 계산하는 시장 벤치마크의 파수꾼들도 별반 다르지 않은 결론을 내릴 것이다. 간단히 말해서, 경영자들은 정기적으로 다양한 출처에서 급여 성적표를 받으며, 그들은 언제나 A등급의 합격 점수만 받는다. 확인 완료.

- **힘** 전통적인 경제 이론에 따르면 최대 급여에 상한선을 걸면 승진을 위해 최선을 다하려는 동기가 부여되지 않을 것이다. 따라서 아무도 리더로서 중책을 맡으려 하지 않거나, 급여 성적표가 B등급으로 돌아오면 최대한 열심히 일하지 않을 것이다. 그러나 전통적인 경제학자들은 오늘날 거물 경영자들을 오랜 시간 연구 대상으로 삼아본 적이 없다. 경영자 중에 수십 년 경력 동안 자신의 미래를 신중하게 계획하지 않은 채, 혹은 마지못해 이러한 직책을 떠맡는 사람은 아무도 없다. 지위도 급여 못지않게 (또는 그 이상으로) 중요하다. 또한 CEO는 자신이 교체된다면 이사회가 상당한 변화 관리 작업과 위험 부담을 떠안게 되며, 자신의 임명이 잘못된 결정으로 비치리라는 것을 알고 있다. 차기 CEO는 새로운 이사회 선출에 발언권을 갖게 되므로, 이사회는 자신의 자리를 위험에 빠뜨리고 싶지 않다. 이처럼 모든 사람의 이해관계가 직접 관련되어 있으니, CEO가 완전히 형편없을 정도가 아니라면 예정대로 급여를 지급하고 권력의 역학을 의심하지 않는 것이 모두에게 최선의 이익이다. 확인 완료.

이렇게 공정 급여 믹스의 4P가 모두 포함되고 작동하는 경우에는 급여 인상이 뒤따르는 것을 알 수 있다. 공정 급여 믹스의 각 요소가 가시선 범위에 들고 경영자의 급여 투명성 의무화가 급여 인상을 부채질한 결과, 그들의 급여는 하늘 높은 줄 모르고 올랐다. 역으로 경영진의 급여가 투명하지 않았다면 지금보다 훨씬 낮게 형성되었을 것이라고 주장할 사람도 있을 것이다. 이 논리도 맞는 듯하지만, 나는 그렇다고 투명성을 억제해서는 급여 문제를 올바르게 해결할 수 없다고 생각한다. 대신 임원 급여 모델을 모든 직원에게 확대 적용해 급여 체계를 더욱 투명하게 만들고, 급여 인상을 뒷받침할 적절한 인프라를 구축해야 할 것이다.

경영자는 자신들의 급여가 손가락질을 받는 것에 익숙하지만, 우리 중 더 많은 급여를 준다고 할 때 이를 마다할 사람은 거의 없다. 훌륭한 리더의 역할은 중요하고, 그들은 성과를 낸 만큼 좋은 보상을 받아야 한다. 문제는 권력을 억제하려는 노력이 효과적이지 못한 이유가 최고의 성과를 낸 사람뿐 아니라 뜻밖의 행운이 찾아온 사람에게도 최고의 포상이 내려질 수 있다는 데에 있다.

어떤 직무든 성과 평가에서 가능한 시나리오는 네 가지뿐이다. 좋은 성과와 행운, 좋은 성과와 불운, 나쁜 성과와 행운, 나쁜 성과와 불운이다. 경영자의 보상 지급 방식은 대부분이 주식으로 구성된 만큼, 전체 경기가 좋으면 뜻밖의 대박을 터뜨릴 수 있다. 반면에 사전 협상해 둔 퇴직 패키지와 이사회의 재량 덕분에 최악의 상황에서도 손해 볼 일은 거의 없다. 이처럼 누군가는 무슨 일이 일어나든 급여를 보장받는다면, 우리는 이 상황을 어떻게 해석해야 할까? 그래도 역시 성과에 대한 대가일까, 아니면 일종의 보호 장치일까? 어찌 됐든 나는 다른 모든 사람에게 같은 규칙이 적용되지 않는 한 이것을 공정 급여라고 인정할 수 없다.

자본주의의 천사들이 모두를 위한 구세주를 내려보내지 않는 이상, 경영진 급여를 낮추고 대신 그 돈을 하위직 급여로 나눠줄 유일한 방법은 법률을 제정하고 그 법을 지키지 않는 기업이 기회비용 측면에서 손해 보는 구조를 만드는 것이다. 직원보다 임원을 우선시하는 회사에 고율의 징벌적 세금을 매겨야 하며, 고소득 법인과 개인으로 갈수록 한계 세율이 더 유리해지는 조세 제도에 급진적인 (동시에 강제적인) 개혁도 필요하다. 다만 이것은 쉽지 않은 문제이므로 일단 "억만장자의 부를 회수"하자는 외침은 잠시 참아보자. 정치인들이 개혁의 의지가 있다고 가정해도, 입법과 징벌적 과세만으로는 경영자들이 공정 급여 4종 세트를 독차지하게 만든 근본 문제를 해결하지 못할 것이다.

임원 급여를 반으로든 심지어 0으로든 줄인다 해도, 그렇게 해서 줄인 인건비로는 특히 대기업이라면 전 직원에게 재분배하기에 한계가 있다. 내가 대부분 대기업에 대해 추산한 바에 따르면, 최고 경영진의 급여는 회사 전체 인건비 예산의 5% 미만, 즉 회사가 연간 급여 인상에 지출하는 금액보다 적다. 여기서 두 가지 교훈을 얻을 수 있다. 첫째, 많은 기업은 총 인건비 예산에 큰 영향을 미치지 않으면서 (표면상 큰 비용처럼 보일 수는 있지만) 최저임금 직원의 생활 수준을 극적으로 개선할 수 있다는 사실을 기억해야 한다. 둘째, 그럼에도 다른 모든 구성원의 급여를 유의미하게 인상하려면 고소득자의 부를 빼앗기보다 더 포괄적인 해결책이 필요하다.

임원 급여의 오름세를 진정하려는 최근의 시도로, '불명예 명단 공개Name and Shame' 법이 있다. 최악의 임원 급여 관행을 지닌 기업을 공개함으로써 대중에게 비호감 인상을 심어주는 방법이다. CEO 대 직원 급여 비율이 그중 한 예다. 하지만 그 결과는 흥미로운 읽을거리와 연간 헤드라인 기사 등 귀중한 발견을 제공할지는 몰라도, 사람들이 점점 충격에 내성이 생기고 수치는 쉽게 합리화하기 나름이라서 그 쓸모는 제한적이다. 이 비율이 가장 높은 회사들은 대개 직원이 전 세계에 널리 분산된 글로벌 기업인 경우가 많다. 세계적인 완구 제조업체인 마텔을 보자. 2020년에 이 회사는 CEO 대 직원 급여 비율이 30 대 1이나 300 대 1도 아닌, 3,000 대 1이라고 보고했다. 이 결과는 보고 대상에 해당하는 중위 근로자, 즉 여기서는 인도네시아 제조 공장의 직원들을 포함해 산출되었다. 인도네시아 공장 노동자에 대한 공정 급여 수준을 가늠할 배경지식이 있는 사람은 거의 없기 때문에 이런 결과는 금세 관심에서 멀어진다.

불명예 유발 효과를 노린 또 하나의 법안인 경영진 보수에 대한 주주 의결권Say on Pay은 주주들에게 경영진 급여 패키지를 승인하는 데 목소리를 내게 하려는 취지다. 그러나 이 법의 유용성이 똑같이 제한적인 것은 낙제점이 드물고 투표에 구속력이 없어, 투표에 참여했다는 의미를 부여하는 데 그치기 때문이다.

그렇다고 해서 이처럼 불명예를 겨냥한 법이 아무런 가치가 없다는 의미는 아니다. 경영진 보수에 대한 주주 의결권 법안은 새로운 추세지만, 이 법들의 의도한 결과가 이미 일부 나타나고 있다. 경영진 보수에 대한 주주 의결권 법안이 통과된 국가에서 CEO 급여는 평균 약 7% 감소한 반면 회사 실적은 5% 증가했다. 또한 이러한 법률이 제정되면 회사들은 내부적으로나마 그동안 익숙했던 사고 패턴을 갑작스럽게 바꿔야 한다. 보상팀은 급여 비율 데이터를 계산하고는 높은 수치에 분명 당황할 것이다. 그다음 이 결과를 대외에 해명할 방법을 찾아내라고 상사에게 불려가는 일이 없기를 바랄 것이다. 우리 급여 담당자들은 현재의 운영 체제에서 다른 결과를 도출할 수 없다는 것을 알기 때문이다.

현재 경영자들과 마찬가지로 보상팀들에도 급여 투명성이 더욱 확대된다면, 각 기업의 보상 체계는 더 빨리 질서를 잡을 수밖에 없을 것이다. 이러한 노력을 가속화하려면 '상위 다섯 명'의 임원에 대한 급여 공개 접근법을 모방해, 저임금 직원 하위 다섯 명에게 적용하는 방법을 생각할 수 있겠다. 내가 알기로는 현재 최하위 직급의 급여 데이터를 자발적으로 공개하는 기업은 없다.

사람들이 수긍할 만한 결과를 얻으려면 하위 다섯 명을 글로벌 기업의 해외 지사가 아닌 본사 직원 중에서 추려야 한다. 만약 CEO가 미국에 주재하고 있다면, 이 회사는 미국에서 근무하는 하위 다섯 명의 직무와 위치를 공개해야 한다(단 실명은 거론하지 않는다). 정규직 기준으로 하위 다섯 명의 급여를 보고해야 한다면, 보상 위원회는 경영진 급여나 회사의 지나치게 포괄적인 보상 철학뿐 아니라 전체적인 급여 관행의 절차, 우선순위, 허용 구조를 개편하도록 승인을 내릴 것이다. 하위 다섯 명의 급여가 매년 정체 상태이고, 연례 정기 승급 절차가 없으며, 보상 철학을 공개적으로 설명하는 성의도 보이지 않는다면 위원회는 책임을 추궁받게 될 것이다. 하위 다섯 명은 거의 틀림없이 다수 인원의 저임금 직종인 제조나 소매업 부문에 포함되어 있을 것이다. 그렇다면 회사는 비슷한 직무에 속한 전 직원의 급여를 다 같이 인상하는 더욱 포괄적인 절차를 통해 하위 다섯 명의 급여를 인상하는 방법이 실용적일 것이다. 만약 하위 다섯 명의 급여 수준에 해당하는 직원이 다섯 명보다 많다면, 그 인원수도 보고 내용에 포함해야 한다.

이처럼 보상 위원회의 임무를 확장하면 누가 급여 인상을 받을 자격이 있느냐에 대한 내부 우선순위의 갈등이 간소화되어, 흔히 하위직에 불리한 우선순위 시스템을 개선하는 데 도움이 된다. 하위 다섯 명의 급여는 회사 내의 최저임금을 가리키는 지표이자, 조직 전체에 단계적 급여 인상을 줄줄이 이끌어내는 기능을 할 것이다. 이참에 저임금 하위 다섯 명의 인구 통계적 요소도 공개하도록 요구해, 문제가 될 만한 편향이 있는지도 (분명 있을 것이다) 확인해야 한다.

임원 급여와 급여 투명성의 효과가 주는 교훈은 분명하다. 거역할 수 없다면 동참하라는 것이다.

프랜차이즈 전쟁

영화 「데몰리션 맨」을 보면, 실베스터 스탤론Sylvester Stallone이 연기한 존 스파르탄이 1996년 극저온으로 냉동 인간이 되었다가 깨어나 그동안 변한 세상과 처음 마주하는 장면이 나온다. 때는 바야흐로 2032년이 되었고 스파르탄은 냉동 상태에서 깨어났다. 산드라 블록Sandra Bullock이 연기한 레니나 헉슬리는 어느 날 무도와 만찬을 즐기기 위한 모임의 장소로 스파르탄을 데려간다. 그런데 스파르탄은 무도를 즐길 고급 식당 이미지와는 거리가 먼 타코벨로 가고 있다는 사실을 알고 황당해한다. 헉슬리는 "당신은 타코벨이 프랜차이즈 전쟁에서 살아남은 유일한 식당이라는 것을 모르는군요. 이제 '모든' 식당이 타코벨이에요"라고 말한다.

만약 영화 속의 타코벨처럼 단 하나의 식당만 존재한다면 해당 산업에서 독점력을 지닌다고 볼 수 있다. 독점Monopoly은 동명의 보드게임으로도 대부분 사람에게 친숙한 개념이다. 유사한 개념으로 '수요 독점Monopsony'도 있다. 독점력이 있으면 식당이 하나뿐이므로, 각 가정의 외식비가 전부 타코벨로 흘러간다. 수요 독점력의 경우엔 고용주가 단 한 군데여서 각 가정의 모든 소득도 타코벨에서 나온다.

나는 폴란드에서 비슷한 상황을 목격한 적이 있다. 나는 수년 동안 염 브랜드의 해외 지사에 대한 급여 체계를 관리했다. 염 브랜드는 타코벨을 비롯해 피자헛, KFC 등 대형 브랜드를 보유한 회사다. 나는 스타벅스를 그만둔 후 염 브랜드에 합류했는데 이직 공백기 동안 염 브랜드의 동유럽 파트너사인 암레스트^{AmRest}(American Restaurant의 준말이다)에서 일할 기회가 있었다. 몇 주 후 나는 폴란드 브로츠와프에 있는 암레스트 지사로 가서 경영진과 식당 직원 급여를 개선하는 방안을 논의했다. 나는 염 브랜드의 보상 모델뿐 아니라 스타벅스의 접근 방식도 잘 알고 있었기에 파트너로 적격이었다. 이 점이 중요했던 건 암레스트가 이 지역의 염 브랜드와 스타벅스 프랜차이즈를 동시에 관리한 데다가, 버거킹과 여러 소규모 브랜드까지 경영했기 때문이다.

제안한 급여 관리 방법 중 한 가지는 브랜드 제휴에 관계없이 본사 차원에서 전체 급여 프로그램을 짜는 것이었다. 업계에서 흔한 이 아이디어는 각 브랜드의 직무 유형별로 나타나는 미세한 차이를 조화롭게 맞추는 것이었다. 예를 들면 스타벅스 바리스타와 KFC 계산원은 동일한 임금률을 적용할 수 있다. 이처럼 통합된 접근 방식은 더 효율적으로 급여를 관리할 수 있게 할 뿐 아니라, 각 브랜드에서 더 많은 연봉을 제시하며 경쟁사의 직원을 데려가기 어렵게 한다. 소비자가 보기엔 암레스트의 각 식당 브랜드들은 서로 경쟁자였다. 반면 직원이 보기엔 자기 급여를 주는 곳은 암레스트, 단 한 군데였다.

이러한 방식은 때로 같은 범주에 속하지도 않는 여러 브랜드를 동시에 운영하는 전 세계 거대 기업에서 사용된다. 아랍에미리트의 아메리카나 그룹^{Americana Group}(작명 센스를 보라)이라는 기업은 열아홉 개의 다른 레스토랑 브랜드를 운영하고 있다. 미국의 플린 레스토랑 그룹^{Flynn Restaurant Group}은 타코벨, 애플비스^{Applebees}, 파네라^{Paneras}, 아비스^{Arbys} 등의 여러 요식업 체인을 거느리고 있다. 독일 투자사인 JAB 홀딩스^{JAB Holdings}는 영국의 패스트푸드 체인 프레타망제^{Pret A Manger}에서 동물 병원에 이르기까지 다양한 사업을 관리한다. 엔진 생산으로 더 유명한 미쓰비시는 일본에서 오랫동안 KFC도 운영해 왔다. 게다가 세무 서비스, 호텔, 공항 상점까지 운영한다. 내가 좋아하는 사례인 쿠웨이트의 알샤야 그룹^{Alshaya Group}은 중동, 북아프리카, 동유럽 등지에 90가지 개별 브랜드를 통해 자체 쇼핑몰을 구축하고 그 과정에서 고객을 끌어모은다. 다른 산업과 마찬가지로 이들 기업의 급여 프로그램에 대해 공개된 정보는 제한적이다. 하지만 그들이 거느린 계열사끼리 비교할 때, 급여 체계 면에서 서로 적극적인 경쟁 관계에 있는 경우는 거의 없으리라 짐작된다.

분명히 말하자면 프랜차이즈와 라이선스 대기업이 본질적으로 공정 급여에 적대적이라는 뜻은 아니다. 급여 프로그램의 일원화 없이도, 최근 몇 년 동안 많은 프랜차이즈 브랜드는 그간 임금 인상을 억제하는 효과로 작용해 온 계약서의 명시적인 '인재 뺏지 않기' 조항을 삭제하기로 결정했다(혹은 압력을 받았다). 나는 함께 일한 기업 중에서 어떤 부도덕한 면을 발견한 적이 없다. 오히려 그들은 공정 급여에 대한 책임감을 진지하게 생각하고 있었다. 내 경험에 의하면 대기업일수록 직원의 고용 경험과 근무 조건을 전반적으로 개선하려는 열의가 더욱 강하고 진지했다. 문제는 법적으로 분리된 구조에서 시작된다. 여기서 프랜차이즈 지점과 브랜드는 서로 별개라서, 브랜드는 직원이 소속되는 하나의 단위가 될 수 없다. 따라서 팁을 자기 주머니에 슬쩍해 임금을 착취하거나 직원에게 초과 근무를 시키는 관리자와 빈곤 임금 문제는 브랜드가 아니라 지점의 문제다.

공정 급여의 걸림돌이 제도 자체에 있는 한, 열의와 진정성만으로는 충분하지 않다. 서비스업에서 저임금이 사라지지 않는 이유는 기업들의 이인삼각 행태로만 설명되지 않는다. 그보다 구조적으로 원활하지 못한 시장 경쟁이 저임금을 더욱 부채질한다. 토머스 필리폰Thomas Philippon 뉴욕대 교수는 저서『대역전:자유시장을 포기한 미국The Great Reversal: How America Gave Up on Free Markets』에서 다음과 같이 분명히 말한다. "구직자가 소수의 고용주 중에서만 직장을 선택해야 한다면, 고용주는 그들에게 시장 지배력을 행사할 수 있으므로 더 적은 임금을 제시할 것이다." 프랜차이즈 가맹점주들은 일부러 적은 임금을 주는 것은 아니지만 굳이 임금을 올려줘야 할 압박감도 느끼지 않는다.

현지 출신의 기업가들이 운영하고 그 지역 노동자의 수급에 따라 임금을 결정하는 독립 프랜차이즈의 전망은 확실하지 않다. 맥도날드는 매장과 공급망을 통해 다른 어떤 기업보다 더 많은 흑인 백만장자를 배출했다고 자부하는데, 틀린 말은 아닐 것이다. 이것은 업계에서 흔한 일이 아니다. 하지만 나는 이제 맥밀리네어McMillionaires라는 신흥 세력을 보기 힘들어질 거라고 생각한다. 규모가 더 큰 재벌 기업과 사모펀드 회사가 점점 시장에 뛰어드는 형국이기 때문이다. 버거킹, 파파이스, 팀호튼Tim Hortons 커피 등의 브랜드를 소유하고 있는 브라질의 3G 캐피털3G Capital도 그 예다. 이러한 유형의 거래는 일자리를 창출하고 소유주에게 막대한 부를 창출할 기회다. 그렇게 되면 그들은 또한 공정 급여를 지급하려 애쓸 리가 없다.

프랜차이즈 전쟁이 끝난 후 모든 고용주가 타코벨(「데몰리션 맨」의 해외 배급 버전에서는 피자헛으로 표기되었다)이 된다면, 노동자들은 마땅히 일할 곳이 없으니 임금도 오르지 않을 것이다. 우리는 이미 이 미래에 와 있다. 유의미한 경쟁이 없는 가운데 시장 임금이 오르려면 최저임금 법률이나 단체 교섭과 같은 급여 결정권의 다른 원천이 있어야만 가능하다.

미국을 포함한 일부 국가에서 브랜드는 소위 '공동 고용법Co-Employment(기업과 인사 대행 전문 업체가 계약을 맺어 고용 책임을 공유하는 관계. 기업의 소유주와 경영자로서는 인사 업무를 일부 아웃소싱함으로써 사업 활동에 더 전념할 수 있다-옮긴이)'을 통해 프랜차이즈 지점들의 급여 책정에 직접 관여할 수 없다. 바꿔 말하면 흔히들 프랜차이즈의 전형으로 떠올리는 맥도날드는 내일 당장 미국 전역의 매장에 시간당 15달러의 최저임금을 부과하고 싶어도 그렇게 하기 쉽지 않다. 현재 프랜차이즈 계약에 따라 운영되는 브랜드는 공정 급여 믹스를 아웃소싱함으로써 급여에 대한 책임을 분담하고 있다. 결과적으로 업계도 고통받고, 특히 직원들은 더 큰 고통을 겪고 있다.

일부 국가에서는 이 문제를 고용 조건과 급여에 관한 결정 권한을 다른 곳에 위임함으로써 해결했다. 특히 호주에서 시행되는 한 가지 접근 방식은 부문별 교섭이다. 여기서 근로 조건과 최저임금은 개별 회사가 아니라 업계 전체가 협상하고 입법화한다. 그다음 협상 결과는 모든 경쟁사에 일관되게 적용된다. 미국에 기반을 둔 프랜차이즈 기업들은 이 모델이 널리 실행되면 업계가 금방 망할 것이라 예측하겠지만, 이는 매우 과장된 생각이다. 내가 염 브랜드에서 근무하는 동안 호주 KFC는 브랜드의 빛나는 등대와도 같았다. 호주는 성장 목표도 달성하면서 KFC와 염 브랜드의 CEO를 배출하는 등 국내에서 뛰어난 경영 인재 양성소로 알려졌다.

시간이 지날수록 우리는 부문별 교섭 모델, 혹은 인간다운 생활을 할 권리를 보장하고 물가에 연동된 최저임금과 같은 권력 분산 방식을 경쟁 우위로 보게 될 날이 올 것이다. 임금 결정권이 잘 위임되면 브랜드는 직원의 근무 여건에 더 신경 쓸 수 있으므로 이직률 감소, 직무 설계 개선, 경력 개발을 통해 생산성을 높일 수 있다. 이러한 노력이 합쳐지면 급여 관리 비용을 낮추고 업계에서 좋은 평판을 얻을 수 있으며, 가장 중요하게는 프랜차이즈 직원들에게 공정 급여를 쟁취할 기회를 제공할 것이다.

플랫폼의 문제

프랜차이즈 근로자가 공정 급여 믹스에서 부분적으로 단절되었다면, 무려 근로자 다섯 명 중 한 명이 공정 급여 믹스에서 완전히 단절된 작업 환경에서 일하는 영역도 있다. 여기에는 청소부, 건설 현장 인부와 같은 저임금 근로자뿐 아니라 고임금 독립 계약자, 인력 파견 업체에 소속된 하청 근로자도 포함된다. 브라운대 교수이자 미국 노동부 산하의 임금시간국Wage and Hour Division 전 국장인 데이비드 웨일David Weil은 이것을 '균열된 직장Fissured Workplace'이라고 부르고, 동명의 저서도 발표했다. 우편물을 분류하던 직원도 누구나 임원까지 승진할 수 있다는 생각은 균열된 직장에서는 이제 옛이야기가 되어버렸다. 이메일과 인스턴트 메시지 기술로 우편물 분류 업무가 없어져서가 아니라, 우편물 분류를 맡을 직급에 해당하는 노동자들이 경력 사다리에서 낙오되었기 때문이다.

균열된 직장 중에서도 일부 유형은 잘 작동하기도 한다. 예를 들어 의사나 프리랜서 웹 디자이너 등의 직업은 독립적으로 일할 때 기업가적 이점이 있다. 반면에 성과를 분명하게 차별화하기 어렵고, 그로 인해 기업가적 기회와 급여 결정권이 없는 직업은 공정 급여의 상당한 장애물에 직면한다.

불공정 급여의 위험은 고용 사슬의 양 끝에서 가장 크다. 즉, 노동이 처음 공급되는 지점과 노동이 최종 소비자에게 제공되는 지점이다. 스타벅스에서는 커피나무를 재배하는 농부를 '처음 10피트 First Ten Feet', 마지막으로 고객에게 저지방 바닐라 라테를 건네는 바리스타를 '마지막 10피트Last Ten Feet'라고 부른다. 동시에 이 두 사람은 직원이 공정 급여 믹스와 완전히 단절된 환경에서 일할 가능성이 가장 큰 직무이기도 하다. 10피트 원칙의 이면에 있는 비즈니스 철학은 노동 공급망의 양 끝에 있는 두 집단을 잘 대우하면, 그 사이에서 안정된 급여와 복리후생 혜택을 받는 정규직들은 스스로 잘 살아갈 수 있다는 것이다. 특히 전 세계에 공장을 두는 요즘 세계에서는 하청에 재하청이 이어지고 이들 모두 본사의 보상팀에서 법적 거리가 10피트씩 떨어져 있으므로 (그들 사이에 약 1만 명의 정규직이 있을 것이다) 처음 10피트의 노동자 급여에 더 많은 주의를 기울여야 한다. 우리는 특히 불공정 급여의 위험이 집중적으로 급증하며 소위 긱 경제의 형태로 무기화되는 마지막 10피트에 초점을 맞출 것이다.

긱 경제 활동은 특히 전통적인 직업 간의 격차를 해소해야 하는 상황에서 사람들에게 간헐적, 보충적 수입원이 되므로 시장에서 중요한 역할을 한다. 긱 경제 활동은 간접적인 목적도 충족할 수 있다. 혁신의 기회를 마련하고, 즐겁지는 않아도 안정적인 본업을 직원들이 포기하지 않으면서 완전히 전업할 준비가 되지 않은 다른 여러 가지 일을 체험할 수 있게 한다. 또 누군가에게 긱 경제는 원래 의미에 충실한 공연Gig으로서, 그저 취미 활동이기도 하다. 우리는 모두 지인의 밴드나 스탠드업 코미디 공연을 보러 억지로 끌려가야 했던 경험이 있지 않은가. JP모건은 긱 경제 노동자들의 추가 소득이 직장 소득의 73%까지 벌충한다는 사실을 발견했다. 이는 긱 경제 노동의 유용성을 보여주는 긍정적인 지표인 동시에, 대부분 사람이 본 직장에서 얼마나 적은 금액을 버는지 실태를 고발하는 역할도 한다.

고용주는 연중 내내 정규직을 두어 발생하는 추가 비용을 부담하지 않고, 수요 피크 시즌에 생산량을 늘리기 위해 노동력을 집중 배치하는 등 유연하게 인력을 고용할 수 있기 때문에 긱 경제의 실험적 고용 형태에서 이점을 누릴 수 있다. 이처럼 긱 경제가 기업에 실적의 고저에 따라 일자리를 손쉽게 늘렸다 줄였다 할 수 있는 기회로 작용함으로써, 장기적인 직업 안정성 보장이라는 고용주의 전통적 의무는 퇴색하게 되는 사회적 상충 관계가 생겨났다. 노동 유연성이 총보상 함정에 얼마나 자주 미끼로 사용되는지 여러분도 눈치챘기를 바란다.

긱 경제 활동에 대한 논란은 이러한 직업이 존재해야 하느냐가 문제가 아니다. 항상 존재해 왔고 앞으로도 존재할 것이다. 기술 플랫폼은 앞으로도 구직자와 가용 일자리를 더 수월하게 연결할 것이다. 그러면 근로자들은 기존 고용 시스템이 자신에게 맞지 않을 때 자신의 노동량과 부수입 기회를 스스로 조절할 권한을 더욱 강화하게 될 것이다. 가장 큰 문제 두 가지는 대부분 플랫폼이 보수를 결정하는 가운데 노동자가 어떻게 자신의 노동 단가를 정할 것인지, 그리고 긱 경제 노동자의 규모가 하나의 노동 계층으로서 얼마나 비중이 커질 것인지다. 긱 경제 활동이 디폴트값처럼 일상화되는 임계점에 이르러 규칙적인 급여 지급 방식이 사라진다면, 사람들은 자율성을 얻는 대신 그동안 힘들게 쟁취한 안정성, 고용 보호, 복리후생을 잃게 될 것이다. 모든 직업이 기본적인 존엄성을 보장받을 수 있으려면, 우리가 마지막 10피트로 진입할 때 신기술 특유의 유용성을 균형 있게 누리기 위해 더 많은 노력이 필요하다.

이러한 손실은 2016년에 미국과 유럽의 노동조합 연맹에서 발표한 「플랫폼 기반 노동에 관한 프랑크푸르트 보고서Frankfurt Paper on Platform-Based Work」에 요약되어 있다. 이들은 긱 경제 플랫폼이 다른 경제 부문과 동등한 규칙을 따르지 않고 있으며, 이러한 구조적 권력 불균형이 모든 노동자를 뒤처지게 한다고 강조한다. 이와 같은 노조 연맹의 주장에서 장점을 찾아 논하지 않고 단지 구질서의 보호주의자로 치부하는 것도, 그들도 플랫폼 기술에서 명백하고 실질적인 이점을 누린다는 점을 인정하지 않는 것도 둘 다 무책임한 태도일 것이다. 이 보고서는 "정보 기술이 현명하게 사용된다면, 양질의 일자리에 대한 접근성을 확대할 커다란 가능성을 지니고 있다"라는 낙관적인 바람으로 끝맺는다. 노조 연맹은 이 위대한 가능성을 현실로 만들기 위해 플랫폼 기업이 기존 법률의 조문과 내용을 '우회'할 목적으로 기술을 이용하는 대신, 기술 발전의 부산물인 권력 불균형을 해소할 것을 촉구한다.

FOWL의 말대로 긱 경제가 일의 미래가 된다면, 지금 우리가 가고 있는 길은 공정 급여의 미래와 공존할 수 없다. 기업이 근로자에게 급여를 지급하려면 이윤을 창출해야 하지만, 주요 플랫폼 기업 중 현실적인 수익성을 보여주는 곳은 거의 없다. 물론 당장 적자가 나더라도 시장 점유율을 급속도로 확대하기 위한 투자 과정에서의 성장통이라고 합리화할 수 있다. 그러나 각 투자 과정에서의 수지 타산에 대해 현재 밝혀진 데이터에 따르면 반대로 많은 플랫폼의 비즈니스 모델이 제대로 작동하지 않을 수 있음을 시사한다.

플랫폼 기업의 최강자이자 이론적으로 가장 높은 성장 단계를 거치고 있는 우버는 2021년에 흑자로 전환할 것이라고 발표했지만 지금까지는 거래당 손실을 가속화했을 뿐이다. 기술은 점점 자리를 잡고, 물론 우버는 언젠가 흑자로 돌아설 것이다. 그러면 대부분 플랫폼 대기업이 지속적인 흑자를 낼 수 있는 회사로 거듭나도록 주주들이 압박할 날이 올 것이다. 따라서 언젠가 우버와 동종 기업들은 생존을 위해 비즈니스 모델의 판을 완전히 새로 짜야 한다. 이를테면 물류 부문은 다른 회사에, 대중교통 부문은 지방 자치 단체에 맡기거나, 혹은 완전 자율 주행 차량으로 전환할 수도 있다. 이 중 어느 시나리오가 현실이 되든, 우버는 훨씬 더 적은 수의 (어쩌면 0명의) 긱경제 노동자가 필요할 것이다. 이렇게 되면 우버와 동종 기업들은 긱경제 플랫폼을 통해 더 나은 대안을 제공하지 못한 채, 루이스 하이먼의 예상대로 '서비스 경제의 폐기물'로 이루는 성공에 그칠 것이다.

한때 FOWL들이 치켜세우던 긱 경제 노동자들은 그것이 최후의 생계 수단으로 남게 될 때 어디서 월급을 받게 될까? 이것은 플랫폼 기업이 차후 어떤 식으로 적응하든 상관없이, 어차피 자동화로 모든 직업이 계속 변화할 것이기에 분명 우리가 대비해야 할 문제다. 이 질문에 대한 답으로 보편적 기본소득에 기대를 거는 사람들이 점점 많아지고 있다. 하지만 정치적 사안의 볼모로 잡히기 쉬운 기본소득을 채택하겠다고, 공정 급여와 건전한 일자리 창출의 잠재성이 있는 현재의 시스템을 쉽사리 포기해야 한다고는 생각하지 않는다. 어쩌면 우리는 다른 해법을 찾기에는 너무 멀리 왔을 것이다. 기본소득은 가족 돌봄과 같은 무급 노동이나 팬데믹 같은 비상사태 시 필수 인력 등을 보완할 유용한 도구이지만, 공정 급여를 제공하는 양질의 일자리를 창출할 수 있는 제도를 대신할 수는 없다. 기본소득을 지속 가능하게 하려면 우리는 여전히 '기본' 소득 위에 있는 문제를 해결해야 한다.

긱 경제 플랫폼에 양질의 일자리를 창출하고 공정 급여를 보장하도록 법제화를 촉구하는 목소리가 마음껏 표출되어야 한다. 플랫폼 업계의 최대 기업으로서 이 책에서 계속 긱 경제 고용주의 대명사로 언급되는 우버는 특정 유형의 법안이 제정될 경우 자신들이 실존적 위협에 처할 것으로 인식한다. 그들은 자세한 계산 방법은 밝히지 않았지만, 방어 차원에서 기사에게 시간당 최소 21달러 이상을 지급하는 안을 포함해 수년 동안 선제적 제안을 내놓아왔다. 반면 플랫폼을 깎아내리는 사람들은 직접 수행한 연구 결과를 근거로 들어, 일반적인 긱 경제 활동 임금이 플랫폼 회사가 약속한 금액에 훨씬 못 미친다고 밝힌다. 게다가 대기 시간과 차량 유지 보수까지 고려하면, 실제 남는 돈은 대개 최저임금보다도 적다고 한다.

긱 경제 플랫폼에 반대하는 집단이라면 뭐니 뭐니 해도 식당 자영업자를 따라올 자가 없다. 그들은 이미 얼마 안 되는 마진에서 배달 플랫폼에 수수료가 얼마나 들어가는지 보여주기 위해 온라인에 거래 명세서를 게시하며 적극적으로 반발해 왔다. 한편 이들 배달 플랫폼은 거래의 다른 쪽 당사자, 즉 배달 기사에게서도 이득을 취하는 것으로 알려져 있다. 배달 기사들의 기본급에서 공제된 고객의 팁이 플랫폼 자체의 수익으로 흘러가는 불성실하기 그지없는 관행 때문이다. 불공정 급여의 구습이 귀환했다. 전 세계에서 긱 경제 노동자들이 무수히 파업을 벌이고, 거처할 곳이 없어 캠핑카에서 노숙하는 긱 경제 운전기사의 사례가 신문에 비중 있게 보도되는 요즘, 이제 플랫폼 기업들은 미래에 법제가 어떻게 바뀔지 걱정해야 마땅하다.

플랫폼 기업들은 최근 강경하게 움직이는 법제화 조짐이 심상치 않다는 것도, 또 그들이 자초한 결과라는 것도 알고 있다. 코로나19 팬데믹과 뒤따른 미국의 실업 대란 속에서 우버 CEO 다라 코스로샤히는 트럼프 당시 대통령에게 우버의 운전기사를 연방 차원에서 지원해 줄 것을 정중히 부탁하는 서한을 보냈다. 건강 및 실업보험, 퇴직수당 등 노동자에게 꼭 필요한 요소를 핵심 비즈니스 모델에 포함하지 않은 기업이 자기네 긱 경제 노동자를 세금으로 보호해 달라고 직접적으로 요청한 것이다(우버 측은 법적 제약 때문에 자기들은 그렇게 할 수 없다고 주장할 것이다). 사실 우버와 동종 기업들은 팬데믹이 아닌 정상적 상황일 때는 긱 경제 노동자가 이러한 고용 보호 혜택을 받을 자격이 주어져서는 안 된다며 기존의 제도에 계속 맞섰다. 만약 여러분이 여전히 신의성실의 급여 원칙이라는 개념이 막연하게 느껴진다면, 우버의 이 사례가 신의성실의 급여 원칙과 정확히 반대된다고 생각하면 이해하기 쉽다. CEO인 코스로샤히는 항복의 백기를 들면서도, 한편으로는 긱 경제 노동자를 엄연한 직원으로 분류하는 더 어려운 양보안은 받아들이지 않으려 했다. 우리는 코스로샤히의 서한에 대해, 현재 노동자들이 처한 상황에 자신들의 과실이 있음을 인정한 것이나 다름없는 획기적 사건으로 해석해야 한다.

우버 서한의 세 번째 단락을 보면, 2년 전 우버는 운전기사들이 기본적인 고용 보호를 받을 수 있도록 새로운 유형의 이동식 급부 Portable Benefits (이직 후에도 건강보험, 연금을 연계해 재직 기간을 합산할 수 있는 제도-옮긴이) 제도를 요구했음을 알 수 있다. 기사들은 엄밀히 정직원도 아니었지만, 정직원과 프리랜서 사이에 끼인 존재로 법으로 정의되지 않은 신분이었다. 몇 달 후 코스로샤히는 「뉴욕 타임스」의 논평에서 이를 '제3의 길' 접근 방식이라고 불렀다. 우버 CEO는 처음에 법제화를 지지하겠다던 자신들의 약속을 이제 입법부에 상기시키고 있었다. 그의 말마따나 "누구나 직장에서 부상을 입거나, 병에 걸리거나, 은퇴할 때 자신과 가족을 보호하기로 선택할 자유가 있어야 하기 때문"이다. 우버는 워싱턴주에서 활동하는 리더 중 의외의 두 명과 시범적 프로그램을 공동 수행하고 파트너십을 맺기로 했다고 발표했다. 이 두 사람은 북미 서비스업 노조Service Employees International Union의 워싱턴주 지부장인 데이비드 롤프David Rolf와 벤처 자본가인 닉 하나우어Nick Hanauer였다. 기업의 권력 불균형을 노골적으로 비판해 온 하나우어는 일찍이 시애틀에서 최저임금 15달러 쟁취 운동을 적극적으로 옹호했다. 안타깝게도 2년이 지났지만 이동식 급부 제도의 시범 도입에 대한 진전은 거의 없었다. 우버를 포함한 플랫폼 대기업 집단은 관련 입법을 막기 위해 캘리포니아주에서만 로비 비용으로 최소 2억 달러를 쾌척했으며, 심지어 자기네 편에서 시위해 준 긱 경제 노동자들에게 시위에 지출한 비용을 직접 변제해 주기까지 했다.

노동조합, 플랫폼 소유주, 플랫폼 사용자 등 모든 당사자가 현재 법률로는 긱 경제 노동자의 처우 개선에 충분하지 않고 긱 경제 형태의 노동이 미래에 잘 대비되어 있지 않다는 데 동의한다. 플랫폼 기업에 잘못이 없는 건 절대 아니다. 적어도 우버는 이를 쉽게 인정한다.

우버는 마지못한 듯한 자세로 자신들이 "더 많은 일을 해야 한다는 것을 알고 있다"라고 발표했다지만, 어쨌든 약속에 대해 신의성실의 원칙을 저버렸으니 비난받아야 마땅하다.

여전히 플랫폼 기업들은 스스로 구속력 있는 행동을 보이지 않는다. 플랫폼 생태계에서 긱 경제 활동의 해결되지 않은 법적 사각지대를 해결하려면 꾸준하고 적절한 입법이 필요하다. 코스로샤히의 말마따나 "우리는 맡은 역할을 할 준비가 되어 있지만, 더 과감한 조치를 위해서는 새로운 법률이 필요"하다. 이 말은 4장에서 언급한 제프 베이조스의 발언과 굉장히 흡사하게 들린다. 베이조스는 아마존 직원의 임금을 다시 인상하기 전에 자신들보다 힘이 한 수 아래인 회사들을 향해 "덤빌 테면 덤벼"라는 식으로 도전장을 내밀었다. 마치 자신들은 임금률과 복리후생을 결정할 행위 능력이 없고, 자유시장의 섭리대로 움직이고 있다는 듯한 뉘앙스였다.

해결책은 기업의 수직 계열화를 고집하고 균열된 직장을 완전히 없애는 것이 아니다. 그래 봤자 한 기업이 처음 10피트에서 마지막 10피트까지 전 과정을 관리할 테니 이것은 또 다른 형태의 권력 불균형으로 이어질 뿐이다. 이는 경쟁을 제한하고, 혁신을 억제하며, 기업이 각자 가장 자신 있는 분야에 집중하지 못하게 한다.

유연한 고용의 이점을 누리려면 기업들은 사회 전체에 부담을 전가하는 대신, 상근직에 가깝지만 형식상 독립 계약자로 분류되는 직원들의 처우를 더욱 개선해야 한다. 긱 경제 플랫폼에는 직무 분류법을 업데이트해서 법제화하는 것 이상의 조치가 필요하다. 코스로샤히가 직접적으로 요구한 대로 더 많은 재정적 투자를 통해 급여의 기준선을 올려야 한다.

일각에서는 이를 유연성과 안정성의 합성어인 유연안정성Flexicurity이라 부른다. 이 개념은 우버와 동종 기업들이 다양한 형태로 제안한 이동식 급부를 뛰어넘는다. 이를 실행하는 방법은 여러 가지가 있지만, 급여 담당자로 일해본 경험자 입장에서 나의 관점부터 제시하겠다. 플랫폼 기업들은 이를 긱 경제 노동자의 고용 환경을 개선하기 위한 제안으로 받아들이되, 이 제안에 빠진 공백은 각자 실천을 통해 데이터로 채워주기를 바란다.

모든 보상 프로그램의 출발점은 설계의 원칙Design Principle이다. 이 설계를 바탕으로 코스로샤히, 롤프, 하나우어의 제안을 따르자면, 앞으로 나아갈 방향은 유연성Flexibility, 비례성Proportionality, 보편성Universality, 혁신성Innovation, 독립성Independence이 있어야 한다. 더 최신 버전의 계획은 단순하게 비례성Proportionality, 통합성Aggregation, 자율성Autonomy의 세 원칙으로 간추릴 수 있겠다. 둘 중 어느 쪽을 택하든 내 제안은 모든 긱 경제 노동자가 원천징수 형태의 이동식 급부 기금에 접근할 수 있게 하자는 것이다.

긱 경제 노동자는 플랫폼에서 일주일이나 하루 단위로 총 여덟 시간 이상을 일한 후 총수입의 최대 20%까지 이동식 급부 기금의 현금 계좌에 불입할 수 있다. 만약 노동자들이 최대 금액인 20%를 불입했다면, 플랫폼도 마찬가지로 20%를 공여해야 한다. 이 기금은 연 2회 불입되며, 1년이 지난 후에는 언제든 현금화할 수 있다. 그리고 대학 학자금 저축과 동일한 비과세 혜택과 융통성이 보장된다.

기금의 수급권자가 부담하는 부분 외에, 플랫폼 기업도 수입의 최소 10%를 기금에 공여해야 한다. 플랫폼 기업은 기금 인출을 미루는 노동자에게 보상을 제공하기로 선택할 수 있다. 그렇게 하면 노동자는 기금을 인출하지 않으려는 유인이 생기므로, 플랫폼 회사는 이 기금을 재투자하고 이익을 거둠으로써 운영 비용을 상쇄할 수 있게 된다. 건강 보험이 보장되지 않는 미국의 경우, 주당 평균 열여섯 시간(평일 기준으로 이틀) 이상 근무하는 긱 경제 노동자는 회사가 연간 공개적으로 가입자를 모집하는 주기에 따라 보통 직장인과 동일한 부담 비율로 건강보험에 가입하거나 탈퇴할 수 있다.

이 마지막 요점은 아주 중요하지만 복잡할 것이다. 여기서 그 자세한 이유는 설명하지 않겠지만, 미국 의료 시스템의 전반적인 효과성, 그리고 고용 관계 등이 얽혀 있기 때문이다. 플랫폼 기업들은 이런 복잡성에도 이미 의료 접근성에 있어 진전을 이루었다.

전통적인 고용 관계에서는 각 직원이 급여의 약 30%가 넘는 비용을 원천징수로 부담한다. 여기 추가된 비용은 고용세와 복리후생을 차지하며, 현재 대부분 플랫폼 회사는 부담하지 않고 있다. 내 제안은 이러한 관계를 반영하면서도 노동자 재량에 따라 기금에 가입하지 않아도 되는 권한을 부여하자는 것이다. 긱 경제 노동자가 급여 전액을 당장 써야 한다거나, 이미 복리후생 혜택이 있는 본업을 가지고 있다면 기금에 출자하지 않을 선택권을 줄 수 있겠다. 다음은 상근직 운전기사에게 적용할 세 가지 시나리오의 계산 방식이다. 각각 현재 미국 연방 최저임금인 시급 7.25달러, 그리고 시급 15달러, 마지막으로 우버가 2020년 시애틀 운전기사의 중위 임금이라고 주장하는 23.25달러를 가리킨다.

시나리오	산정 공식	시나리오 1	시나리오 2	시나리오 3
A. 기본 시급	-	$7.25	$15.00	$23.25
B. 기본 복지 기금	10%	$0.73	$1.50	$2.33
C. 플랫폼(우버) 부담	20%	$1.45	$3.00	$4.65
현재 연간 총보상	A	$15,080	$31,200	$48,360
기본 복지 기금 포함	A + B	$16,588	$34,320	$53,196
기본 복지 기금 및 전체 우버 부담 포함	A + B + C	$19,604	$40,560	$62,868

연방 최저임금과 이동식 급부에 10%의 기본 기여금을 고려하면 추가 급여는 최소한 시간당 약 75센트다. 이는 2020년 우버가 주당 35시간을 일해 중위 임금을 버는 콜로라도주의 운전기사가 '약 1,350 달러의 복지 기금'을 적립할 수 있도록 제안한 계획에 상응한다. 표에서 볼 수 있듯이 내가 제안하는 계획은 설계의 원칙을 충족하면서 더 혜택이 후하다. 이 계획은 근무 시간에 비례해 구축되고, 여러 플랫폼에 불입한 기금이 하나의 이동식 급부 계정으로 합산되며, 노동자에게 재량에 따라 자금을 사용할 자율성을 제공한다. 세 번째 시

나리오에서 시간당 23.25달러를 버는 상근 운전기사는 추가 급여로 매월 약 1,200달러를 받을 수 있다.

긱 경제 노동자 중 기금에 참여하지 않는 사람도 상당수일 테니, 플랫폼 회사에 드는 총비용은 분명 최대 약정 금액의 30% 미만일 것이다. 우리는 예측 삼아 퇴직연금 기금과 참여율이 비슷하다고 가정하기로 하겠다. 그렇다면 연 소득이 4만 달러 미만인 노동자 중 40% 이상이 기금에 불참할 것이므로, 권리 행사가 포기된 '공돈'이 꽤 남게 된다. 그리고 노동자들이 돈을 더 빨리 수급할 수 있게 하면 아마 긱 경제 노동자 기금 계획은 더 성공적일 것이다.

플랫폼 회사가 자신들이 제공하는 일거리가 추가 수입과 유연한 근무를 가능하게 한다고 주장한다면, 그리고 이러한 유연성이 과소한 급여를 지급하기 위한 총보상 함정이 아니라 진정성 있는 취지라면, 내가 제시한 방안은 모든 사람이 정직하게 행동하고 회사가 신의성실의 원칙을 지키도록 인도하게 될 것이다(가시선!). 플랫폼 활동이 긱 경제 노동자들의 주 수입원으로 부상하는 날이 현실로 된다면, 플랫폼 회사의 부담 비용은 한층 늘어나야 할 테고 노동자의 근무 여건은 전통적 고용 관계와 더 비슷해져야 한다.

기금 제도 자체가 우리가 바라는 신의성실의 급여 원칙 모델의 조건을 전부 충족하지는 못한다. 특히 경제의 상당 부분이 긱 경제로 이동하는 반면, 건강보험 제도는 전통적인 고용 관계에 계속 묶여 있다면 더욱 그렇다. 기금 제도의 가장 이상적인 활용법은 누구나 적은 비용 부담으로 필수 복리후생을 누리게 할 보완책으로 기능하게 하는 것인데, 이는 쉽지 않은 일이다. 다른 모델도 시도해 봐야 한다. 한 예로 필수 복리후생 재원을 마련하기 위해 승차 건당 2.5%의 비용을 추가로 청구하는 뉴욕의 운전기사 상해 보상 기금 블랙카펀드 Black Car Fund의 접근법도 눈여겨볼 만하다. 그러나 이 모델은 특히 자율성 제공의 측면을 충족하지 못하므로, 우리가 제시한 설계의 원칙에 완전히 부합하지는 못한다. 긱 경제 노동자가 각자 사용자 수수료에 의존하기보다, 앞으로는 플랫폼이 직접 더 많은 재정 부담을 짊어지는 기금 방식이 경기 침체기처럼 특히 어려운 시기에 노동자에게 더욱 회복탄력성을 줄 것이다.

플랫폼 기반 노동자에게 공정 급여를 제공하는 가장 좋은 방법은 아직 미지수지만, 우리 모두 현재 모델이 제대로 작동하지 않는다고 인식한다는 점은 고무적이다. 직업의 형태, 근무 시간, 기술 발전에 관계없이, 우리가 지향하는 일의 미래에서는 자기 노동의 가치를 드높일 힘을 키울 수 있어야만 한다. 일의 미래™는 기준이 더욱 높아져야 한다. 기차 플랫폼이 우뚝 솟아 있듯 말이다.

(덜) 굶주린 예술가들

7장을 집필하기 직전에 부끄러운 실수를 저지른 적이 있다. 나는 젠더 문제의 관점에서 공정 급여를 인식하는 관점을 더 잘 이해하기 위해, 여성 경력 지원 단체인 월급받는여성들 Ladies Get Paid의 설립자

이자 동명의 저서를 발표한 클레어 와서먼Claire Wasserman에게 연락했다. 안타깝게도 나는 오디오 기술에 완전 젬병이어서 대화 녹음을 망쳤고 파일에 내 목소리만 남겼다. 전문가의 도움이 절실했던 나는 내슈빌에 거주하는 친구이자 뮤지션인 카일 콕스Kyle Cox에게 문자 메시지를 보냈다.

얼마 지나지 않아 카일은 내가 녹음에 총체적으로 실패한 탓에 와서먼의 목소리를 복구할 수 없었다고 말했다. 그는 모든 노력을 다 했으면서도, 공짜로 도와주는 것을 당연하게 여겼다. 우리가 친구여서이기도 하지만, 그쪽 업계에서는 보상 없이 전문 지식을 공유하는 일이 흔하기 때문이다. 하지만 나는 그의 예상과 상관없이 '플랫폼도' 공정 급여를 실천할 수 있음을 입증하기 위해 송금 앱 벤모Venmo를 통해 그에게 대가를 지불했다. 다음은 카일이 깜짝 놀라 보낸 메시지와 내가 보낸 답장의 원문이다(그리고 나는 그가 나중에 확인할 것 같아서, 채팅 용어가 아닌 온전한 문장으로 메시지를 작성했다).

카일: GTFO(집어치워. Get the F—k Out), 말 그대로 90초밖에 안 걸렸거든(여기서 GTFO는 "고마워라! 보수를 정말 공정하게 주셨군요Gratitude! Totally Fair Outcome"의 줄임말이 아니다).

나 : 아니, 그만큼 기술과 능력을 쌓기까지 투자한 세월이 있었으니 90초밖에 안 걸렸겠지. 전문가인 네 덕에 나는 몇 시간을 절약했어.

내 행동을 자화자찬하려고 꺼낸 이야기가 아니다. 나는 예술계에 빚지고 있다. 예술이 내 삶에 낙을 주기도 했지만, 그보다 10대 시절에 공짜 음원 파일로 CD를 구운 추억을 생각하면 금전적 빚도 만만치 않다. 사람들은 더 이상 CD를 굽지 않지만, 예술가의 비즈니스 모델은 항상 불공정 급여에 취약하게 노출되어 있었다. 버지니아 니콜슨Virginia Nicholson은 1900년대 초반 예술가의 삶을 그린 저서 『보헤미안의 세계Among the Bohemians』에서 "가난한 무명 예술가는 배고픈 천재가 된다"라고 말했다. 우리는 모두 예술에 종사하려면 많은 돈을 벌 기대를 접어야 한다는 생각을 내면화했다. 즉, '배고픈 예술가'로 살지도 모를 가능성을 그들이 감수해야 하는 하나의 직업적 특성으로 여긴다. 예술가 역시 사회에 가치를 제공하는 집단이다. 그렇다면 우선순위, 허용, 절차, 힘이라는 전통적 접근법을 적용하기 곤란한 예술가들에게 공정 급여 믹스의 교훈을 어떻게 적용할 수 있을까?

진부한 인용이긴 하지만 오스카 와일드는 은행가가 모이면 예술을 이야기하고 예술가가 모이면 돈을 이야기한다는 명언을 남겼다. 이 말이 공감을 사는 이유는 역시 진부한 말이긴 하지만, 시간은 '곧' 돈이기 때문이다. 노동을 시간으로 보상받든 돈으로 보상받든 핵심은 동일하다. 즉, 어떤 사람이 다른 사람과 비교해 우위를 매기는 가치다. 은행가는 예술가의 여유로운 시간을 원하고, 예술가는 은행가의 여유로운 자금을 원한다. 두 집단 모두 각자 공정하다고 생각하는 것, 즉 자신의 잠재력을 펼치게 해줄 더 많은 자원을 원한다.

은행가와 예술가 사이의 차이점은 (많고 많지만 그중에서도) 진입과 퇴출 장벽의 유무다. 다시 말해 전업 예술가에게는 진입과 퇴출 장벽이 없다. 형편없는 투자 은행가는 능력을 입증하지 못하면 실업자 신세가 되거나 증권업 인가가 취소될 수 있다. 하지만 예술은 아무리 형편없는 실력이라도 부업으로나마 계속할 수 있다. 가령 골드만삭스 CEO 데이비드 마이클 솔로몬David Michael Solomon은 전 세계 나이트클럽을 순회하며 D솔D-Sol이라는 예명으로 DJ 활동을 한다. 이렇듯 성공한 은행가들은 예술을 시도할 수 있다. 반대로 금융업에 손을 대는 예술가는 없다. 예술가를 위한 공정 급여를 이야기할 때, 나는 열의로 보나 기술로 보나 초보자 수준의 맛보기와 부업을 넘어선 전업 예술가를 가리키고자 한다. 이처럼 자신의 기술을 확실히 갈고닦아 전업으로 삼고 생계를 꾸리는 경지에 이른 사람들이 공정 급여를 받으려면 어떻게 해야 할까? 여기서는 이러한 사람들만 전문 예술가로 다룰 것이다. DJ CDOCollateralized Debt Obligation(부채담보부증권)는 굳이 여기서 다루지 않아도 괜찮을 것이다.

전업 예술가들에게 공정 급여 문제는 우리가 생각하는 이상으로 심각하다. 국립 예술 기금National Endowment for the Arts에 따르면 미국에서 예술에 종사하는 인구수는 네브래스카주 인구와 맞먹는 200만 명이 넘는다. 약 35%가 프리랜서이고, 나머지 65%는 디자인 회사나 전문 오케스트라 등에 소속되어 있다. 이 65%에게 적용되는 공정 급여 규칙은 회계사와 다르지 않다. 예술가는 자신의 작업이 수치화되고 회사 업무의 일부처럼 취급된다고 생각하면 께름칙할지 모른다. 하지만 유감스럽게도 공정 급여 믹스 P와 전략들은 디자이너, 작곡가, 공연 예술가에게도 똑같이 적용된다는 사실을 알려야겠다. 물론 기업에 취업한 예술가라면 그들이 수행한 업무에 가치를 매겨 급여 조사에 포함시키면 된다. 이 이유로 여기서 잠시 이 책의 범위를 넓혀, 기업의 급여 생태계에 접근할 수 없는 35%의 프리랜서에 초점을 맞출 것이다.

예술가가 전체 노동 인구의 약 1%를 차지하는 미국과 마찬가지로, 전 세계의 예술가 인구도 비슷한 비율이라고 가정해 보겠나. 선세계 노동 인구가 30억 명이라면 전 세계 예술가 인구는 약 3,000만 명이 된다. 따라서 3,000만 명 중 프리랜서가 35%라면 예술을 통해 독립적으로 생계를 꾸리는 전 세계 인구가 약 1,000만 명이라는 계산이 나온다. 이는 아일랜드 인구의 두 배이므로, 더 이상 탈세 방법으로는 효력을 잃은 더블 아이리시Double Irish는 이제 독립 예술가 수를 가리키는 약칭으로 그 의미가 바뀌어야 할 것 같다.

모든 유형의 독립 예술가를 아우르는 급여 데이터를 찾기가 어려우므로 음악 산업에서 얻을 수 있는 통계로 대충 갈음하겠다. 음악 산업에서 가장 성공한 상위 1%의 아티스트가 전체 음악계 수익의 77%를 벌어들인다. 수익이 소득으로 직결되는 것은 아니지만, 현재 입수 가능한 데이터에 따르면 예술가 보수가 직장인 급여보다 더 불평등하다고 가정할 수 있다. 예술계에서는 대부분의 전리품이 소수의 승자에게 돌아간다. 초기에 안정된 수입은 대부분 그림의 떡이며, 많은 신인 아티스트는 대중에 얼굴을 알릴 기회를 준다는 명목으로 돈이 아닌 다른 것으로 대가를 지급받으며 착취를 당하기도 한다. 모든 예술가는 각자 사연이 있다. 디자이너는 지인들에게서 '온 세상에 알릴' 로고를 뚝딱 만들어달라는 요청을 받는다. '고급 카메라를 가지고 있는' 사진작가는 친구의 결혼식을 오롯이 즐기지 못하고 사진 찍어주느라 바쁘다. 맷이라는 내 친구는 몇 년 전 메이저 음반사와 계약하기 전에 지역 갭Gap 매장에서 공연하고 대가를 청바지로 지불받곤 했다. 솔직히 나는 청바지 소득의 중윗값이 시간이 지날수록 생산성 향상을 따라잡는지 수치를 계산해 본 적은 없지만, 그래도 이것이 지속 가능한 생계 수단이 아니라는 건 알 수 있다.

예술계가 불공정 급여를 지급하는 관행이 있을지 몰라도, 그렇다고 예술가들이 겨우 먹고살기 위해 케힌데 와일리Kehinde Wiley의 경지까지 올라야 할 필요는 없다. 우리가 정의한 전업 예술가 기준으로 대부분은 굶주리지 않는다. 노동통계국 분류법상 '화가, 조각가, 일러스트레이터를 포함한 미술가'의 2018년 중위 소득은 5만 달러를 살짝 밑돌았다. 물론 큰 비중을 차지하는 기업 소속 예술가까지 포함되긴 했지만, 다른 모든 업종의 중위 소득과 큰 차이가 나지 않는 수치다. 미국 대도시 오케스트라 단원의 초봉은 단위가 여섯 자리에 이르며, 이는 국내 개인 중위 소득의 두 배가 넘는다. 또한 다른 산업도 마찬가지지만, 예술가 중 상위 1%는 나머지보다 비교가 안 될 만큼 훨씬 많은 돈을 벌어들인다.

기업 임원과 달리 예술가는 자신의 임금 규칙을 직접 결정하는 환경에서 일하는 경우가 거의 없다. 따라서 정상급 예술가도 불공정 급여의 희생자가 될 수 있다. 테일러 스위프트Taylor Swift는 스포티파이를 3년 동안 보이콧하며 아티스트에게 공정한 저작권료를 지급할 것을 촉구했다. 제니퍼 로렌스^{Jennifer Lawrence}와 여배우들은 남배우보다 훨씬 적은 출연료를 받은 것으로 (이메일이 유출되는 바람에) 밝혀졌다. 미국 여자 축구 대표팀(그렇다. 운동선수도 예술가로 분류된다)은 "동일 임금!"을 외치는 관중들의 함성이 경기장 전체에 울려 퍼진 2019 월드컵 결승전 이후, 남자팀보다 적은 보수를 개선해야 한다는 여론에 불을 지폈다. NPR 방송국의 팟캐스트 「플래닛 머니^{Planet Money}」는 르브론 제임스^{LeBron James}가 경력 내내 굉장히 저평가된 연봉을 받았다는 주장을 심도 있게 논의했다. 공정 급여와 급여를 결정하는 절차는 그 사람의 팬이 얼마나 많든, 누구에게나 중요하다.

예술가 보수를 경제학적으로 해석한 모델로 보몰의 비용병^{Baumol's Cost Disease}이라는 개념이 있다. 통상 임금은 역사적으로 (적어도 1970년 대까지는) 생산성에 따라 증가했지만, 예술가들은 시간이 지나도 작업의 효율성을 높이는 능력이 다른 직업에 비해 한계가 있다는 뜻이다. 세월이 흐르고 기술이 발전해도, 비틀스의 노래를 연주하거나 초상화를 그리거나 축구팀을 결성하려면 항상 일정한 수의 사람들이 모여 일정한 시간을 할애해야 한다. 한편 계약서 작성, 갤러리 임대와 같이 앨범 제작이나 티켓 판매 과정에 필요한 관리 비용은 아티스트 보수와 대비해 더 오르고 있어 시간이 지날수록 예술가의 손에 남는 돈은 적어진다. 예술 작품의 유통 경로가 인터넷으로 확장되는 등 환경이 크게 변하면서, 소비자의 지불 의사가 낮아졌고 그 결과 비용 압박도 부채질했다. 결국 작품의 창작자에게 돌아가는 몫이 줄어들었다. 이처럼 예술가들은 처음 10피트의 급여 문제를 겪는다.

나는 예술가가 자신의 보수를 어떻게 생각하는지 듣고 싶어서 가수 데릭 웹Derek Webb에게 연락했다. 그는 밴드와 솔로 활동으로 100만 장에 가까운 앨범 판매량을 기록한 전문 뮤지션이다. 또한 뮤지션들이 자신의 작품으로 생계를 유지하도록 돕는 여러 회사를 설립한 기업가이기도 하다. 그중 노이즈트레이드NoiseTrade라는 초기 인터넷 플랫폼 회사는 아티스트가 고객에게서 거주 지역과 같은 소정의 데이터를 얻는 대가로 음악을 제공할 수 있게 했다. 나중에 노이즈트레이드는 더 큰 기업에 인수되었고, 고객 데이터는 라이브 이벤트를 광고할 타깃 고객을 정하려는 목적으로 사용되었다.

웹은 사람들이 신뢰하고 공감할 수 있는 예술가에게 가장 큰 보상이 돌아간다고 말한다. 앞서 나는 기업에 대해서 같은 말을 했다. 높은 신뢰를 구축해 불황기에도 회복탄력성을 유지하고, 직원(또는 팬)에게서 깊은 신뢰감을 얻는 기업은 지속 가능한 경쟁 우위를 창출한다. 신뢰는 경기 침체기의 기업이나 실험 단계의 소설을 쓰고 있는 작가가 일시적인 어려움을 견딜 수 있게 돕는 완충 장치다. 웹은 이러한 신뢰를 쌓는 힘이 예술가에게 달려 있다고 말한다. 대신 예술가는 "훌륭한 작품을 만들어야 한다는 1번 규칙, 그리고 공감을 불러일으켜야 한다는 1.5번 규칙"을 기본으로 지켜야 한다고 덧붙인다. 웹과 나는 그 외에 얼마나 많은, 그리고 어떤 규칙이 더 존재하는지는 이야기 나누지 않았다.

잡지 「와이어드」의 공동 창립자인 케빈 켈리Kevin Kelly는 데릭 웹과 같은 아티스트들도 일찍이 고찰한 바 있는 주제인 '1,000명의 진정한 팬1,000 True Fans'이라는 글을 쓴 적이 있다. 켈리가 말하는 진정한 팬이란 '아티스트의 모든 창작물을 돈 주고 구입할 의지가 있는 팬'이다. 아티스트가 1,000명의 진정한 팬을 두고 있고, 진정한 팬이 모두 매년 아티스트의 결과물에 100달러를 쓴다면 아티스트는 여섯 자리 단위의 수입을 얻는다. 웹은 "내 팬의 5%가 내 경력의 소득 중 80%를 벌어다 주었다"라고 말하면서 내게 자신의 소득을 알려주었다. 진정한 팬은 노이즈트레이드의 설립에 영감을 준 숨은 공신이었다.

노이즈트레이드는 아티스트가 자신의 음악을 다운로드할 수 있게 게시해, 향후 정식 앨범 발매를 앞두고 잠재 고객을 유인할 수 있는 공간이었다. 또한 노이즈트레이드는 공정 급여 믹스를 적용했다고도 볼 수 있다. 먼저 아티스트에게 가격 책정, 저작권, 배포 등을 결정하는 '힘'이 있었다. 또한 투어나 신곡으로 팬에게 직접 다가갈 수 있게 '허용'되었으며, 팬이 다운로드한 음악 이용료를 아티스트에게 직접 지불하는 '절차'가 갖춰져 있었다. 그 결과 아티스트는 비용 지불을 '우선순위'에 두는 팬을 찾을 수 있었다.

아티스트는 수익 창출에 관여할 수 있는 범위가 비교적 한정적이다. 상품과 티켓 요금은 큰 차이를 주기 어렵다. 현재 음악 스트리밍 플랫폼은 스트리밍 건당 모든 아티스트에게 동일한 저작권료를 지불한다. 아티스트는 그 건수에 비례해 대가를 지급받는다는 점에서 내 생각에 어쩌면 진정한 성과제와 가장 가까울지도 모르겠다. 하지만 처음부터 이렇지는 않았다. 원래 플랫폼들은 기존에 기업 보상팀의 급여 처리 방식과 매우 비슷하게도, 아티스트에게 지불하는 금액의 계산 방식을 블랙박스 같은 알고리즘 뒤에 숨겼다. 그러다 테일러 스위프트 같은 영향력 있는 인물들의 강력한 주도 속에서 아티스트들이 온라인에 수입 내역을 게시하기 시작했다. 그제야 플랫폼 기업들은 투명성도 추구할 겸 더 이상의 망신도 면할 겸 해서, 최소한 기회의 평등 측면에서나마 좀 더 평등한 모델로 전환했다. 우리는 경영진 급여의 세계에서 같은 교훈을 배웠다. 공정 급여는 제도적 힘에 달려 있고, 투명성이 받쳐줘야 가능하며, 특히 불성실한 관행이 만연해 공정 급여가 더욱 시급한 곳에서는 망신을 겪고 나서야 촉진된다는 것이다.

인터뷰 녹음을 망친 건 둘째 치고, 클레어 와서먼이 한 말 중 확실히 기억나는 게 하나 있다. "당신이 (공정 급여를 위해) 할 수 있는 최선의 방법은 당신이 버는 돈을 공개하는 것입니다." 데릭 웹도 비슷한 말을 했다. "아티스트들은 자기가 버는 돈을 대중 앞에서는 축소해서 말하지만 친구들 앞에서는 허풍 떠는 경향이 있습니다." 직업에 관계없이 누구든 제 가치를 인정받으려면, 스스로 생각하는 가치에 그만한 자격이 있다고 자부하되 과소평가되었다고 느끼면 이를 솔직하고 당당히 밝혀야 한다. 이처럼 자신의 취약성을 드러내야 모두에게 더 나은 일의 미래를 앞당길 것이다. 힘을 키우는 것이 공정 급여를 위한 구조적 전제 조건인 만큼, 여러분은 자신의 현실과 이상을 세상과 공유할 기회를 찾아야 한다. 역사적으로 경영자들은 그렇게 해서 자신의 권리를 챙겨왔다. 여러분이라고 못할 이유가 있겠는가?

여러분에게는 본인 생각보다 더 강한 힘이 있을지도 모른다.

9장

공정 급여의 미래

내가 이 책을 쓰는 동안 우리 사회는 천국과 지옥을 오갔다. 처음 책을 쓰기 시작했을 때는 고용지수, 주가지수, GDP 성장률 등 경제의 건전성을 나타내는 모든 전통적 지표가 호황을 가리키고 있었다. 특히 실업률은 2007년 대침체 이후 10년 이상 꾸준히 하락세를 보이며 거의 역대급 최저치를 기록했다. 이 호황의 결과가 균등하게 분배되지는 않았지만, 광범위한 인구 집단과 사회경제적 계층에 걸쳐 그 덕을 톡톡히 보고 있었다. 유기적 성장은 풍부한 일자리 창출로 이어졌고, 많은 도시와 주에서 최저임금 인상안이 통과하면서, 내가 보상 분야에 몸담은 이래 처음으로 저임금 노동자의 임금이 경제 성장에 발맞춰 유의미하게 오를 것이 확실해 보였다.

몇 달 후, 특히 미국을 비롯해 전 세계는 무방비로 팬데믹을 맞이했고, 뒤이어 인종 평등을 외치는 전례 없는 규모의 시위가 일어났다. 경제가 다방면에서 타격을 입자 고용 구조에 안정성, 회복탄력성,

형평성을 강화하기 위한 체계적 변화가 촉구되었다. 대기업들도 사회 정의, 백인 우월주의 등 예전에는 침묵해 왔던 사회문제 해결에 힘을 보태기로 하며, 지금의 자신들을 있게 한 동시에 다른 수많은 이들의 희생을 초래한 구질서를 해체하기 위해 뜻깊은 자금 지원도 약속했다. 그러나 아직 갈 길이 멀다.

긍정도 부정도 급여 체계에 근본적인 변화를 가져오지 못했다. 사실 우리의 운영 방식에는 거의 아무것도 바뀌지 않았다. 우리는 여전히 똑같은 회사 일정에 따라 똑같은 급여 조사에 참여하고 똑같은 정책과 프로그램을 실행하면서 인재를 유치, 유지, 동기 부여하는 데 필요한 최저액을 지불하려 한다.

우리는 기업 활동이 잠시 멈춤 상태에 직면했다고 판단하고, 일시 해고로 버티면서 차차 정책 조정과 급여 인상을 계획하면 위기를 극복할 수 있다고 믿었다. 우리는 기존의 규칙이면 충분할 것이라 생각하며 모든 것이 곧 정상으로 돌아갈 줄 알았다. 대신 한 번쯤 멈춰 왜 우리 업계에서 아무것도 근본적으로 바뀌지 않는지 생각할 기회는 거의 없었다. 무모함Insanity의 정의가 같은 일을 반복하면서 다른 결과를 기대하는 것이라는 명언도 있지 않은가?

예나 지금이나 우리 급여 전문가들의 관점은 한결같다. 우리는 전성기와 암흑기를 연달아 겪었고, 두 경험을 모두 어쩔 수 없는 것으로 받아들였다. 우리는 앞으로도 자유시장의 보이지 않는 손을 초연하게 감시하는 역할을 계속하겠지만, 시장에 개입하는지는 않을 것이다. 시장과 임금의 연결 고리는 제한적이기 때문에, 경제의 급격한 변동과 그에 따라 달라지는 주변 사람들의 삶의 질은 회사가 급여를 바라보는 근본적인 관점에 별 영향을 미치지 않을 것이다. 앞으로도 회사의 급여 지급 방식은 직원이 정하는 우선순위, 회사가 정하는 절차, 급여에 관한 대화가 허용되는 문화, 급여를 결정할 때 직원과 공유하는 힘에 달려 있을 것이다.

나는 팬데믹 초기에 매주 급여를 담당하는 동료들과 머리를 맞대고, 혼란스러운 시국에 대한 의견을 나누며 질서를 다잡기 위한 대책을 논의했다. 세계 최대 유통업체와 전자 상거래 회사에서 일하는 동료들이 대부분 이 회의에 함께했고, 우리가 모두 시장 정보를 얻고자 의존하는 몇몇 조사 기관이 주재했다. 우리가 소속된 회사들을 다 합치면 전 세계 고용의 상당 부분을 차지했기에, 우리 급여 담당자들의 조치가 여러 면에서 위기를 겪고 있는 직원들의 복지 개선을 좌우할 신호탄이 될 터였다. 우리 중 대다수는 이미 몇 년 전부터 말을 튼 사이였고, 덜 바쁜 시기에 같은 콘퍼런스나 회의에 참석하기도 했다.

이때 우리 중 대부분이 한시적으로 급여를 인상하면 좋겠다고 생각하고, 경영자들에게도 이에 동의하도록 설득했다면 그것이 시장 규범이 되었을 것이다. 우리 중 일부라도 유급 병가를 연장하는 것이 옳다고 판단했다면, 머지않아 나머지도 모두 그렇게 할 것이었다. 하지만 늘 그렇듯이 우리는 변화를 주도하기에는 항상 느릿느릿 움직이는 이인삼각 경주에 매여 있는 자신을 발견했다. 자유시장은 돌아가고 있었지만, 어느 정도 한계가 있었다. 제자리로 오기까지 한 달이 걸릴지, 혹은 석 달, 1년이 걸릴지 기약이 없었다. 애초부터 장기적인 구조적 변화를 생각하는 사람은 거의 없었지만, 상황이 정상으로 돌아갈 수 없다는 것은 금세 분명해졌다.

일부 급여 담당자들이 오랫동안 예상해 온 실패의 기미는 (하지만 맞서 싸우기에는 무기력했다) 이제 모두에게 분명히 드러났다. 한창 경기가 좋을 때 기업들이 새롭게 창출한 일자리는 대부분 나쁜 일자리였다. 제한된 복리후생에 간신히 생계만 이을 임금을 지급하고 자수성가 기회를 거의 기대할 수 없는 직업들이었다. 이러한 일자리는 경기가 안 좋을 때면 한마디로 일회용처럼 쉽게 내팽개칠 수 있었다. 급여 담당자가 생각하는 공정 급여(즉, 시장적 관점에서의 공정 급여) 개념은 괜찮은 삶의 질을 보장하는 것이 아니라 불성실한 급여 관행을 서로 비슷하게 맞추기에 급급해 나타난 결과물이었다. 우리 임무는 시장 경쟁력 있는 급여를 지급하고, 내부 편향을 감시하는 일에 한정되었다. 이제 급여 체계의 작동 방식을 바꾸고 직원에게 아낌없는 투자를 늘려야 할 이유는 그 어느 때보다 강력해졌다.

공정 급여에는 문제 해결사의 사고방식이 필요하다. 공정 급여를 앞당기려면 지표보다 사고방식이 우선시되어야 한다. 물론 지표도 중요하다. 동일 임금, 고위직의 대표성, 저임금 직원을 위한 투자와 같은 공정 급여의 결과가 개선되었음을 보여주는 정확한 데이터를 확보하는 것이 필요하다. 그러나 지표의 가장 중요한 기능은 우리를 더 높은 목표로 이끄는 지침이 되는 것이다. 굿하트의 법칙Goodhart's Law은 급여에도 적용된다. 이 법칙은 측정이 그 자체로 목표가 되는 순간 더 이상 측정의 효과는 없어지며, 수치를 좋게 보이기 위해 조작되기 쉽다는 뜻이다. 당연한 소리지만, 조작과 공정 급여는 어울리지 않는다.

공정 급여를 더 높은 목표로 잡고 신의성실의 급여 원칙을 실천할 때, 우리의 사고방식은 서로 얽혀 있는 네 가지 영역에 집중하게 될 것이다. 바로 신뢰 구축, 진정한 경쟁 구도, 취약성의 인정, 불공정 급여의 변명 없는 배척이다. 이 네 가지 의무를 우리의 새로운 최소 기능 보상 철학Minimum Viable Compensation Philosophy이라고 생각하자. 공정 급여의 미래를 현실화할 방법은 다음과 같다.

공정 급여는 신뢰를 구축한다

공정 급여를 위한 모든 움직임은 그것을 실천에 옮길 권한을 쥔 경영자들이 먼저 받아들여야 한다. 그만큼 업계를 진두지휘하는 경영자 여러분이 이 간청을 진지하게 들어주기를 바란다. 그들이 일조한 (또는 방치한) 문제는 블랙박스에 갇힌 기존의 급여 방식으로는 해결하지 못한다. 급여 투명성은 경영자 개인이 주도할 수도 있다. 그렇다면 그는 회사를 수년간의 변화를 위한 길로 이끌며 이야기를 다시 써나갔다는 찬사를 받을 만하다. 직원이나 입법자들도 급여 투명성을 촉발할 수 있지만, 그들은 결과가 좋지 않을 때 이에 책임질 필요를 느끼지 않는다. 지금 직원들이 어떤 의견과 정보를 주고받는지 모르는 경영자는 이미 사내 여론의 흐름을 놓치고 있는 것이다. 우리는 직원 다섯 명 중 한 명만이 스스로 공정한 급여를 받는다고 믿으며, 회사가 자체적으로 인식하기로는 그보다 약간 많은 다섯 명 중 두 명으로 생각한다는 사실을 확인했다. 다시 말해 급여 담당자를 포함해 대부분 사람은 현행 급여 방식이 실패했다고 생각한다. 그들이 마음에만 묵혀둔 생각을 언젠가 입 밖으로 표출하면 어떻게 될까?

하버드대 경영대학원의 프랜시스 프라이Frances Frei 교수는 지속적인 신뢰를 구축하기 위한 세 가지 구성 요소로 진정성Authenticity, 공감성Empathy, 엄격성Rigor을 꼽는다. 그리고 성공하려면 이 세 가지 요소가 모두 필요하다고 말한다. 공정 급여에서 신뢰 구축은 평판, 조정, 비용 관리의 3요소와 유사한 경로를 따른다. 평판 좋은 기업은 다양한 대표성으로 고위직을 구성해 진정성을 실천한다. 조정 능력이 뛰어난 기업은 고위 임원뿐 아니라 전 직원의 관점에 관심을 기울임으로써 공감 능력을 키운다. 그리고 급여에 대한 모든 투자가 지속 가능하려면 엄격한 타깃팅과 효율적인 비용 관리가 필요하다. 프라이의 삼위일체든, 내가 설명한 3요소든, 아니면 둘 다 선택하든 간에 공정 급여에 대한 입장을 취하고 직원과의 신뢰를 구축할 때 가장 중요한 문제를 지금부터 설명하겠다. 바로 법적 문제로 치닫는 경우다.

공정 급여 문제를 무시하던 시대는 끝났다. 기업은 이 새로운 현실을 내부에 흡수해야 한다. 경영자가 도전을 거부하고 리더로서 자신의 역할을 인정하지 않는다면, 회사는 경쟁에서 더 불리한 위치에 놓이게 된다. 지금 기업이 변화하지 않으면 이를 강제하기 위한 법규들이 제정될 테고 그 결과로 기업은 더 번거로워질 것이다. 지금 와서 생각하면 임금 형평을 법으로 강제하는 시대가 처음 열렸을 때 그전까지 동일 임금을 실현하기 위한 방법론이 얼마나 제각각이었는지 생각해 보라. 매출 올리기와 무관한 행정 업무를 보는 변호사와 보상 전문가 같은 직원을 몇 명이나 채용해야 하겠는가? 대신 처음부터 옳은 길을 택하고 직원과의 신뢰를 차곡차곡 쌓는다면 불공정 급여로 불거지는 문제를 소송이나 홍보로 수습하는 수고를 덜 들일 수 있다. 시간이 지남에 따라 쌓이는 행정력의 낭비는 실제 구조적 문제가 너무 오래 지속되도록 방치한 것에 치러야 할 대가다. 회사나 업계끼리 서로 합의에 이르지 못했다고 해서, 직원들이 그 대가를 불공정 급여라는 형태로 치러서는 안 된다.

경영자들이 자진해서 공정 급여 체제를 선택하더라도, 그로 인한 비용의 제약이 사업에 부담을 가중하는 경우는 거의 없다. 그렇다고 급여 관련 법규가 제정되고 개정되었을 때 이에 영향받지 않는다거나 누군가가 회사에 소송을 거는 사태를 완전히 미연에 방지할 수 있다는 의미는 아니지만, 몇 가지 반가운 개선 사항이 나타날 것이다. 시대의 요구에 응답하는 법규가 제·개정되면 동종 기업들은 물론 기존 질서의 대체 세력을 자처하는 새로운 시장 진입자와도 나란한 위치에서 경쟁할 수 있으므로 기업에도 이익이다. 그러다가 언젠가 공정 급여가 법제화될 날을 상상해 보자. 동일 임금 현황을 보고하는 규칙이 명확해지고, 연방 최저임금법의 강화와 그 외 권력 분산 규제로 저임금 노동자의 꾸준한 임금 인상이 확실시될 것이다. 또 급여 투명성이 하나의 규준으로 제도화되면서 직원들이 마음 편히 급여에 관해 질문할 수 있을 테고, 이미 많은 곳에서 실패하고 있는 일의 미래에 잘 부응할 만한 현대적인 고용 분류법의 기반이 마련될 것이다. 그리고 공정 급여 체계를 미리 구축한 기업은 이 모든 법제화가 이루어졌을 때 이미 유리한 위치에 서 있게 될 것이다. 나는 이러한 법률의 제·개정을 급여 결정에 직접 적용할 책임이 있는 실무자로서, 공정 급여가 기업의 성공에 실존적 위협이 된다는 경영자들의 주장이 기우라고 확실히 말할 수 있다. 오히려 효과적인 법을 제정하면 사업에 명확한 지침을 제공하고, 더 풍부한 정보를 바탕으로 위험을 낮추는 전략적 선택에 도움이 될 것이다.

이제 과거에 미련을 버리지 못하는 경영자 여러분에게 호소하겠다. 가치를 중시하는 리더로 자처하는 경영자들에게 공정 급여는 컨설턴트의 표현을 빌리자면 역량을 배가하는 무기이기도 하지만, 기업 문화의 변혁을 이끌기도 한다. 댄 프라이스는 저서 『가치 있는 일』에서 그래비티 페이먼츠가 최저임금 7만 달러를 도입한 후 일어난 변화를 설명했다. 도입 직후 직원 중 10%가 생애 처음으로 집을 장만했고, 회사의 퇴직연금 기금에 불입하는 금액이 두 배로 늘었으며, 대출이 있는 직원의 3분의 1이 빚을 절반 이상 갚았다. 직원들 사이에 출산 붐도 일었다. 이제 아이를 낳더라도 경제적 부담이 크지 않을 것임을 깨달았고, 더욱 유연해진 휴가 정책의 혜택도 누릴 수 있게 되었기 때문이다. 이후 그래비티 페이먼츠 직원들은 식사의 질과 운동의 빈도를 높이고, 가족 휴가를 즐기며, 새로운 취미를 시작한 것으로 나타났다. 공정 급여가 그들에게 완전히 인간다운 삶을 가능하게 했다 해도 과언이 아니다. 직원들의 가치를 인정하는 급여를 지급하기만 해도 해결할 수 있는 다른 사회문제들이 얼마나 많은지, 회사를 위해 일하느라 뜨거운 숯불 위를 걸어야 하는 직원들이 얻는 것이 무엇인지 생각해야 할 때다.

공정 급여를 다짐하며 번지르르하게 연설하거나 알맹이 없는 서약에 서명하는 것만으로는 충분하지 않다. 모든 직원은 자신의 무능이 드러나는 한계까지 승진한다는 개념으로 유명한 로렌스 피터Laurence J. Peter와 레이먼드 헐Raymond Hull의 저서『피터의 원리』에는 그보다 덜 알려진 '피터의 플라시보 효과Peter's Placebo'라는 원칙이 나온다. 이 원칙은 어떤 사람들은 이미지로 성과를 대체함으로써 자신의 무능함을 덮는다는 의미다(그리고 저자들의 관점에서는 모든 사람이 무능하다). 그렇게 해서 별로 잘하는 일은 없어도 자신이 "최소한 민폐는 끼치지 않고 있다"라는 당당함을 지키는 것이다.

우리의 예에 적용하자면 '양질의 일자리'를 창출하겠다는 서약에 서명하는 것도 플라시보와 비슷하다. 약효는 없지만 옳은 일을 하고자 하는 의지를 시각적으로 표출하는 일종의 신호인 셈이다. 진정한 처방을 내리려면 회사 관행을 다시 검토하고 해결책을 마련하기 위해 자금을 투자해야 한다. 회사가 아무리 모든 직원을 소중히 여긴다거나 그들이 꼭 필요한 존재라고 뻔뻔히 말해도, 공정 급여를 지급하지 않거나 불공정 급여를 감시하지도 시정하지도 않고 방치한다면, 이는 중립적 태도가 아니라 피해를 가하는 능동적 행위다. 기업들이 말로는 옳은 일을 추구한다면서 수년간 책임 없이 '진화'한다면, 그들의 신념은 공범죄로 바뀐다.

경영자 여러분은 자신의 회사에서 가장 적은 급여를 받는 직원이 버는 액수, 그렇게 책정된 이유, 그리고 모든 구성원이 남부끄럽지 않고 희망적인 삶을 영위할 수 있게 하는 급여 절차와 방법론을 항상 알고 있어야 한다. 의미 있는 변화를 일으키려면 회사 차원에서도 공정 급여를 절대 원칙으로 고수하고, 또 공정 급여를 견지하는 직원들의 태도도 존중함으로써 상호 신뢰를 구축해야 한다. "기업 문화는 아침 식사로 전략을 먹는다"는 격언을 믿는다면, 직원들이 최소한 아침 식사를 차릴 식탁, 먹을 음식, 가족과 오붓이 식사할 시간이 충분한지 먼저 확인해야 한다.

공정 급여는 경쟁을 자극한다

공식적으로 공정하다고 판단할 특정 금액이나 급여 범위 같은 기준은 없다. 이 이유로 이 책에서는 공정 임금을 규정할 최저액과 최고액을 제시하거나, 온라인에서 찾을 수 있는 다양한 최저 생계비 계산기 중 하나를 사용하도록 권하지는 않았다. 또한 임원 급여를 특정 수준으로 제한하거나 줄여야 한다고 말하지도 않았지만, 상하위 간 격차가 근본적으로 줄어들면 바람직할 것으로 보인다. 어떤 급여가 공정하고 불공정한지 똑 부러지는 단언을 자제한 것은 공정 급여는 성과나 공식이 아니기 때문이다. 게다가 끊임없는 주의가 필요하고,

공정 급여로 전환하는 방식을 바라보는 관점은 회사마다 다르다.

이 책의 마지막 장을 읽고 신호탄을 감지한 경영자가 있다면, 그들의 기업은 당장 공정 급여로 전환 스위치를 누를 것이다. 보상 철학을 수정하고, 블랙박스를 개방하고, 내규를 고치고, 급여 조사를 향한 맹신을 걷어내고, 급여 격차를 관찰하고, 공정한 급여 기대치에 뒤처진 직원들에게 표적화된 투자를 할 것이다. 또 어떤 기업과 산업에는 좀 더 시간이 흘러야 더욱 지속 가능한 경영 모델로 전환하고, 공정 급여에 맞춰 회사의 역량을 재설정하고, 꾸준히 변화를 관리할 시스템 인프라를 갖출 수 있을 것이다.

신속한 전환을 위해 기업은 공정 급여 관행을 규칙의 준수 목적이 아니라 경쟁을 위한 필수 도구로 여겨야 한다. 회사는 급여로만 경쟁에 돌입하게 되는 것이 아니다. 앞서 여러 번 살펴봤듯이, 전사적 뒷받침과 인재 전략 없이 급여만 인상하는 방식은 회사에 고유한 전략적 가치를 가져다주지 못하고 다른 기업도 쉽게 따라 할 수 있기 때문이다. 그 대신 공정 급여를 경쟁 우위로 여기는 회사는 필요한 경우 급여를 인상할 뿐만 아니라 공정 급여를 실천하는 관행을 신중하게 계획해 경쟁에서 차별화하기 위한 모든 활동에 녹아들게 한다.

공정 급여를 경쟁력 확보의 기회로 여기는 회사라면 하부에 있는 보상팀에만 이 중대한 작업을 맡길 수 없다. 보상팀이 당연시하는 고용시장의 모습은 역동적으로 상호 강화하는 노동의 수요와 공급의 단면을 나타낸다. 따라서 구직자가 충분한 정보를 가지고 자신의 노동 가치를 매길 힘이 있다고 가정한다. 하지만 보상팀이 추적할 수 있는 현실 그대로의 시장은 비효율을 초래하는 요인이 가득한 불완전 자유시장이다. 경영자가 급여 투명성을 강화하고, (본인의 급여 이상으로) 직원 급여 문제에 관여하려는 의지를 다진다면 인재를 잡으려는 경쟁이 촉진될 것이다. 따라서 회사는 경력 개발을 포함해 근무 환경의 모든 영역에서 더욱 영민하고 대표성이 조화된 조직으로 거듭날 것이다. 그러면 구직자는 자신의 잠재력을 발휘할 회사를 찾을 때 도움이 될 것이고, 고용주는 변화하는 기업 환경에 더 민첩하게 대응할 수 있을 것이다. 공정 급여가 단순한 최소기능급여 그 이상의 의미를 지닌다는 점을 인식하는 회사와 직원은 양쪽에서 상호 경쟁 우위를 확보한다.

공정 급여를 경쟁력 확보의 기회로 보는 기업은 거의 없다. 급여의 진정한 의미, 즉 급여가 현재 개인의 노동 가치뿐만 아니라 그의 잠재력도 반영하는 신호라는 점을 충분히 이해하지 못하기 때문이다. 현재의 노동 가치에 온통 신경 쓰느라 당장 업무 수행에 필요한 최소한의 급여를 지급하는 한편, 직원의 잠재력에는 제대로 투자하지 않고 있다. 직원들은 성공으로 가는 경로가 막혀 있을지도 모른다는 것도 인식하지 못한 채 알아서 경력을 관리해야 한다. 그러다 보니 공정성의 문제에서 중요한 것은 결과의 평등이 아니라 기회의 평등이라는 통념이 생겨났다. 기회의 평등 개념은 원칙적으로는 옳지만, 특히 '기회를 얻을' 기회가 공평하게 주어지지 않는다면 실제로 문제가 된다.

이런 주장을 하는 사람들이 대개 누구인지 눈여겨보기 바란다.

그들은 잠재력을 발휘할 기회가 있었기 때문에 이미 급여 경쟁에서 승리한 사람들이다. 기회의 불평등으로 개인이 능력을 충분히 발휘하지 못한다면 결과의 불평등은 무시할 문제가 못 된다. 여성이 고위직으로 승진하지 못하거나, 급여가 필수 생계비나 추가 학비에 충분하지 않다면 결과의 불평등은 단연코 중요하다. 우리는 온갖 역경을 딛고 자수성가한 사람들의 성공 사례를 칭송하곤 하지만, 현재 정성급 반열에 오른 대부분 기업은 이러한 고독한 개척자의 길을 거쳐 오지 않았다. 더 많은 기회를 창출하도록 의도적으로 노력하고 경쟁을 막는 장벽을 찾아 없애야 더 폭넓은 결과의 평등을 보게 될 것이다. 마틴 루터 킹은 (삽입구는 필자가 집어넣었다) "흑인과 백인이 같은 식탁(기회)에서 식사할 수 있다 한들, 햄버거(결과)를 살 돈이 없는 사람에게 무슨 소용이 있겠는가?"라고 말했다.

다음은 여러분의 회사가 경쟁력을 확보할 기회가 얼마나 되는지 알아보는 간단한 테스트다. 만약 여러분이 관리자라면, 자기 급여의 인상을 요구할 때 어떤 일이 일어날지 생각해 보라. 부하 직원 중 한 명이 똑같이 급여 인상을 요구했을 때보다 긍정적 결과를 이끌어낼 가능성이 더 크다고 예상된다면, 그 회사는 경쟁력을 확보할 기회에 문제가 있으며 직원의 노동 가치와 잠재력을 제한하고 있을 소지가 다분하다 이러한 문제가 상존하는 회사는 공정 급여 믹스 P 중 하나를 놓치고 있다는 점이 원흉일 것이다. 아마 하급 직원에게 절차가 더 번거롭게 설정되어 있을 테고, 그들의 요청이 우선순위에서 밀리거나 진지하게 받아들여지지 않는 회사일 것이다. 또 승급과 승진 기준이 인위적으로 높게 설정되어 사실상 직원에게 급여 인상이나 승진 심사 요청이 허용되지 않는다거나, 혹은 문제를 해결해 달라고 압박하기엔 그들의 힘이 약할 것이다. 공정 급여에 더 가까워지려면 활발한 경쟁을 통해 많은 기회를 창출해야 한다.

공정 급여는 취약성을 예찬한다

미래의 직장은 우리가 거기에 어떤 꼬리표를 붙이든 간에 두 가지 결정적 특징을 지니게 될 것이다. 첫째, 급여 투명성을 당연하게 여기는 경영 문화가 정착할 것이다. 둘째, 누구에게나 기회가 열린 시스템을 통해 모든 사람의 잠재력을 충분히 인식할 것이다. 성공한 기업은 구성원들이 업무 능력을 최대한 발휘할 수 있어야 조직이 새로운 방향으로 나아갈 수 있음을 이해할 것이다. 그리고 직원의 역량이야말로 최고의 재생 가능 자원이라는 것을 깨닫게 될 것이다. 직원은 경력에서 자신이 할 수 있는 일의 범위를 넓히고 방해가 되는 장애물을 능동적으로 제거할 것이다. 기회가 열린 시대에서 나쁜 일자리를 창출하며 직원의 앞길을 가로막는 회사는 시대의 흐름에 뒤쳐져 살아남기 어려울 것이다.

사람들에게 풍부한 기회를 제공하는 것은 투명성에서 비롯된다. 또 투명성은 취약성을 전제로 한다. 심리학자 브레네 브라운Brené Brown은 "취약성이라는 말은 진실하게 들리고 용기 있게 느껴진다"라고 말했다. 급여 방식에는 개인의 잠재력을 평가하는 방법의 모든 면이 담겨 있으며, 투명성은 모든 사람에게 시스템에 대한 책임을 부여할 수 있는 도구가 된다. 급여 체계가 더욱 투명해지면, 급여와 관련해 날카로운 질문을 받더라도 회사는 이를 기꺼이 받아들일 수 있게 된다. 특히 그러한 질문이 회사의 약점을 드러내더라도 더 개선하기 위한 기회로 작용할 것이다.

다음 두 문장의 차이점을 살펴보자.

"급여 좀 올려주셨으면 합니다."

"제 급여는 커뮤니케이션 전문가 직무의 급여 범위 중 중간값보다 14% 적습니다. 반면 제가 하는 일은 사내 직급 설정 지침에 나와 있는 선임 커뮤니케이션 전문가 기준에 더 가깝고요. 다음 분기 급여 평가 때 제 급여와 직급을 수정해 주실 수 있으신지요?"

두 번째 문장은 급여 체계가 투명한 조직에서만 가능하며, 진정성 있고 구체적인 답변을 요구하는 날카로운 질문이다. 이처럼 자신의 급여에 문제가 있음을 분명히 하고, 조정 내용과 일정을 특정하게 제시함으로써 상대방이 쉽게 요청을 무시할 수 없게 해야 한다. 실제 비교군에 비해 자신의 성과가 어느 정도라고 생각하는지 의견을 밝히고, 회사의 직급 설정 지침에 나와 있는 직무에 대한 기대치를 제시하며 관리자가 요지를 이해하게끔 대화 방향을 이끌면 급여 인상을 이끌어낼 가능성이 더 높아진다.

솔직히 말해 불편하고 적나라한 급여 관련 대화는 직원과 관리자 둘 다 피하고 싶지만, 관리자는 언제라도 질문을 받았을 때 잘 대응할 준비가 되어 있어야 한다. 물론 자원과 절차를 투명하게 공개해 명확한 급여 기대치를 설정하면 우리 보상팀의 취약성이 드러나는 건 사실이다. 그래서 보상팀이 모두 내심 바라는 대로, 급여는 경력 개발에 관한 대화에서 기계적이고 부차적으로 밀려나기 쉽다.

하버드대의 앨리슨 우드 브룩스^{Alison Wood Brooks} 교수와 레슬리 존 ^{Leslie John} 교수에 따르면, 권력의 균형을 맞추는 방법 중 상대방에게 까다로운 질문을 던지는 방법은 잘 사용되지 않는 편이다. 그렇지만 그들은 까다로운 질문이 정보 교환을 통한 정보 습득과 이미지 관리를 통한 호감도 상승이라는 두 마리 토끼를 잡을 수 있다는 것을 발견했다.

급여가 성과를 전적으로 반영해야 한다고 생각한다면, 직무의 '어떤'부분을 '어떻게' 수행하느냐도 중요하다. 어떤 기업에서는 이 두 요소 모두 연간 성과 평가에 반영한다. 즉, 임원 자리로 승진하려면 업무뿐만 아니라 인간관계도 효과적으로 관리해야 한다. 안타깝게도 성 소수자의 83%, 흑인 노동자의 78%, 이성애자 백인 남성의 45% 등 많은 사람이 자신의 정체성 중 일부를 '감춤'으로써 직장 동료와 관계를 유지하고 조직에 융화되도록 노력한다. 취약성에는 특유의 권력관계가 내재한다. 자신의 능력을 온전히 발휘할 수 없다고 느끼는 소수자 직원들은 회사 일에 적극적으로 참여하기가 버겁게 느껴질 것이다.

고위직에 있으면서 이러한 힘의 불균형을 인식하는 사람이라면, 자신뿐 아니라 힘이 약한 다른 사람들을 위해서도 급여에 대해 질문하는 습관을 들여야 한다. 보조자 직급의 급여를 인상하는 절차는 어떻게 구성되어 있으며, 의사 결정권은 누구에게 있는가? 회사는 과소 대표된 집단을 위한 공정 급여에 어느 정도의 우선순위를 부여하는가? 자기 팀원들에게 경력 중 급여 인상이 가장 절실한 (허용) 시점은 언제인가? 불공정해 보이는 관행을 바꾸고자 할 때 내게 어떤 힘이 있는가? 반드시 공정 급여의 승리를 예찬하라. 브룩스와 존이 말했듯 "우리의 인생에서든 직장에서든 개인의 지속적인 참여와 동기부여를 북돋우기 위해서는, 질문과 대답이 가져다주는 변화의 재미를 항상 기억해야" 한다.

회사들은 급여 체계의 취약성을 인정하는 쪽을 택해서든, 법률이나 직원의 분노 때문에 마지못해서든, 분명 산전수전을 겪을 것이다. 시작이 어떻든 상관없이 끈기와 일관성이 필요하다. 첫해는 녹록하지 않을 것이다. 직원들의 까다로운 질문 공세에 진땀을 흘릴 것이다. 하지만 회사가 옳은 일을 하려고 노력했다는 걸 지원들이 알아주기 시작할 것이다. 이듬해에는 더 자신감 있게 대답할 수 있게 되면서 좀 더 수월해질 것이다. 그러나 공정 급여라는 개념을 받아들이지 않는 사람은 여전히 많을 테고, 일부(당연히 고연봉을 받는 사람들)는 대놓고 반대할 것이다. 3년 차가 되면 신의성실의 급여 원칙이 조직문화에 뿌리를 내리고, 새로운 조직문화가 내키지 않는 사람들은 알아서 떠날 것이다. 그런 사람들은 행운을 빌어주며 깨끗이 보내주면 된다.

급여에 대한 취약성을 향해 내딛는 첫걸음은 머나먼 여정으로 이어진다. 불이익 없이 급여에 대해 질문하고 대답하는 올바른 생태계와 대화의 장을 구축하는 것이 회사의 역할이다. 다음은 첫걸음을 떼기 위한 몇 가지 제안이다.

- 전 직원에게 공정 급여 교육을 실시하되, 관리자와 인사팀에는 심화 과정을 따로 개설해 교육한다.
- 관리자와 인사 책임자들에게 공통 지침을 지키는 선에서 필요에 따라 급여를 조정할 권한을 부여한다.
- 급여 범위를 공개해 직원들이 실제 동료 비교군과 비교해 자신이 속한 위치를 알 수 있게 한다.
- 임금 형평 분석뿐 아니라 임금 격차 분석 결과도 공개한다.
- 낡은 (그리고 대개 불법인) 급여 관련 기밀 조항을 고용 내규와 계약서에서 삭제한다.
- 내부 후원 프로그램Sponsorship Program(회사의 임원과 잠재력이 유망한 직원을 연결해 경력 개발을 가속화하는 제도-옮긴이)에 급여 코칭 부문을 집어넣는다.
- 네트워크 보안의 허점을 찾는 일을 전담하는 '레드 팀Red Team' 개념을 도입해, 조직 내에 절차상의 편향을 근절할 전담팀을 구성한다.
- 차별이나 불이익을 걱정하는 직원을 위해 비밀 보장 장치를 마련한다.
- 급여 조정 예산이 인색하고 야박한 관리자의 손아귀에 들어가지 않도록 재원을 과감히 중앙 집중식으로 관리한다.

일단 첫 단추를 끼우면 무궁무진한 개선 기회를 발견할 것이다.

공정 급여는 곧 동일 임금

임금 불평등 문제가 존재한다는 것은 두말하면 잔소리지만, 모든 기업에 문제가 똑같이 적용되는 것은 아니다. 많은 기업이 동일 노동에 동일 임금을 제공해야 한다는 의무를 진지하게 (완전히는 아니더라도) 여기고 있으며, 이제 대표성 격차를 줄이려는 노력에 집중하기 시작했다. 또 변화의 과정에 이제 막 들어선 기업이 있는가 하면, 아직도 자신들에게 어떤 동일 임금 문제가 있는지 깨닫지 못하는 기업도 있다. 또 어떤 기업들은 입 밖으로 꺼내지 않을 뿐, 안타깝게도 동일 임금 개념에 반대하기도 한다. 어쨌든 모든 직원이 잠재력을 최대한 발휘할 수 있게 하려면, 기득권자의 분명한 의도에 따라 경제의 일부로 자리 잡은 후 지금까지 잔존하는 불의를 바로잡도록 부단한 노력이 필요하다. 동일 임금의 도덕적 근거는 두말할 나위도 없지만(분명 도덕적 근거만으로도 충분하다), 동일 임금이 기업에도 이롭다는 근거는 과소평가되고 있다.

직원에게 공정 급여를 지급하면 직원은 말 그대로 더 똑똑해진다. 직원이 재정 사정이 안 좋으면 근무 시간에도 걱정이 머릿속을 떠나지 않고, 그에 따른 스트레스로 기능적 IQ가 13포인트 감소한다. 모든 직원의 존엄성을 인정하는 회사는 다른 회사보다 20% 더 높은 수익을 주주에게 안겨준다. 남녀 직원을 동등하게 대우하는 회사는 혁신이 여섯 배 증가한다. 여성이 고위 관리직의 50%를 차지하는 회사는 동종 회사보다 자기 자본 수익률이 19% 더 높다. 한 회사나 개인의 평등은 다른 회사의 희생을 통해서가 아니라 더 경쟁력 있는 기준을 설정해 전체 시스템을 개선함으로써 획득하는 것이다.

10년 동안 여성이 남성 못지않게 경제 활동에 참여했다면 연간 세계 GDP는 28조 달러 더 많았을 것이다. 이 수치를 통해 가정에서 무급 가사 노동의 책임을 더 공평하게 분담한다면 남녀 모두 더욱 생산성 높은 경제 활동에 참여할 가능성이 있음을 알 수 있다. 공정 급여의 기회를 인식하지 못한다면, 우리는 미국 GDP만큼 또는 영국 GDP의 열 배에 상당하는 만큼 성장을 포기하는 셈이다. 이 결과를 산출한 매킨지 보고서에서 좀 더 보수적으로 추정한 바에 따르면 각 지역에서 최고 성과를 내는 기업으로만 한정해 기준을 상향 조정하더라도 연간 GDP는 12조 달러가 추가될 것이다. 국가에 비유하면 이는 10년 동안의 중국 경제 규모 또는 멕시코 GDP의 열 배에 가깝다. 이제 이 결과를 여성뿐 아니라 과소 대표된 모든 집단에 확대 적용해, 모든 사람의 잠재력을 제한함으로써 생기는 가시적, 비가시적 상충관계를 고려해 보자. 모든 직급에 걸쳐 모든 집단의 대표성이 반영되도록 인재 풀을 확장하면, 다양한 경험과 관점의 의사 결정권자가 모이게 된다. 이것이 기업에 미치는 긍정적 효과는 단순히 추가되는 정도가 아니라 기하급수적이다.

동일 임금은 우연한 일에 의해서가 아니라 회사가 정한 채용 기준, 채용 정책, 승진 관행, 성과 관리 시스템의 개선으로 달성할 수 있다. 회사는 관점을 넓혀, 이 채용 주기의 각 단계를 재설정하는 작은 일부터 시작할 수 있다. 복잡한 단계를 간소화하고 문제 해결에 가장 직접적인 조치를 취하도록 한다. 시스템은 시간이 흐를수록 복잡해지기 쉽지만, 이 경향을 줄이려는 노력이 공정 급여에 박차를 가하기 위한 필수 조건이다. 공정 급여에서 최고의 성과를 내는 기업은 초기 걸음마 단계에서 서투른 실수로부터 교훈을 얻은 다음, 이를 토대로 절차를 간소화해 빠르고 대대적인 변화를 추진한다. 대기업은 급여 수준과 대표성 격차를 계산하기 위해 전문 업체에 의뢰하거나 통계 전문가를 고용하겠지만, 어느 회사의 개인 관리자라도 직원 명부를 보고 어려움 없이 개선 기회를 찾을 수 있다. 그리고 물론 관리자는 부하 직원들이 공정 급여를 받을 수 있도록 할 책임이 인사 부서가 아닌 본인에게 있음을 인식해야 한다.

기업은 쇄신의 과도기 중에 자체 인프라를 의도적으로 구축하도록 '길을 닦아야Hacking' 한다. 디즈니의 코드 로지CODE:Rosie라는 혁신적인 프로그램은 우리의 모범으로 삼을 만하다. 이 프로그램은 본사 사무직에서 테마파크 직원에 이르기까지 디즈니에서 근무하는 모든 여성에게 회사에서 앞으로 필요하리라 예상되는 동시에 흔치 않은 기술을 배울 기회를 제공한다. 프로그램을 마친 수료생들은 형식상 당장 두 배 이상의 급여를 받을 만한 직무 기술을 탑재하게 된다. 다양한 인재를 배출할 파이프라인이 부족하고 이로 인해 임금 격차가 생긴다고 불평하는 대신, 디즈니는 자체 파이프라인을 구축하기로 결정했다. 이러한 프로그램은 보상팀에서 프로그램을 짤 코딩 인력만 늘리면 되기 때문에 어떤 사업부에든 개설할 수 있다. 그러면 과소 대표되고 사회경제적으로 불리한 집단은 기술이 떨어진다는 오해를 극복하기에 도움이 될 것이다. 기업이 자신들이 창출한 나쁜 일자리에서 일하는 직원들에게 그들의 기술 부족을 탓하는 방법은 코드 게으름CODE:Lazy이다. 대부분 회사에서 인재 채용, 경력 경로 설정, 승진자의 승급에 적용하는 표준 모델은 구성원의 대표성을 확대하거나 공정 급여로의 빠른 전환을 촉진하게끔 설계되지 않았다. 게다가 저임금 직원의 앞길을 완전히 가로막는 경우가 많다.

동일 임금의 기본 정신은 누구에게나 타고난 능력과 잠재력이 있고, 다양한 (그리고 더 빠른) 경로를 선택해 똑같은 고지에 오를 수 있다는 믿음이다. 동일 임금을 남이 해결할 문제나 요식행위로만 생각하는 한, 우리는 다른 사람의 잠재력뿐만 아니라 자기 회사, 더 넓게는 전체 경제의 잠재력까지 제한할 것이다. 버겁다고 생각할 필요 없다. 우리는 생각 이상으로 멀리 나아가고, 지금보다 더 잘할 수 있다.

여러분은 공정 급여를 받을 자격이 있다

우리 급여 담당자들이 무엇이 공정하고 자신이 어떤 대우를 받을 자격이 있는지 스스로 생각하는 방식은 대개 자기 경험과 기대의 산물이다. 우리는 자신에 대한 기대치를 따라잡는 데 워낙 골몰한 나머지, 다른 사람들과 급여에 관해 대화할 여력이 없다. 승진이나 승급에 압박감이 더해지고, 조금이라도 목표를 달성했다 싶으면 금세 부정적인 혼잣말에 압도되기 시작한다. *내가 인상을 받을 자격이 있*

을까? 아니면 더 인상해 달라고 해야 했을까? 더 좋은 자리로 보내달라고 할까? 언젠가 내가 과대평가되었다는 것이 들통나서 인상분을 반납해야 하면 어쩌나? 그러면 기대에 부응하지 못했다는 것에 임원들에게 일일이 사과해야 할까? 자축하기는커녕 속죄양이 된 듯 참회하는 심정으로 출근한다.

하지만 우리는 급여가 오르면 디 큰 소리로 더 사주, 더 투명하게 자축할 자격이 있다. 공정 급여의 중요성을 보여주는 긍정적 사례를 더 많이 발굴하면 우리 자신과 다른 사람의 가치를 제대로 평가하지 못하는 함정에 빠지기 쉬울 때 이를 자각하게끔 도움이 된다. 다음 연례 인사 평가가 오기 전에 자신이 올해 경력상 이루고픈 목표같이 현재 사정은 물론, 어떻게 여기까지 왔는지의 과거, 그리고 앞으로 나아가고 싶은 방향인 미래도 함께 이야기를 나눠야 한다. 후발 주자들은 개척자의 과정을 지켜보며 배우고, 이미 앞선 개척자들은 후발 주자들도 계속 따라갈 수 있도록 길을 터줘야 한디.

우리는 경력이 쌓일수록 각 시기마다 급여와 관련해 다양한 사정이 생긴다. 이제 막 자녀를 낳은 직원은 승진과 급여 인상 기회 등에서 인사상 불이익을 걱정할 필요 없이 근무 일정을 유연하게 조정할 수 있다면 좋을 것이다. 중견 임원은 불안을 내려놓고 팀의 성과와 연말 상여금을 넘어 자신의 존재 가치를 스스로 인정하고, 유급 휴가를 오롯이 즐길 자격이 있음을 자각하고 싶어 한다. 경력 후반부에 접어든 고참은 퇴직이 가까워짐에 따라 자신이 경력 내내 충성을 바쳐온 곳이자, 괜찮은 급여를 주는 괜찮은 직장에서 안정적으로 마무리 짓기를 원한다. CEO는 최근 출시한 신제품이 실패하는 바람에 심각한 자금난을 겪고 있는 가운데, 임대료 인상과 은행의 독촉 전화에 시달리느라 누군가의 연봉을 올려주는 것은 꿈도 못 꾸고 있을지도 모른다. 누구든 다른 사람이 직장에서 언제 힘이 나고 언제 힘든지 완전히 이해하지는 못한다. 그만큼 우리는 모두 더 성장하고, 배우고, 공감할 필요가 있다.

이제 공정성 개념을 되찾아야 할 때다. 지금도 아이들에게 페어 플레이 정신을 가르치고 공정성을 우리 법체계의 기초로 삼고 있지만, 여전히 직장에서는 공정이란 개념이 현실과 동떨어진 듯한 단어로 남아 있다. 공정 급여를 위해 투쟁하는 노동자들의 모습은 새삼스러운 일이 아니지만, 기업들이 공정 급여를 진지하게 내규로 제정하려는 시도는 이제야 겨우 형체를 잡아가는 모습이다.

어떻게 공정 급여를 인식할 수 있을까? 1906년 가톨릭 사제 존 어거스틴 라이언John Augustine Ryan은 「최저 생활 임금A Living Wage」이라는 논설에서 그 답을 제시했다. 그는 특정한 결과가 나타나기를 바라는 것은 어려워도, 공정 급여 정신을 잊지 않으려는 주의 깊은 경계심이 중요하다고 강조했다.

우리는 황혼과 암흑을 구별할 수 있지만, 황혼에서 암흑으로 넘어가는 순간을 딱히 짚어낼 수는 없다. 해 질 무렵 정확히 어느 시점에 조명을 켜야 효과적이라고 말할 수는 없지만, 보통 어둠이 몰려와 사물을 볼 수 없게 되기 전까지는 조명을 켠다.

이제 급여 담당자와 회사가 급여 방식을 더욱 공론화하고 변화를 실천에 옮겨야 할 때다. 우리 급여 담당자는 직장에서든 사생활에서든 자신은 물론 다른 구성원들의 권리를 옹호하기 위해 끊임없이 나서고, 모두의 공통 관심사인 급여 문제를 함께 예측하고 해결하며, 품위 있는 삶과 신의성실의 급여 원칙이 누구에게나 중요하다는 것을 인식해야 한다. 물론 우리 자신도 역시 노력만큼 정당한 대가를 받아야 하겠다. 인간이 겪는 수많은 문제의 근원에는 공정 급여가 있다는 것을 인식한 애덤 스미스는 다음 한마디로 간결하게 정리했다.

"알고 보면 항상 우리에게 관건은 화폐를 손에 넣는 것이다."

다 함께 더 많은 돈을 벌도록 서로 돕는 일, 그것은 당연지사다.

감사의 글

　이 책을 쓰는 3년 동안 두 가지 의문을 떨쳐버릴 수 없었다. "내가 할 수 있을까?"와 "이걸 꼭 해야 하나?"였다. 책을 쓰는 과정은 낯선 경험이었고, 본업과 가족을 뒤로한 채 글 쓰는 시간을 내기도 쉽지 않았다. 나는 내 전문 분야에 근본적 의구심을 제기하는 글을 쓰는 것이 어떤 경력상 위험을 초래하지 않을지 끊임없이 걱정했다. 하지만 항상 "이걸 포기하면 어떨까?"라는 반대 질문을 생각하면 더 마음이 괴로웠다. 나는 우리가 급여 방식을 바꿀 필요가 있고 지금이 실행에 옮길 때라고 진심으로 믿는다.

　이 질문들을 정리하도록 도움을 주고 모든 장의 첫 번째 편집자 역할을 맡아준 사랑하는 아내 칼리에게 감사를 전한다. 당신이 아니었다면 나는 편집자에게 일관성 없고 창피한 부분이 한두 군데가 아닌 원고를 보냈을 것이다. 사랑하는 딸 토바에게는 피곤에 지쳐 재미있는 아빠가 되어주지 못할 때도 항상 응원하고 이해해 주어서 고맙다고 말하고 싶다.

편집자 레베카 라스킨에게 감사드린다. 그는 뛰어난 능력으로 이 책의 많은 부분을 더 나은 방향으로 손질했다. 내가 시답잖은 아재 개그를 많이 구사했는데도, 라스킨은 점잖게 한발 물러서 주었기에 특히 더 고마웠다. 이 책에 남아 있는 형편없는 개그는 오롯이 내 책 임이다. 그리고 이 책을 탄생시키고, 토바가 신간을 구경하러 사무실 에 불쑥 찾아와도 너그러이 양해해 준 하퍼 비즈니스의 모든 팀원들 에게도 감사드린다.

나와 이 책에 믿음을 보내준 에이전트 로리 앱크마이어에게 감사 드린다. 그가 없었다면 이 책은 탄생하지 않았을 것이다. 그의 조언, 응원, 격려는 언제나 잊지 못할 것이다.

늘 가까이에 책을 한 더미씩 쌓아두며 본보기가 되어주신 부모님 께도 감사드린다. 나는 부모님 덕에 다독가는 리더가 되고 리더는 곧 다독한다는 사실을 배웠다. 나를 지지해 준 누나들에게도 고마움을 전한다. 또 한편으로는 누나들이 몇 년 동안 나를 못살게 굴었던 일 도 내가 글쓰기라는 내면적 활동으로 빠지게끔 도움을 주지 않았나 싶다.

토드 새터스텐을 비롯해 포틀랜드 출판계의 여러분들에게 감사 를 전한다. 그들의 격려 덕에 나는 집필을 포기하지 않을 수 있었다. 격려라는 말이 나온 김에, 그동안 초안을 읽고 친절한 지적을 보내준 친구들에게도 고맙다고 말하고 싶다. 특히 사라와 크리스 오넬, 사라 와 카일 콕스, 레이첼과 맷 하이어스 등 유독 신경 써준 사람들에게 특별한 감사를 전한다. 또한 자신의 이야기를 들려준 클레어 와서먼과 데릭 웹에게도 감사드린다.

이 책은 「파이낸셜 타임스」와 매킨지사가 주관하는 브라켄바우어 상Bracken Bower Prize에 출품한 글에서 시작되었다. 이러한 주제에서 가능성을 알아봐 준 「파이낸셜 타임스」의 앤드루 힐과 심사위원들에게 감사드린다. 그들에게서 인정을 받은 후 나는 이 책이 마냥 숨 막히게 딱딱한 책이 되지는 않겠다는 확신을 얻었다.

그리고 나를 믿어준 독자 여러분에게 감사드린다. 이 책을 통해 블랙박스 같은 급여의 내부 세계를 볼 수 있기를 바란다. 그리고 여러분과 가족이 불안을 덜고 살림살이가 나아지게끔 도움이 되었으면 좋겠다. 이 책이 여러분의 삶과 경력에 어떤 영향을 미쳤는지 후일담도 들어보고 싶다.

마지막으로 나이키의 동료들, 그리고 스타벅스와 염 브랜드의 옛 동료들에게도 감사를 표하고자 한다. 그들은 내 인생에서든 직장에서든 업무 능력의 향상뿐 아니라 더 좋은 사람이 될 수 있게 큰 도움을 주었기에 항상 고맙게 생각하고 있다. 그들에게도 이 책을 미리 보여주었다면 분명 더 좋은 결과물이 나왔을 것이다. 나는 보상 분야에서 일하는 동료들에게 급여 방식을 개선할 기회는 우리 모두의 손에 달려 있다는 말을 전하고 싶다. 그럼 이제 출근하러 가볼까.